一战全史 II

[法]加百利·阿诺托 著
钟旻靖 译

HISTOIRE
ILLUSTRÉE
DE LA
GUERRE DE
1914

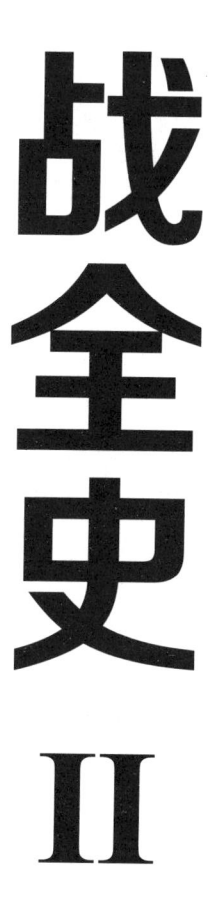

吉林出版集团股份有限公司

目　录

第一章　德国和欧洲 ……………………………………… 001

德国应该在欧洲扮演什么角色 ……………………………… 004

德国和欧洲 …………………………………………………… 007

1871年南部反抗势力 ………………………………………… 020

军事霸权及其后果 …………………………………………… 023

需要消灭的东西 ……………………………………………… 028

需要修正的东西 ……………………………………………… 030

第二章　摩洛哥危机和巴尔干危机 ……………………… 035

"世界政策"的由来 ………………………………………… 036

英法关系亲近与摩洛哥危机 ………………………………… 042

吞并波斯尼亚和黑塞哥维那 ………………………………… 048

阿加迪尔危机：法国在摩洛哥让步 ………………………… 052

巴尔干危机 …………………………………………………… 053

第三章　萨拉热窝事件和外交压力 ……………………… 061

弗朗茨·斐迪南大公的计划 ………………………………… 064

萨拉热窝事件……………………………………………… 069
刺杀引发的不安………………………………………… 073
在巴黎的等待阶段……………………………………… 083
七月：俄国、英国和德国的形势……………………… 087

第四章　奥匈帝国发给塞尔维亚的函件，外交冲突……… 091
内阁之间交换意见……………………………………… 098
世界动荡不安…………………………………………… 099
日耳曼帝国想要干什么………………………………… 103
外交冲突………………………………………………… 105
奥地利最后通牒与塞尔维亚的回应…………………… 106
塞尔维亚的答复………………………………………… 114
面对断交的威胁，各国的态度………………………… 121
德国的态度……………………………………………… 127
威廉皇帝返回柏林……………………………………… 130
英国提议四国出面调停………………………………… 132

第五章　欧洲亮起红灯，宣战……………………………… 137
意大利的态度…………………………………………… 138
动员……………………………………………………… 144
各国统治者介入………………………………………… 147
德国为确保英国中立所做的努力……………………… 155
英国和法国……………………………………………… 159
比利时中立……………………………………………… 165
德国和英国之间的误会………………………………… 167

奥匈帝国罕有的迟疑阶段 169
比利时中立 177
开战 203
英国表态 204
奥地利 208

第六章 舆论与战争 215
德国的宣战 216
柏林对武力的狂热崇拜 223
8月4日的帝国议会会议 233
奥匈帝国的公众舆论 242
塞尔维亚的公众舆论 248
俄国的公众舆论 251
国家杜马会议 263
英国的公众舆论 276
下议院会议 288

第七章 面对战争的法国 299
战争前夜 308
全面动员 313

第一章

德国和欧洲

引起战争的伦理原因；欧洲的德国；是不是应该是邦联德国，德国的普鲁士；维持欧洲和平的条件

在着手撰写这章前，我回到家乡，重新看到了这片生我养我的土地。

几个月前，它还生机勃勃、百花齐放，像没有经历过从前那段漫长贫苦岁月一般，繁华、静好。1914年8月，人们磨好镰刀进行收割，将粮食填满谷仓。即使日出而作，日落之时仍在忙碌；到了夜晚，还有搬运车在嘎吱作响。村庄错落有致的房屋，一个接一个地亮起了灯，炊烟袅袅。

人们过着平常的日子，无忧无虑，正如那句关于人类命运的老话所说的："糊里糊涂地活着。"

现在，这里的人们却在经受苦难。八个月前，男人们离开家乡，上阵杀敌：他们穿着破烂的衣服、动

物的皮毛，四肢僵硬，像树根一样扎在土里；拿着兵器的手冻得通红；全身沾满泥土，像虫一样在战壕的泥泞里爬行。"法国兵"活得跟动物差不多。但是，他们仍然精神抖擞，目光炯炯有神。无数人战死，也有无数人拖着残躯幸存。

土地无人照管，粮食没人收，没有割下来的老燕麦像乞丐头发一样乱长，没叶子的红菜头就如留在牙槽里的牙根；晒垡后的田里残留着弹药车队和军需车队的轮胎印，因为"最短"路线是穿过农田；土地被炮弹砸出了一个个坑，树倒在地上，森林被砍伐；奇怪的植物在秋天生长，在冬天枯萎，像不知名的灌木丛一样恐怖。村庄被毁，城墙倒塌，房屋千疮百孔，从檩子那儿可以看到天；教堂的屋顶垂着，就像想要用翅膀保护小鸡的母鸡一样。剩下的老百姓要么逃跑了，要么被俘虏了；为数不多的幸存者疾病缠身；孤独的老人和小孩纷纷死去。在前线和后方，炮弹所到之处，死亡弥漫。

这就是战争！

还有多少地方经受着同样的苦难啊！炮声在全世界回荡，人人都在悲天悯人。

这就是战争！为何会有战争？这是上帝想要的吗？谁应该对此负责？后果是什么？这是一场不幸的意外吗？是人类必须经历的发展？抑或宿命？还是惩罚？

这场将一切置于危险之中，以毁灭文明为结果的世界悲剧，无法仅用一个原因解释。显然，我们因自己犯下的错吃了苦头，承受严重错误带来的后果，因原罪遭到报复。在历史的某个节点上，人们选错了方向，踏上了一条错路。

现在，我们应该揭露这个错误。

通过仔细审查、判断，也许能找到令世界受苦的罪恶源头。

这样的错误如无法避免，历史注定重演。当欧洲侵略世界其他地方、企图掌控全球时，在它训斥他人之前，应先改正自己的错误。新时代的福音将在全球布讲，人们本应更和谐、融洽地相处，为了赎罪，却需要流血牺牲。

但是，只要受普鲁士统治的德国有意将其法则强加到欧洲及全人类身上，只要欧洲和世界没能重新走上真正的自由与基督教之路，只要"强权胜过公理"这一粗暴主义盛行，只要犯下的错仍没被修正，那么，上述人类的崇高大义将无法传承，也无法将人类融合成一个大家庭。

几个世纪以来，一只猛禽一直在觊觎它的各个邻国，如今，它盯上了全世界，必须将它从巢里赶出来。它要挟、迫使人类将贪婪、傲慢作为道德准则，所以必须一次性将它击落，让它将大逆不道的诡辩、吐出的血和让别人流的血，都吞回肚里，自食苦果。

责任，不只属于一代人，而是历经几个世纪传承下来的。但是，如果某代人、某个国家，作为继承人，因继承祖上丰厚的遗产而扬扬自得，而且野心膨胀，想要得到更多权势与利益，那么，希望他们给人们带来的不幸，能降临到他们自己身上，死人能从坟墓里爬出来找他们算账；希望他们永远受世人唾弃，受到被他们欺骗的本族人的鄙

查理五世像

视；希望他们自负的灵魂，会因为给世人带来灾难，而受到相应惩罚！

德国应该在欧洲扮演什么角色

在研究德国向欧洲宣战时所处的形势之前，我们要先看看促使它注定走出这一步的历史因素——鉴于这些因素，它必然发动侵略战争。根据"原因一旦不存在，结果也随之消失"（Cessante Causa Cessat Effectus）这一名言，引发战争的深层原因，将提前决定战后和平的形式。

因此，如果我们想要明智地判断战争走向，并将其与社会发展和人类命运联系在一起，就需要认真审查引起战争的必然原因和它可能带来的结果。

地处欧洲中部的德国，是一个不好明确定义的国家。严格来说，它是一片没有海岸线的海洋；它涉足所有国家的边境，没有疆界的概念；它的历史与其地理状况一样，模糊不清。

伏尔泰说："确实，在所有降书中，人们都把德意志称为'帝国'。这个词被滥用很久了……德意志被视作罗马帝国中枢。针对如此奇怪的变革，奥古斯都（Auguste）却从未有过怀疑！"

德国现代科学的大师们有同样的看法，只是他们的措辞更加学究气。与从前的帝国主义者和普鲁士流派的新帝国主义者的观念不同，措伊默（Zeumer）认为"帝国"这一称号，并不意味着德意志人比帝国中的非德意志人高一等。简言之，在政治上，"帝国"与"德意志"混同。但这是两个不同的概念，在地理、政治、人种志上，德意志都不能由"帝国"这一词定义。

在充满诡计、名利熏心、时有内斗的专制形势下，德意志已建成五十年。在符合地理、历史定律，顺应人民情感的前提下，我们完全可以构想一个不同于德意志帝国的、更好的德意志。

中世纪的日耳曼民族的神圣罗马帝国虽庞大，却不坚固，趋于没落。腓特烈一世（Frédéric Ⅰ）给帝国（Imperium）一词加上了"神圣"（Sacrum）这个定语，使"皇帝神权化，与教皇对立"。

从那以后，庞大的人民群体与历代统治者的野心之间，就存在矛盾。漂浮不定的群众追随统治者的野心，受到利用、训练。

一开始，帝国统治中心设在维也纳，哈布斯堡家族野心勃勃。皮埃尔的伊波利特（Hippolyte de la Pierre）以所有思想自由的德意志人的名义写道："所有德意志人都起来反抗已故暴君斐迪南二世（Ferdinand Ⅱ）的后代吧！反抗这个有害于帝国和我们祖传的自由、只忠于自己的家族……希望它依靠帝国而不断得来的地产和财富都将充公。若真如马基雅维利（Machiavel）所说，每个国家都有致命家族是国之祸根，那它必然是我国的那个祸根。"

只要人民没有掌握自己的命运，那德国总会有这样的致命家族。德意志人民身上压着君主、城堡指挥官和贵族这三座大山，几个世纪以来都没有停歇，人民没有自由。

像德意志不能与帝国混为一谈一样，长期以来，皇帝也有别于帝国。帝国是所有国家的集合，皇帝不过是可以拥有帝国之外或之下利益的首领。"1727年，法国自认为可以通过要求帝国保持中立，而有权向皇帝宣战。"那时，出现了一个反对意见。普芬道夫（Puffendorf）说帝国是类似怪物的"可怕东西"，因为它是一个军事联邦帝国。如今，它的面积变小了，但保留了军事联邦的形式。

普芬道夫的一个弟弟写的一本书,如此阐述"帝国共和政体":"一些君主国组成了一个共和政体,非比寻常。"莱布尼茨(Leibniz)同意这一看法,并从最广义的角度表示,在17—18世纪的德意志,联邦制似乎是德意志政治所固有的形成。

他得出结论:"联邦政府,立宪政体。"

伏尔泰以他一贯的敏锐总结道:"在联邦政体中,有一些德意志专有的要素。他写道:"它的构成如此复杂(指德意志邦联),却能保持这一稳定性,只能是由它的民族特性所决定。"

查理五世葬礼上的战马和军旗

威斯特伐利亚(Westphalie)和会召开时,欧洲就已经明显感到,一个军事的、中央集权的德意志君主政体,注定会阻碍它的世界扩张之路。所以,为了和平,阿沃(d'Avaux)和塞尔维安(Servien)召集了神圣罗马帝国所有诸侯国君主与会,并向后者提及一个全世界,包括德意志在内，都担忧的问题。他们写道："奥地利肯定倾向于通过它在地处欧洲中心的神圣罗马帝国的势力，构建一个欧洲君主政体。"

德国和欧洲

从这一反映事件实质的深层角度来看，法国和瑞典，这两个战胜德意志的"王国"，为日耳曼诸侯国的自由提供"保障"，以抵抗遭所有人憎恶的帝国权力扩张所带来的危害。①

在很长时间内，这一"保障"条款受到争议。它的严重不足在于，似乎危害到了德意志的独立。但是，它不可估量的优势是，将德意志与整个欧洲连接在一起。德意志再也不是一个障碍，而是纽带。

如果那时，人们能找到一个能谨慎对待人民权利的更灵活、更容易的方法，就能将德意志内政和外交所需要素相结合：统一、自由、邦联与欧洲的整体和谐。《威斯特伐利亚和约》是一个真正意义上的"和平工具"，它缔造了决定性的和平。人类依旧可能犯错，所以3个世纪后，我们仍然追求这种和平。

通过这一简短的历史陈述，无法解释清楚德意志邦联这一非常模糊的问题。我只有一个目的，就是说明导致当前纷争的历史源头及问题发生的基本背景。一边是以哈布斯堡家族为代表的君主专制军事政体，另一边是莱布尼茨等人构想的立宪联邦政体，德意志在这两者之间摇摆不定。前者必然迫使它和欧洲卷入无休止的战争中，后者则代表和平与自由。

---

① 奥斯纳布吕克（Osnabruck），第18条，第5点；明斯特（Munster），第5点。

自签订《威斯特伐利亚和约》后，普鲁士就从奥地利手中重新接过了中央集权的使命，它比后者更高傲、粗暴。我们在后文会讲到，俾斯麦的诡谲手腕，没有遇到阻力地得到了各国亲王和广大人民的赞同。帝国在凡尔赛（Versailles）宣布成立及法兰克福的和平，都使体系的成功神圣化。

普鲁士公爵们的出生地哥尼斯堡

但是，这一次轮到普鲁士走上称霸世界的道路，它令德意志与所有欧洲国家为敌，使其达到一个无休止争战状态，即使在和平时期，也是武装和平状态。德意志再次经受了灾难性的后果。所以，这是德意志犯下的另一个错误，需要进行修正。这次，人们充分认识到，必须构建一个所有人一致赞同的、永久的和平。

但前提是我们不能忘了普鲁士取代奥地利掌权时，在欧洲引起的纷争和骚乱，以指出国际政局不稳的原因，以及稳固、修复政局的入手点。

塔西佗在他的一本著作中，提到了普鲁士人的起源，我的引用出自一份古老的法语译本："桑农人（Semnons）是最古老、最高贵的苏埃维人（Suèves）。他们的古老可以通过这一仪式得到确认：在某些时候，所有同族同源的人聚集在一个被祭司（Augures）和资历最老的大人认为神圣的森林里，他们公开杀死一个男人，开始进行残忍的恐怖献祭。森林受人敬畏，没人敢踏入森林，除非他身上绑条绳子，让人在森林外牵着绳子的另一头，并带上一个见证过神力的物品。如果意外跌倒，不允许爬起来，只能在地上打滚。整个宗教都与森林有关，那里是民族的发源地，是所有人的敬仰——上帝的所在地，万物都属于、服从于上帝。"①

这个用人进行献祭的民族，是普鲁士人的祖先。桑农人的森林，属于如今的柏林地区。他们所拜的上帝，是战神图依斯通（Tuiston），又称托特（Tott）——这就是"德意志古老的神"，他们口中"我们的上帝"。

即使后来基督教传入普鲁士，我也不知道在这片被开垦的沙质平原上，还残存多少他们最初信奉的宗教的痕迹。普鲁士的原始特征，无法被抹去。

现代地理学家阐释了这片森林的结局："如今，施普雷河（Spreewald）只有一部分是森林。那里仍有许多桤木、栎树和山毛榉，还有数不清的野味，尤其是鹿、狍子、沙锥和水鸡。但大部分已变成了被高大杨木环绕的牧场和菜园，生产的农产品在柏林市场上售卖。水路是主要的交通

---

① 见《科尔涅利乌斯·塔西佗的著作》（*Les Œuvres de Cornelius Tacitus*），巴黎：安热利耶出版社（L'Angelier），1582年版。

方式：人们乘船把商品运出去，猎人乘船到达这里。冬天，树上一直结着冰；夏天，绿意盎然，花团锦簇，非常宜人。这得益于得天独厚的环境，古时候的文德人（Vendes）发展内河航运业和渔业，比其他地方的人都要富足。他们保留了自己的语言，并仍保持着在溪流边用多角大梁交错的齿饰建造木头房子的传统。他们强壮、健康，壮大了柏林的人口，他们五颜六色的服饰吸引了大城市人的目光。从前受到日耳曼殖民统治迫害的文德人，在这里找到了一处避难所。但是如今，他们逐渐日耳曼化。近三百年来，他们语言的使用人数越来越少，而且情况只会继续恶化。总之，丰富的水源使此地变得富饶。霍亨索伦家族的首个选帝侯，在离开法兰克尼亚（Franconie）去往凄凉的勃兰登堡时说：'一个水源充足的地方不可能贫瘠。'"①

斯拉夫人和日耳曼人互相争夺这片遥远的土地，它是基督教传入最晚的欧洲地区之一。10世纪时，萨克森家族最早的几位皇帝想保护德意志不受斯拉夫人的入侵，在易北河中部地区继续"行军"，马格德堡是行军路上最重要的中心点。"古老行军"（Vieille Marche）在大熊阿尔布雷希特（Albert l'Ours）（1134年）时期，延伸至北部，到达斯拉夫地区的布拉尼博尔（Branibor），并将此地变成勃兰登堡。在布拉尼博尔和哈弗尔贝格（Havelberg）分别设立了主教辖区，西托（Citeaux）的修道士建造了莱宁（Lehnin）修道院，这是在这片半斯拉夫、半日耳曼地区进行的真正福音传教。那时，即13世纪，西方的艺术、科学、文学和哲学在法国、英国、比利时乃至德国的莱茵河（Rhin）地区，催生出一个令人赞赏的文明。

普鲁士建国发生在这之后。1525年，出身于霍亨索伦家族，作为条顿

---

① 见维达尔·白兰士（Vidal de la Blanche）的《欧洲的国家与民族》（États et Nations de l'Europe）。

骑士团的大团长，勃兰登堡的阿尔布雷希特（Albert de Brandebourg），在克拉科夫（Cracovie）和平时期将所有领地世俗化，并成为普鲁士公国的世袭君主。

那时，它仍然是个半斯拉夫的、属于波兰的附属国，但几个世纪以来，日耳曼人都进行着一场反抗本土斯拉夫人的生死搏斗。王朝奠基人阿尔布雷希特的主要指导思想，是逐渐增强国家的日耳曼化程度，强调德意志思想，击退斯拉夫主义。他于1568年去世。改革斗争削弱了欧洲中部势力，查理五世的帝国分裂。因为三十年的战争，它成了来自北方的黑鸟口中的猎物。17世纪初，霍亨索伦家族的法兰克尼亚后代取代了勃兰登堡的子孙。那时起，"致命"家族就实现了统一，并将以损害德国及世界为代价，来不断扩大政治版图。

腓特烈二世骑马像

普鲁士是一个非常年轻的国家：建国三百年，实际缔造者大选侯腓特烈·威廉（Grand Electeur Frédéric Guillaume，1640—1688年在位）与我们的路易十四是一个时代的人。三十年战争后的宗教纠纷，使这位狡猾的君主能通过牺牲所有邻国来壮大自己的势力。他在《威斯特伐利亚和约》中占优势；通过介入瑞典和波兰之间，他又在《拉比傲（Labiau）条约》和《奥利瓦（Oliva）条约》中得利。他的继任者腓特烈一世（Frédéric I）称"王"（1700年）。腓特烈·威廉一世（Frédéric Guillaume）（1713—1740年在位）明白，正处于全面发展中的德国在欧洲仍处于弱势，它的未来掌握在军队手中。想要抓住猎物的话，需要有锋利的爪子和喙。所以他开创了"军国主义"，这是普鲁士政治之最。

我们知道他儿子，腓特烈二世（Frédéric II），即腓特烈大帝，将军、哲学家马基雅维利的学生，伏尔泰的朋友，是如何使用他所留下的这个工具的。

我们知道，腓特烈二世将普鲁士变成了什么，也知道他通过损害奥地利、德国、波兰等所赢得的东西，还知道他想在军国主义上套上文明的外衣。他用法语写下这句玩笑话："普鲁士文化从一个伪造品开始。"伏尔泰写道："在宫廷上，我们最不常使用的语言是德语。我还从未听人说过一句德语。与查理曼（Charlemagne）相比，我们的语言和文字征服了更多的地方……在法国，我们只说法语。德语是说给士兵和马听的。身为一个爱国者，看到人们向我们的祖国和巴黎表达敬意，我感到非常自豪。"

伏尔泰很快意识到，这位"笔友"比奥斯曼帝国的苏丹（Grand Turc）更专制。他把国王的信装进箱子，逃离了普鲁士。他拿起一个无法被人夺走的武器进行报复："虽然我没有权杖，但我有一支羽毛笔。"

伏尔泰与腓特烈二世之间发生的事，是一个极其有教育意义的例子，表现了法国式的一种有点儿单纯、爱慕虚荣的信任，和普鲁士式的一种唯利是图、虚伪的内心。

腓特烈二世去世时，人口不足600万的普鲁士在欧洲站稳了脚跟。

威廉一世在凡尔赛宫正式登基为皇帝（1871年1月18日）

腓特烈二世在扩张领土、通过夺取西里西亚（Silésie）击退奥地利的同时，也在与俄国、奥地利和法国的七年战争中，证明了这个年轻王国的抵抗实力。战后，他凭借灵活的手段，重新赢得了俄国和奥地利两大邻国的信任。他是倡导瓜分的有力推手，也是真正的刽子手。

那时起，普鲁士就开始了贪得无厌的肉食动物生活。

俾斯麦如此概括腓特烈二世继任者们的统治："腓特烈大帝为普鲁士政治树立威望与信任，这是他留下的一笔丰厚遗产。他的后代完全可以背靠此基业二十年，不用考虑他们治国的缺陷与犯下的错误。直到耶拿战役，他们完全高估了自己的军事和政治能力。需要经历一场时代动乱，宫廷和人民才能明白，这些继任者们的愚笨和他们犯下的错误……"

普鲁士宫廷似乎迷失了方向。耶拿一役使它警醒。革命军和帝国军队的踏步声，使它和德国完全恢复活力。普鲁士将灵巧、贪婪地利用一个巧合。布吕歇尔（Blücher）在滑铁卢（Waterloo）战役中取胜。这时，普鲁士如救星一般出现——这是一段不会被忘却的历史。

19世纪，德国实现统一，推行普鲁士霸权主义。这两个措施都与拿破仑的行动对立。法国打破了原有的界限，使德国摆脱障碍。但是，向普鲁士军国主义开道，就是放出了一头想篡位、称霸的猛兽。它犯下了一个夹杂着暴力、冒失、大意的错误，因而成为受害者。

普鲁士战胜拿破仑，吸引了整个德国的注意。至于奥地利，即使外交官梅特涅（Metternich）促成了奥地利、俄国、普鲁士联盟，主持了维也纳会议，它的局势仍然长时间不稳；它虽然信奉天主教，但似乎并不反对信奉新教的普鲁士侵略势力。他们没有忘记在腓特烈二世时期，他们的祖先曾被北方王国征服。在此，需要将那些无法估计的因素考虑在内，从而解释在美德联盟（Tugendbund）和施泰因（Stein）男爵时期，受到费希特（Fichte）、席勒（de Schiller）、施莱尔马赫（de Schleiermacher）等人的推动，一代人在德国，尤其是在普鲁士出现，令舆论从1807年起转变风向："美德联盟的成立，是一个创意大胆的杰作，与这个充满活力的时期相符。1807年10月，施泰因被任命为王国首相。一位来自布劳恩斯贝格（Braunsberg）的年轻行政官员亨利·巴德勒本（Henri Bardeleben）向他呈交了一份文书，名为《普鲁士的未来》（Avenir de la Prusse）。后者写道：'所有公民都应忘记不和，紧紧聚集在权力周围，组成一个唯一的民族大党。'不久，他联合一些官员、学者，成立了'科学道德协会'（Association scientifique et morale）。据他们所说，他们要共同努力，反对一切利己主义。首批成员为创立者格奈森瑙（Gneisenau）将军、格罗尔曼（Grollmann）将军和库克（Krug）教授。之后，成员人数逐渐增至20人。他们向国王介绍了协会章程及成员名单，获得后者的许可。很快，入会人数猛增，不再以十计，而是以千、万计。协会发展势头正盛，覆盖了普鲁士，接着延伸至整个德国。总理事会设在哥尼斯堡，各省、地区、地方的公会组成了一个遵循唯一思想指导的庞大机构。其不变的目标，是复兴德国的美德与实力。"①

尼德瓦尔德纪念碑
纪念1870—1871年的普法战争和德意志帝国的建立

欧洲从未对德国这一阶段的复兴进行足够思考：19世纪后三分之一发生的重大事件，以及德国扮演解放者的爱国主义与扮演统治者的军国主义结合在一起，都要追溯到那个时期。错误的根源也在于此。一个俾斯麦承担了为普鲁士扩张铺路的责任。

可以说从那时起，普鲁士就成为德国的中心；奥地利和南德邦国都被打败了。

中德和南德最杰出的作家和思想家，甚至"自由主义者"，突然变

---

① 见贝隆（Véron）的《普鲁士史》（*Histoire de la Prusse*），第148页。

成了信奉普鲁士霸权主义的信徒。诚然,"普鲁士"滑铁卢传奇压在了他们心头,他们只怀抱祖国的梦想,别无他想。

特莱奇科（Treitschke）在他具有影响力的书《德国史》（*Histoire de l'Allemagne*）中,将这种思想变化用拟人手法表现出来,并将其神圣化。他是典型的普鲁士化德国人。1861年,他写道:"我想写一本简要、锐利、毫不掩饰的《德意志邦联史》（*Histoire de la Confédération Germanique*）,让怠惰的人们看看所有政治存在的基础——'公理''权力'和'自由'。在这些方面,我们都做得不够。而且,只有通过消灭那些小国,才能让自己安全。"在普丹战争爆发时,这些话深刻反映了德意志思想。

特莱奇科认为,"权力"是"公理"和"自由"的基础。俾斯麦将其奉为箴言。

特莱奇科也概括了德意志思想与精神所做的努力:"所有体现了德意志崇高工作的书籍和艺术作品,所有受人尊敬的德意志伟人的名字,一切体现了我们光荣精神的东西,这个在精神世界已存在的统一,要求我们实现政治上的统一。我们拥有这么多令人钦佩的杰作,却因为没有统一而令人民受他

汉堡的俾斯麦纪念雕像

人嘲笑，真是让人痛心疾首啊。"

此外，他还写下了这一重复出现的固定词句："只有普鲁士，凭借它的内在实力和领导精神，才能实现德意志统一。"并进一步点明本质："普鲁士贵族实现了德意志统一。"

特莱奇科和其门生，得出最终结果："我们只是太想做宽容、高尚之人了……""我们已宽容、高尚足够久了，现在也该试着做恶人了……"［赫尔韦格（Herwegh）］

俾斯麦成功运用了这一方案。他是波兰及南德邦国古老而强硬的对手——勃兰登堡贵族的后代。祖上是传统容克，父亲是骑兵队长，希望他能成为出色的军人。出生于百日王朝时期的他，承认一位长辈向他讲述的拿破仑战争对年轻时的他产生了深远影响。他固执地遵循传统，深信普鲁士的外交政策就是战争。所以，他成了一名外交官。

与其说他是政治家，不如说他是位伟大的普鲁士外交官。他有一些严重缺点：他承认自己不推崇殖民思想；可以说，他不是个典型的欧洲人。他的作风精明又粗暴，坚韧又粗鲁，如森林猎人一般：先设下陷阱，然后静静等待，最后猛地抓住猎物。手法比结果更令他感兴趣——比起持久等待，他更关心是否能及时捕获猎物。他进出森林，如果抓到猎物，可以回味血腥，就会感到非常开心。

这位德意志伟大的改革者，并不喜欢德意志。他对它既不向往，也不抱幻想，不存在温情。从它身上，他只看到一件事，即统一的欲望。从这炽热的欲望中，他找到了能保证普鲁士绝对优势的方法，完全普鲁士式的手段——战争。

总之，俾斯麦逐步进行扩张，应该对近五十年来血染欧洲的四大战争负责：1864年普丹战争、1866年普奥战争、1870年普法战争和1914年对抗整个欧洲的战争（1914年的战争符合俾斯麦使命的逻辑与需要）。也许凭借他的才干，本可以阻止这场战争，但是一旦普鲁士守门犬被放出来，他的门生们并没有能力给它戴上嘴套，阻止它咬人。

俾斯麦是个典型的普鲁士人。需要知道的是，他是不是典型的有人性的人呢？

如果这场战争结束后，俾斯麦的事业方向彻底转变，那么他就是史上最后一个伟大的奴役者，日耳曼凶猛侵略势力将后继无人。

他奴化了石勒苏益格和荷尔斯泰因公国的斯堪的纳维亚人、波兰的斯拉夫人和阿尔萨斯—洛林的法国人，并一直奴役着受到奥地利压迫的意大利人。而且，他的政策注定将巴尔干的斯拉夫人纳入德奥联盟的奴役之下。最重要的是，他使德国屈服于普鲁士的奴役之下。他将威廉的

阅兵结束后的柏林菩提树大街

军事专制帝国，强加给踌躇的甚至有抵抗力的日耳曼世界。如果当前的欧洲想深入理解它必须修正的、德国犯下的那个大错，那就必须时刻考虑到上述俾斯麦的作为。

1870年，德意志政府和人民在支持构建军事普鲁士帝国时，是否完全意识到自己的所作所为？在此之前，我们无法彻底弄清这个问题，原因有二：其一，历史被胜利的辩护者篡改了；其二，之前，德国无法看清，或者说猜到自己的方向。当时，德意志本应更明白，按俾斯麦的构想完成的统一，将成为它发动无休止战争的工具，并因为臣服于普鲁士的领导，而使全世界越来越憎恶它；而且本应更欣赏、称赞那些更支持联邦立宪制，反对中央集权、军国主义的巴伐利亚、萨克森和符腾堡的明智部长及爱国者。

在1870年战争之前，俾斯麦就开始了普鲁士帝国统一运动。这个由普鲁士提出的、逐渐灌输给各国政府和公众的提议，在一开始并未被接受。从萨克森国王于1869年9月的登基讲话中，可以看出有远见的政治家们的真实想法："我一直努力支持、促进符合宪法的邦联成立，甚至毫不犹豫地采取措施，设立一个符合邦联公众利益的体制（指联邦制帝国）。但同时，我将一直尽力坚持联邦宪法所规定的邦联权力和各国政府权力的范围，保证各国政府有足够的影响力和威信……我坚信，我的态度会有一定的影响力，因为我知道，我高明的邦联成员们，在这一点上，完全同意我的看法。"

统一始于此，止于德意志帝国在凡尔赛宣布成立时。

俾斯麦运用才干，解决了棘手问题；使用手腕，筹备舆论，拉拢内阁；威胁某些部长，滥用某些君主的单纯；排斥大多数不受束缚的势力，消灭各地的反抗势力，保持在与各个联邦政府竞争中的绝对优势。这些多有史料可循。

此外，还有史料记载，俾斯麦不顾一切想要实现这个不可能完成的任务。罗恩（Roon）于1870年2月16日向他的朋友布兰肯柏格（Blankenbourg）写道："他（俾斯麦）不惜一切代价想要在现在和未来，保住自己的位置。因为，他知道一旦不在其位，他所构建的事业将在世人的嘲笑中崩塌。他想的有点道理，但是，他的手段能使他们达到目的吗？"

俾斯麦，伦巴赫作

尽管可供选择的手段不多，德国人最终还是实现了目标。普法战争前，俾斯麦的要求并没有过高：他甚至没为皇帝——北德意志邦联首领，要求战时最高领导权和经济统一；如果皇帝将必然掌握实际统治权，那他当时只要求皇帝拥有头衔即可。[1]但在普法战争中取胜后，他的野心逐渐膨胀。

1871年南部反抗势力

在邦联成员国中，唯一可能使俾斯麦计划失败的，是巴伐利亚王国。

在巴伐利亚，爱国党完全没有让步的打算。他们对未来的预感正确，"我们尤其害怕军国主义、官僚主义，这些北德人有害、粗鲁的思想；而北德的保守主义者，也担心南德专有的'美德'及议会的、自由

---

[1] 见鲁维尔（Ruville）的《德意志帝国复兴》（Restauration de l'Empire allemand），第104页。

的体制，会使政体分离。我们双方都希望看到邦联实现扩张，但并不是以一个更宏大政体的形式扩张。老普鲁士和老巴伐利亚的共同点，是都惧怕这一更宏大的统一形式。"

在这点上，南北两个体制的观念最为接近。总之，德国当然希望统一，但是想通过更和平、灵活、内外和谐的方式实现。如果，俾斯麦的野心没有使德国陷入接受普鲁士霸权或放弃统一的两难境地，那么，德国本来可以避免构建一个太过紧密的政体，既不服从于军事党，也不会成为官僚主义和军国主义的牺牲品。它没有选择的自由，因为已骑虎难下。

俾斯麦的手段，在于分离独立势力，尤其是通过挑拨离间的诡计，使巴伐利亚、符腾堡、黑塞和萨克森的势力分崩离析。很久之前，他就已拉拢了巴伐利亚国王路德维希二世（Roi Louis Ⅱ de Bavière）。在整个敌对期间，他与各国分别进行谈判，搬弄是非。我们有理由认为，他利用在塞尔塞（Cerçay）、鲁埃（Rouher）家中找到的文书，要挟了那些在宣战前与法国保持联系的南德部长。

在俾斯麦向巴伐利亚部长布雷（Bray）伯爵施压后，1870年年末，路德维希二世写信给普鲁士国王威廉一世，请求后者登上德意志帝国的皇位。俾斯麦得到这一珍贵信件后，终于可以长吁一口气，放下悬着的心。

我们来看看他如何阐述这个能决定德国及欧洲未来的棘手行动的结局：

> 由于巴伐利亚保持沉默，威廉国王表现出反感，帝国重建（1870年11月末）处于关键阶段，有失败的危险。但是，在我的请求下，霍尔恩施泰因（Holnstein）伯爵负责为我向其君主呈上一封信。为了后者能及时收到，我立即坐到一张还未撤去餐具的桌前，匆忙用质量差的墨水和渗墨水的纸写下了信。伯

爵于11月27日启程，跋山涉水，终于在四日后抵达。

路德维希二世患神经痛，正卧病在床。他一开始拒绝接见伯爵，但听说后者以我的名义带来了一封信后，他才同意接见。然后，他在病床上非常认真地读了两遍信，当着伯爵的面，询问如何回信，并按我信中所要求的，以及我为他所作的草稿，给威廉国王回信……霍尔恩施泰因伯爵出发后的第七天，回到凡尔赛，带回了路德维希二世的回信。当天，此信由当前的摄政王卢伊特波尔德（Luitpold）亲王，正式呈交给我们的威廉国王。国王的反感和巴伐利亚的沉默，曾使我们举步维艰。这封回信，是保证我们取得成功的重要因素。①

俾斯麦如此急切地想促成此事，细致入微地解决问题，不惜惊扰卧病在床的巴伐利亚国王，从这之中，难道我们还看不出，他多么想成功，多么害怕在最后一刻失败吗？布仕（Büsch）写过一段激动人心的故事：

在那历史性的一天的下午，人们焦急地等待着结果。茶话时，我下楼去了餐厅。伯伦（Bohlen）和哈兹菲尔特（Hatzfelt）两个人在那儿坐着，一言不发。他们向我指了一下首相正在与三个巴伐利亚全权代表进行谈判的会客室。我也坐了下来，静静等待。

十五分钟后，门开了，俾斯麦出现。他手拿一个空杯，容光焕发。

他充满感情地颤声说道："先生们，巴伐利亚条约已签，德意志统一得到保障，我们的国王成了德意志皇帝！"

人们甚至没有等巴伐利亚议院进行投票表决。1月18日，威廉一世在凡尔赛镜厅内加冕，并宣布成立德意志帝国。

---

① 见俾斯麦的《回忆录》卷2，第142页。

而巴伐利亚议院上的争论，只不过是这个重大历史事件的、毫无意义的收场。1月4日，报告委员会表态，驳回政府提案，邀请部长们重新进行谈判，以便保证巴伐利亚王国在国际上拥有更加完整的独立主权。议院上的争论持久且激烈，但议员们又能做些什么呢？当普鲁士消灭法军最后一股反抗势力时，巴伐利亚是否可能与普鲁士断交？随后，巴伐利亚国王做出承诺。1月21日，全体会议对政府提案进行投票表决，以超过三分之二所需有效票数仅两票的优势，通过提案。

就是在这种情况下，南德正确的预感遭到抑制。在凡尔赛，日耳曼的命运已定，并因为胜利而扬扬自得。德意志帝国奉行战争政策，军国主义是它的工具。帝国的成立，为泛日耳曼主义野心、"世界政策"体系和1914年战争提供了支持。

接下来，我们要回顾一下德国和欧洲的命运，是在怎样强制、狡猾的外交压力下，于1871年确定的。在这些受到舆论工作支持［据蒙森（Mommsen）说，俾斯麦"总是利用公众的轻信，投机取巧"］的极其复杂的诡计中，可以找到德国犯下错误的原因，与其自身利益及情感背道而驰。

我们也能找到，造成德国在欧洲的当前形势及使它与世界形成对立的缘由。德国不仅承受，或者说接受普鲁士霸权，还接受普鲁士文化。它已"感情化"，从此"实行专制统治"。

军事霸权及其后果

军国主义体制在凡尔赛开创五十年后，引发世界大战，所有一切都需要重新讨论。事情结束后，德国人民将有唯一机会，在莱布尼茨体制和俾斯麦体制中，重新做出选择，因为选择权在他们，不在我们。我们，即其他欧洲人，在很久之前就已表态——在专制和自由之间，我们选择自由。

不管世人如何评价欧洲，它都不是一个毫无意义的存在。大部分欧洲人和所有文明人，都一致同意欧洲的普遍价值观。只有德国，具体来说，是普鲁士，自成一派。

如上文所说，德国试图通过军国主义，取得世界霸权。依照最近一本德国半官方小册子所说，普鲁士军队"及其象征性的阅兵仪式，树立了一个有节奏的社会典范"。

它与其他欧洲国家是多么格格不入！巴黎、伦敦、圣彼得堡①、罗马，与柏林简直天差地别！

巴黎有圣母院，伦敦有西敏寺（Westminster）；圣彼得堡坐落于涅瓦河，伦敦坐落于泰晤士河。第一眼，就觉得它们有实力、伟大。罗马就更不用说了，名字说明一切。而柏林，在17世纪初，只有区区6000居民，成为首都后，人口才得以猛增。那里处处透露着虚假、做作，甚至奢侈。只有教导、驯化德意志思想的大学，才配称思想界"首都"，它是培养士兵、教授和工人的地方。那些涌进新首都的上百万工人，只不过是为了赚钱才留下，只能称他们为居民，而非公民。他们之中超过30万人，都被登记在强制保险册上。柏林的社会主义，与大银行、大企业的残忍资本主义，势不两立。

柏林是一个暴发户式的首都。有历史沉淀的欧洲，永远都不会同意

---

① 圣彼得堡，俄罗斯第二大城市。于1914年第一次世界大战爆发后改名叫彼得格勒。1924年列宁逝世后，为了纪念列宁，城市改名为列宁格勒。1991年9月6日，恢复圣彼得堡旧名。本书法语原版采用圣彼得堡叫法。——编者注

圣彼得堡和涅瓦河

圣彼得堡

听命于这个没有历史、品位低、粗鲁的城市。

"欧洲"一词，不仅表示血统、种族和地理位置，抑或可通过面部特征辨认的亲族关系，以及相似的风俗传统，还指明一种精神状态和一种完全符合古希腊文化的、共有的生活方式。实际上，欧洲并非狭义地理上的欧洲，它不受洲际限制——美洲也属于欧洲。宗教、道德、公论——一切决定局部人口和人类共同命运的因素及灵魂（而非外表），都定义了欧洲社会的特征。它的光辉在全世界闪耀夺目，以确保它占绝对优势。

巴黎圣母院

那么，如何定义欧洲灵魂对自由的向往呢？自由的人生活在自由的城市，自由的人民身处被解放的人类中，人人都能掌控自己的命运；用非强迫的方式让人接受规章制度；世界整体趋势是平定战乱，相互包容，减轻工作负担；尽可能地实现民主潮流，消除专制；人与人、国与国之间，建立和善、自在、客气的关系；热衷于公正、尊重、礼貌；追求变得更好；互相督促、担起减少人类苦难的责任；做慈善，实现人人平等；接受上帝赐予的生活条件及自然环境。这就是欧洲想尽可能最大范围推崇的、对社会及生存的设想；也是欧洲人民经过数世纪的努力和建设，为自己设下的理想。

威斯敏斯特教堂

那么,在上述大多数问题上,德意志主义及其意志,是如何与欧洲普遍观念相违背的呢?

战前不久,本书作者得到纽约哥伦比亚大学(Université Columbia de New-York)校长巴特勒(Butler)的同意,尝试定义这个在两大洲上逐渐趋同的"国际精神"。作者将其定义为不同于"普鲁士精神"的精神。国际精神不仅涉及文化,更加在于见解的高度和一定仁慈、人道、淳朴的秉性。在一定程度上,人们互相尊重,这称之为知轻重:他们知道不当言行可能招致惩罚;懂得尺度,避免冒犯他人。总之,他们掌握分寸,总是能愉快、随和地与人打交道。

我们的拉罗什富科(La Rochefoucauld)在关于谈吐的箴言中,对伟大世纪时的周到礼貌做了定义:"与人交谈时,切不可摆出高傲之态,也不能夸大事实。仅可表述合情合理的观点，但要注意，不能伤害他人感情，对他人所说也不要表现出震惊之色。不要总想主宰谈话，这也会伤害他人……千万不要得理不饶人。"如果把这些规则应用到国际谈话中，那么，人与人之间将相处融洽。和谐，符合适度、公道的利益，是外交上最体面、最有益的因素。

那么，德意志文化是如何注定与欧洲文化相悖呢？

"德国人的原则完全与欧洲文化相悖，他们在处理国际关系时，厚颜无耻，虚张声势，令人憎恶。他们卖弄野心，狡猾算计，自私自利，满口谎言，虚伪至极。如宣扬罕见美德一般，对此极力鼓吹：只要背信弃义和暴力能助它成功，那就是正当行为。他们排挤别人，为强权造势，丝毫不顾是否冒犯他人，遭人怨恨。"[1]

需要消灭的东西

德国在1870年做出选择，那么欧洲是否在1914年做出决定？它是否会忍受普鲁士军国主义，放弃原则与理想，强制自己屈服于残忍无情的主义，令欧洲文明脱离地中海的高尚传统，转而与桑农人在森林中的血腥暴行联系在一起？柏格森（Bergson）极好地阐明了问题背景："德国有完整的行政、军事、产业机制，只需要开动机器，就能使其他人紧随其后，与其步调一致，被同样的机制所困。"欧洲会像1870年的德国一样，将自己的命运受制于由普鲁士军国主义操控的战争机器之下吗？

---

[1] 见加百利·阿诺托的《国际精神》（*L'Esprit International*），1914年版，第14页。

而且，这不只与欧洲有关，还涉及其他地区。

19世纪末发生了一个大事件：殖民扩张使欧洲成为其他洲大部分地区的主人。在这些文明还未进步的地区，欧洲树立了威望，为当地人提供"庇护"，承担起"照顾"他们的重大责任。

在这个伟大的欧洲时代，殖民扩张是世界大事。如今，在野蛮和文明之间徘徊的数百万单纯的殖民地人民，他们的命运在何方？是在他们之中，复兴武力崇拜，让他们重新学习如何做奴隶？还是欺骗他们读圣经，教他们崇拜公理？

世界应该有何种面貌？是实现人人自由平等？或最终屈服于某个指定的优等种族，令所有人都替它效力？"世界政策"以后者为目标。世界需要做的决定，可参照当罗马帝国灭亡时，它所做的决定。历经两千年后，基督是否被历史遗忘；"德国高于一切"是否成为唯一布讲的福音。整个大地，都等着它的大儿子——人类，做出表态。

事情发展的趋势是可以确定的：如果德国占上风，那么特莱奇科、张伯伦、兰普雷希特（Lamprecht）等人的学说，将成为公共及个人道德的新信条。由普鲁士缔造的德意志世界帝国，将在全欧洲扩张，并通过征服欧洲的殖民地，将势力范围扩展至全世界。当消灭各大国势力后，它将接连吞噬所有小国。之后，世界帝国的结构，将按照新信条的等级学说确定。

世界帝国人口分为三个等级：

一等，纯正日耳曼人（金发、白皮肤、身材高大、头形长等）。这是唯一被承认的公民。在法国，估计有一千万纯正日耳曼人。四分之三的德国人口，都属于纯正日耳曼人；剩下的四分之一，可破例归于一等人。

二等，半日耳曼人。属于混血，半公民，禁止与纯正日耳曼人通婚。

三等，非日耳曼人（短头形人）。受到如从前希洛人（Ilotes）或奴隶一样的待遇，做最脏最累的活儿，将被逐渐淘汰、根绝。

优生学被视为准则，纯正日耳曼人的多配偶制将作为辅助工具。

这就是德意志帝国所谓的新人类标准。它将会实现著名的德意志文化。1876年，胡默尔（A.Hummel）写道："德国的确是欧洲的心脏，它推动欧洲的血液循环，促进新陈代谢。因此，在历史上，德国的责任是通过传播日耳曼血液，更新古老欧洲的废旧器官。"

如果泛日耳曼主义和"世界政策"占上风，这就是欧洲及世界的结局。

但是，若"欧洲"占上风，结局又将如何？哪些必要条件将保障新生活及和平？

需要修正的东西

鉴于作用与反作用相等，我们可以通过这个数学公式确认：和平的必要条件，必须与战争的必要条件相反。既然德国已铸成大错，那就必须修正这些错误。通过复兴被摧毁的思想，遏制它泛滥的野心，让其摆正自己的位置，彻底摆脱它的恐怖威胁，依据基督教教义和法国大革命的学说，重新树立国际道德观念，我们将推动世界朝博爱、自由的方向发展。尼采（Nietzsche）把我们比作山羊，但是山羊急了，也是能扯掉狼的爪子和獠牙的。捕食者将再无翻身之地。也就是说，只要废除那些将普鲁士变成世界恐怖势力的国际契约，就能使它束手无策。

胜利方在获得必要赔偿、宣布惩罚措施后，有义务在欧洲的保障下，从头修正在《法兰克福条约》《维也纳条约》《威斯特伐利亚和约》——一切有利于普鲁士通过损害德国和欧洲进行发展壮大的契约中，德国所犯下的错误。按照一位巴伐利亚部长的说法，问题在于，抑制北德扩张主义和军国主义势力，以重建欧洲大家族。

我们将彻底解决因为普鲁士的干涉而招致的所有问题。

我们将有条不紊地行事：日耳曼人突然入侵塞尔维亚和巴尔干半岛，引发了1914年战争。这些地区将能永远摆脱德意志帝国的威胁及其同谋土耳其的桎梏。

几个世纪以来受欺压的斯拉夫和拉丁民族：将被解放，实现复兴。最后受到普鲁士贪得无厌的野心侵害的比利时、卢森堡：世界将多么开心，能对它们予以恰当补偿。遭受很大损失的阿尔萨斯和洛林：将能回归法国，它们的边界将永远得到保障，防止敌人重新入侵。普鲁士通过损害邻国利益而得到的优势，将荡然无存。此外，又有多少德国在莱茵河、黑海海岸和丹麦公国进行的肆意扩张行动，应该要被修正呢！波兰将能从受难十字架上被解救：获得重生的它，将能永远光荣、自豪地行走在人群中。

德国自身的命运，将是这些决定性时刻的主要问题。既然它知道普鲁士军国主义的方向，也许会承认它完全做错了。如果它不明白这一点，那我们就让它明白。总之，德国问题将被解决，以向欧洲提供完全"保障"。

在《威斯特伐利亚和约》中，没有被充分定义的"保障"一词，

从圣皮埃尔教堂拍摄的风景

将是未来和平建设的基石。从它的最大利益出发，德国将参与欧洲的整体构建。为了振兴从前的体系，它将不会成为欧洲建设的障碍，而是纽带。这一次，在俾斯麦体制和莱布尼茨体制之间，它将选择后者。德国真正的轴心，将向中部和南部转移。雷根斯堡（Ratisbonne）、奥格斯堡（Augsbourg）、帕绍（Passau），这些为北方对手的光荣而牺牲的古老城市，将恢复活力。一个庞大的农业、矿产国家，若采纳"我们的未来在海上"这一格言，需要冒一定风险。巴伐利亚人民在1870年就感到这一风险已萌芽：它追随军国主义，陶醉于"世界政策"，需要考虑后果。

工业家和贵族的联合会宁愿发动战争，也不愿有一丁点儿失势。它们无法为劳动阶级提供保障，但一个经济、公平、有远见的政策可以做到。历史为人们提供了忠告：约翰·詹森（Jean Janssen）说过，在中世纪末，汉萨同盟囤积居奇的体系使德国的工人和农民无法生存。20世纪，这种可憎的剥削体系又粉墨登场：德国的社会主义发展，不过是出于对所有封建主过度剥削的本能反抗。

普鲁士的经济并未崩塌。一个更灵活、更人性化的税率与工资制度，使劳动者能光明正大地生活，不用再受某类人的监视或剥削，这类人认为财富和娱乐是某些种姓或某些民族的特权，他们傲慢、贪婪、会算计。

总之，和平并不意味着擦亮头盔、握紧戴着铁手套的拳头，而是通过让人们互相信任，令其安稳度过一生。既然福音已预示和平，那么想要战争的人将被摧毁。

确实，威廉皇帝将自己视作尘世间的上帝，解决了神的问题："不要忘了，德意志人民是上帝的选民。作为德国的皇帝，我接收到了上帝的精神。我是他的武器、双刃剑和总督。违抗者，要受到严惩！懦夫和不

海牙和平宫

信神的人，只有死路一条！"

在一位德国军官的记事本上，有一条评注，就像德意志人民针对帝国经文的颂歌："今晚，最伟大的威廉，给了我们一条庄严的忠告：你们要时刻想着皇帝，但也不要忘了上帝。陛下的意思应该是，想到他就想到上帝。因为，陛下就是以善为目标的光荣之战的最有力工具。"

这些荒唐行为必须被制止。一位人间的君主，企图取代天主，简直荒唐至极，令人害怕。

上帝的选民，并非立足在欧洲某个小角落，而是分散在全世界，居住在所有崇尚公理、公平、真理的地方。这些对个人有益的美德，也对人民大众有益。世界上不仅存在个人的、民族的意识，也存在一种人道的国际意识。这次大战的结局，是从全人类的原始本能中，激发出这种国际意识。这是一场"和平之战"，将在全球播下"公正"的种子，待它成熟时，将由我们的后代收割。

1913年8月，在海牙举行了和平宫（Temple de la Paix）的落成仪式。1914年8月，欧洲目睹了战争灾祸的开始。德意志及其皇帝的军国主义意志，对全世界人民的意志横加阻拦。

当普鲁士被击败，需要订立条约时，我们再也不会被花言巧语蒙骗。我们将设法使条约不变成一纸空文。

和平要稳定，就要手段强硬。欧洲要想一往无前，必须将德意志、普鲁士的军国主义压制在膝下，让其吐露自己亵渎神明的错误，向其灌输法律拥有最终决定权且凌驾于武力之上的坚定信念，并通过如它的野心和骄傲一般古老的制约，让其尊重上帝的旨意，即公道与正义。

第二章

摩洛哥危机和巴尔干危机

世界政策的由来；比洛伯爵的陈述；
德国"向东行进"、征服东部；奥匈帝国在巴尔干半岛的局势；
英法关系亲近与摩洛哥危机；
巴尔干危机；《布加勒斯特和约》；波斯尼亚和黑塞哥维那的命运

这一章涉及引起当前战争的直接原因，即摩洛哥危机和巴尔干危机。公众并未立即料想到之后发生的一系列可怕事件，但知道世界和平已受到直接威胁。

重要的是要说明德国对这些事件的决定性影响：通过追溯这些事件的进程，我们可以找到一切事件的源头。

在外交上没有遇到重要时机的比洛伯爵，在战前发表了《德意志政治》（*La Politique Allemande*）一书。人们本以为，他无意写一本关于德意志政府和他自己的罪行录。

但事与愿违。他试图证明，帝国政府有能力在不扰乱和平的情况下，让世人接受德国的"世界政策"。但事实证明，正是威廉二世和比洛伯爵的"世界政策"引起了世界大战。

俾斯麦已经警告过他的继任者们。他担心，某天德国这个"地鼠"将从洞里出来，奔向水里；预料到，德意志的"虚荣心"将损害一切。

他真是位预言家。

比洛伯爵声称，自己是俾斯麦的门生；其实，他否定、无视后者。

以下就是他所陈述的具体事实及责任的源头。

"世界政策"的由来

1897年3月28日，帝国议会大大削减了帝国政府有关海军军备和造船的申请。显然，议会害怕走上这条路。然而，同年6月28日，在基尔的"霍亨索伦"号轮船上，威廉皇帝委托比洛伯爵"开始'后俾斯麦时期'德意志政策的重大工作"，并任命他为外交部部长。

不久，提尔皮茨上将被任命为海军国务秘书，并于11月27日提交了一份"把海军政策引导到一条全新道路上"（比洛）的新法案。

这就是"世界政策"的起点。

即将发生的事情，将向我们揭示"大计划"。

首先，一个明显的事实，依据威廉二世的浮夸作风，已向世人表明了德国人的意图和方向。1898年，威廉二世在君士坦丁堡和耶路撒冷进行了一场奢侈的旅行。他去了大马士革（Damas），在苏丹萨拉丁（Saladin）的墓前，说出了这句引起轰动的话："愿苏丹陛下和崇敬哈里发的3亿信徒相信德皇是他们永远的朋友！"德皇想一下子把所有穆斯林纳入麾下。

不久，罗马尼亚的卡罗尔（Carol）国王，一位霍亨索伦后裔，同意德国建立直通君士坦丁堡的铁路线。1899年11月20日，土耳其苏丹的政府和宫廷特许一家德国公司建造从科尼亚（Konieh）通向波斯湾的铁路网。由此，德国控制了奥斯曼帝国。

威廉皇帝就是在什切青（Stettin）港口的揭幕落成仪式上，喊出了这个"我们的未来在海上"的口号。

所有事都前后一致。

比洛伯爵在他的讲话和书籍中，讲述了体系的原理。显然，德国已表态，主意已定。帝国文献显示，近1897年年末，德国决议进入一个新阶段。主要任务包括造船，在地中海进行渗透，与穆斯林势力融洽相处，与英国和俄国对立，损害拥有殖民地国家的利益以推动殖民扩张——这就是"世界政策"。

在前文我们就已指出，德国是如何运用这一新政策在远东地区采取行动的。1898年1月5日，中国向德国出让胶澳租借地。比洛伯爵第一次在帝国议会上表明看法，就是针对此事进行说明。他说："将我国舰队派往胶州，完全不是即兴而为，而是'经过深思熟虑的结果，体现

罗马尼亚国王卡罗尔

了一个成熟的政策……'"（1898年2月9日）

以下是他对"体制"的阐述：

"我们是否如一百年前一样，处于瓜分世界的前夕？我不这么认为。但无论如何，我们都无法忍受任意一个国家，跳出来对我们说：'世界再也不应被攫取！'我们不想被任何一个国家踩在头上，不会让自己在政治、经济上被排挤。如法国人、英国人和俄国人一样，我们也追求'一个更伟大的德国'（会场右边掌声雷动，左边哄堂大笑）……并非为了武力争夺，而是和平扩张……你们的讽刺并不会令我心慌……我们不想也不能忍受别人对德意志人民指手画脚……"（1899年12月11日）

俾斯麦曾评价东方问题"都没波美拉尼亚投弹手的一根骨头重

君士坦丁堡威廉二世喷泉

要"。以下就是在东方问题上,新举措的纲领:

一上来就反对法国很久以来在奥斯曼帝国的天主教徒身上行使的保护权:"在东方,我们并非反对法国利益,但是,一个外国势力不应在德意志公民身上行使保护权。我们一点儿都不企图保护外国侨民,但是,保护德意志人一事,只与德意志皇帝有关,与他人没有任何关系……我们将忠实尽责地维护在东方信奉天主教的臣民的权利……"

这是毫无预警的、对法国的直接侮辱。然而,俾斯麦在柏林会议上,亲自承认了法国对天主教徒的保护权。但是,那又如何呢?同样,比洛亲口承认,建设舰队将"引起英国的不满与怀疑";德国获得巴格达(Bagdad)的修建铁路租让权,直接危害了俄国和英国在亚洲的利益,而亚洲是远离德国行动根据地的。这些道理,德国人都懂,但他们仍然一意孤行。那么,如果英国、法国和俄国想提前筹备三国协约,并使其正当化,又该怎么做呢?

没有任何一个欧洲国家反对德国的殖民扩张,所有人都与它签订了公平的条约,承认后者在东非、西非、亚洲和世界其他地区的殖民地份额,英国甚至赞同德国的一个瓜分中国的提议。正如我们看到的那样,英国表现出准备赞同,德国通过算计葡萄牙的领地,扩张殖民地。我们还会看到,俄国参与了德国在土耳其和波斯湾的扩张计划,法国在摩洛哥做出了尽可能多的让步。

所以,野心勃勃的德意志发现,只要考虑到既得权利,在行事中懂分寸、有商有量,世界就会向它敞开大门。但德意志的领导人并不想与人商讨,而是强迫。他们想使用武力,因为这就是德意志的作风:没有强权,就不存在公理。

此外,德意志和德皇不惜用言语进行威胁。在一个西部边境的要

威廉皇帝抵达耶路撒冷（1898年）

塞落成揭幕仪式上,威廉二世说:"我将你命名为黑泽勒(Haeseler)要塞。你的任务是保护德意志不受西边敌人的侵犯。"接着,他又说道:"对于未来,我一点儿都不担心。我坚信'计划将成功'。尽管有阻力,但我仍有百折不回的决心,坚定地走在'我认为对的道路上'。在筹备工作上,笔杆子只有在枪杆子的支持下,才能强大有力。"不久,在毛奇的生日宴上,他许下"但愿参谋部能带领德国取得新胜利"的愿望。

"计划""道路""胜利"……这些如德皇一贯的夸张作风一样明显。按现实主义的说法,这意味着"新的武力征服"。

此外,德国舰队不断增加兵力,不到两年就翻了一倍。提尔皮茨上将仍在筹备着更宏大的计划。面对这一公然表明的体系和明显咄咄逼人的态度,被德国格外针对的三个国家开始采取措施。

英国还未能理解德皇为什么干预德兰士瓦战争;在日俄战争中战败的俄国,重新操心在欧洲及土耳其亚洲地区的利益;法国正逐步

排成纵列的德国军舰

摆脱因德雷福斯（Dreyfus）事件而导致的纷争。诚然，这三个国家极其爱好和平，但是它们感受到德国给全世界带来的威胁必然会越来越近。

英法关系亲近与摩洛哥危机

我们知道，英国主动拉近了与法国的关系，大部分差点儿导致两国严重不和的殖民地纠纷已逐渐得到解决。

经过长年外交冲突，英法两国在突尼斯、印度支那、索马里（Somalis）海岸、刚果、尼日尔（Niger）、马达加斯加和尼罗河中部（Moyen-Nil）等殖民地问题上，达成和解。剩下纽芬兰、埃及和摩洛哥问题没有解决。他们进行了一场谈判，致力于一次性解决剩余问题。意识到欧洲处于险境的爱德华国王，促成了这次谈判。通过协定，法国出让在埃及的权利，英国承认法国在摩洛哥的权利。

这一协定会在哪些方面损害德国的利益呢？在完全远离德国掌控范围的地中海尽头，英法双方达成和解；全世界都从中得益；各国之间心照不宣，尽可能地避免殖民扩张引发欧洲的混乱，英法和解，只是将这个约定付诸实践。

比洛伯爵一开始也是如此理解的，他在帝国议会上说："我们有理由相信，英法协定对某些国家来说是侮辱。它们试图通过和解，消除纷争。在这点上，从德国利益的角度来看，我们没有异议。关于这一协定的主要议题，即摩洛哥殖民地，如地中海大部分地区的情况一样，我们在此地的利益主要在于经济层面。一方面，摩洛哥的和平也能为我们带

威廉二世访问丹吉尔（1905年3月）

来巨大好处。另一方面，我们没有理由担心德国的经济利益会因为某个国家而受到损害。"

德国承认只关心经济利益；英国采取一切必要措施，从所有国家的利益出发，维持殖民制度。

这是第一印象，甚至德国人都这么认为。但深思过后，德国人意识到，缺少一个机会来证明震惊世界的泛日耳曼主义政策。

他们也考虑了以穆斯林世界保卫者姿态亮相所能带来的好处。为了达到目的，他们迫切运用"世界政策"，发动极其迅猛的攻势。

比洛伯爵仍在挣扎。1904年4月13日，在帝国议会上，他寻思"如果法国拒绝德国在摩洛哥问题上的要求，是否有必要持剑以待"，结果激起公愤。各种小册子充斥德国标榜"要夷平摩洛哥"的口号。在其中一本刊物《泛日耳曼主义的德国》（*L'Allemagne Pangermaniste*）中，赖默尔（Reimer）如此驳斥比洛伯爵的观点："法国不过是不同种族的大熔炉［在这句挖苦里，可以辨认出高比诺（Gobineau）和张伯伦的论点］。它被蛊惑人心的宣传、官僚主义和酒精毒害，生育率低下。它的未来由德国掌握。"他们已经放出了一群猎犬，没办法再给它们戴上嘴套了。

德国向法国提出抗议，认为官方发布的英法协定，只是为了口头通知德国使者。不久，事情恶化，德国表示不想听任何解释。接着，当前战争预兆之一——摩洛哥危机萌芽：在那场法德谈判中，法国为保全和平，一步步牺牲了自身利益，甚至放下尊严，放弃了自己政府的独立性，并使摩洛哥服从于一个不适用的国际制度，还在德国无理专横的要求下，舍弃了一个殖民地。德国四次表示满意，又四次要求重新谈判，并且一次比一次乖戾，提的要求越来越迫切。

德国并不隐瞒摩洛哥危机与其世界计划相联系的条件。1904年4月，泛日耳曼主义和殖民协会对此做了解释："由于我们的大部分殖民地都有没太大可能实现扩张，而摩洛哥有成为我国移民、农业殖民地的可能，并可作为我国舰队在一条更重要航道上的宝贵据点，所以，如果摩洛哥的现状不能得以维持，那么我国政府应尽量在西部等地区立足。"而且，"鉴于英法和解使摩洛哥的形势难以预料，殖民协会认为，如果形势对法国有利，那么德意志帝国有必要获得一定补偿，至少应与法国在此所得利益持平……"在德意志殖民协会上，法伊尔（Pfeil）伯爵大声喊道："对，即使要以战争为代价，我们也要得到摩洛哥！"德国意识到，与摩洛哥临近的地理位置、结束摩洛哥无政府状态的必要性，有利于保障法国干预摩洛哥内政的权利。所以，它首先对法国的权利提出异议，接着否定、抱怨，用各种能想象到的形式，考验这个坚持和平主义的国家的忍耐极限。

这就是摩洛哥危机的起源。德皇扮演的角色难以捉摸，我们无法知道他是想"把世界点燃，来煮他的溏心蛋"，还是只想用"武装外交"虚张声势，获得任意一个实际好处。

总之，我们看到他急忙抓住一个机会，使他于1899年在大马士革担任穆斯林保护者的职责得以确认。此事，也与世界计划有关。

德皇在这个面向直布罗陀海峡、近阿尔及利亚、地处大西洋和地中海角落的地方，亲自操控着三叉戟。在丹吉尔，他发表了一场讲话，没为自己留任何余地："今天，我拜访的是苏丹，一位独立的君主。我希望在苏丹的统治下，所有没有被垄断和兼并的国家，都能平等、和平地在自由的摩洛哥竞争。此次访问的目的，是让世人知道，我决心尽我所能，有效维护德国在摩洛哥的利益。因为我把苏丹视作绝对自由的君主，想与他合作，共同维护我国利益。关于苏丹有意推动的改革，我认为他应该非常谨慎地行事，重视人民的宗教信仰，以维持公共秩序的稳定。"

德皇的声明如此严肃，所有人都可能被蒙骗。苏丹和摩洛哥人民把德皇的话当真了，导致地方关系和国际关系出现严重纷争，法国面临无法预料的难题：鉴于阻力强大，它不得不优化行动方案。而且，德国外交界找到了新的理由进行干涉。

摩洛哥危机发生的过程，与巴尔干危机相吻合，都是受到导致欧洲爆发世界大战的德意志的挑拨。考虑周到却缺乏条理的"大计划"，将暴露逐渐力不从心的"冒失、失策的德意志"，推行"世界政策"、主张泛日耳曼主义、由威廉二世统治的德意志必然失败。

摩洛哥

卡萨布兰卡

准确来说，摩洛哥危机始于德皇访问丹吉尔时（1905年3月31日），德国已着手实施进攻政策。10月26日，威廉二世向卫队军官和参谋部发表讲话。这个讲话具有历史意义，相当于一个向世界宣战的声明："先生们，你们已经看到了在世界上我们所处的位置，所以，为了炮弹和利剑，为了公认的目标和一直紧绷的军队，为了德意志军队和总参谋部，尽情呐喊吧！"

这出悲剧的几个主要场景：访问丹吉尔（1905年3月）、德尔卡塞（Delcassé）辞职（1905年6月12日）、阿尔赫西拉斯会议（1906年1月至3月）。经过这次会议，法国在摩洛哥的影响力得到认可，但也受到欧洲权威势力的制约，所以，德法纷争似乎应该得以调解。但事与愿违，一切又重新开始。

德国只是口头同意会议协定，而且发现自己受到孤立。不仅英国

威廉二世及其参谋部成员

和俄国，甚至美国、法国、奥匈帝国和意大利，都站到了自己的对立面。德国不得不让步，强压怒火。"世界政策"之父比洛伯爵感到自己成为泛日耳曼主义的牺牲品，被人怀疑不热心。他在帝国议会上的讲话（1906年4月6日）引起反响，之后不久，他因长期病痛而辞职。他说："我们经历了一个疲惫不安的阶段。我认为，现在我们可以更安心地朝前看。阿尔赫西拉斯会议的结果，令德国和法国满意，也对所有文明国家有益。"

但德国追求的远不止于此。不久，卡萨布兰卡（Casablanca）逃兵事件（1908年10月—12月）再次引发危机。这次，理智的法国政府迫使德国政府承认没有摆正自己的位置，并申请调解。

吞并波斯尼亚和黑塞哥维那

摩洛哥危机带来的伤痛还未痊愈，就发生了另一个冲突——奥匈帝国想像德皇一样，获得"向东行进"中它的那份好处。

在德国的施压下，戈武霍夫斯基伯爵垮台，埃伦塔尔上台。后者上台前，在柏林为自己创造了条件。1908年1月27日，这位奥匈帝国部长向代表团宣布，他要求君士坦丁堡的苏丹授权奥地利修建延伸至米特罗维察（Mitrovitza）的铁路，由此引发了巴尔干危机。在欧洲的所有人都大喊道："奥地利正气势汹汹地走向萨洛尼卡！"

阿卜杜勒·哈米德苏丹的权力，受到一场在萨洛尼卡筹划的军事阴谋的威胁，当时，他还不知道内情（1908年8月）。不久，奥匈帝国公开了它的意图：放弃"铁路政策"，吞并波斯尼亚和黑塞哥维那，以在巴尔干半岛上建立奥匈帝国霸权。

波斯尼亚和黑塞哥维那！只需念出这几个字，就知道战争的恐怖将笼罩在欧洲之上。从那时起，德国和奥匈帝国因这两个词捆绑在一起。1908年12月，一项名为《摩洛哥与巴尔干》（*Le Maroc et les Balkans*）的研究，阐述了当时的事件："事件按照一个命中注定的节奏交替发展。两个穆斯林首都——君士坦丁堡和丹吉尔，分处两头；欧洲国家接连涌向这两头，尽力争夺利益，不惜危害和平。"

比洛似乎感到，德国不可能同时兼顾这两个地方的纠纷。在辞职前，他与法国就摩洛哥问题进行谈判，此次谈判促成两国于1909年2月签订一份协议。协议基本原则如下：德国获得与法国同等的经济利益；承认法国特殊的政治权利；进行商业、工业和金融合作，以开发摩洛哥。

但是，当德国想从一头脱身时，又会卷入另一头的纷争。对于波斯尼亚和黑塞哥维那被吞并一事，塞尔维亚非常痛苦地屈服了：波斯尼亚和黑塞哥维那的大部分居民是斯拉夫人和塞尔维亚人，他们受到奥地利的桎梏；埃伦塔尔的政策，迫使这个小王国放弃做"大塞尔维亚"的梦。

疯狂的日耳曼势力用一个惩戒性的惩罚，威胁这个斯拉夫王国：这是一个导致1914年战争爆发的恐吓手段。塞尔维亚求助于俄国，于是后者进行干预……德国因此投身其中，保护它的同谋。它向俄国发出一个"友好通知"：如果事情得不到解决，而且俄国插手的话，那么，德国就会履行作为奥匈帝国盟友的责任。

俄国不想开战，于是屈服了。伊兹沃尔斯基表示，无条件承认奥匈帝国对波斯尼亚和黑塞哥维那的吞并。但若下次德国再发出此类警告，俄国不会再让步。

比洛伯爵垮台，泛日耳曼主义再也无法自我节制。

日耳曼势力征服东方和地中海的计划，从此得到证实。奥匈帝国征服巴尔干，德国征服奥斯曼帝国其余地区。这两股势力对世界和平造成极大威胁，人们提出抗议。

且看："巴格达铁路修建计划是问题的关键所在。对于这一举措，已有很多史料记载。德国从奥斯曼帝国政府手中得到有保证的建造铁路租让权，获得好处后，极力推动计划的实施，此事无人不晓。此计划逐渐成了威廉二世统治时期的'伟大构想'之一。计划的由来可追溯至威廉二世说出'我们的未来在海上'的那个时期。巴格达铁路计划，与决定提早建造德意志无畏级战舰的海军计划同时诞生。一开始，我们并不明白，为何德国如此迫切地投身于这些昂贵庞大的计划中。现在，我们开始懂了。德国在很久之前就为一场针对英国的大范围外交或军事行动，做战略部署——德国势力如一个巨大的羊角面包一样，覆盖着从黑海到波斯湾的地区。巴格达铁路经过基尔，目标穿过科威特（Koweit）。在左翼和右翼，规划着一个巨大的逆向'包围圈'，一开始属于和平性质，逐步演变成军事性质。

德国拿骚级战舰

叙利亚交通枢纽

法国军事家路易·赫伯特·贡萨伏·利奥泰

"这个以大陆封锁为目的而重新制订的计划,无论它是否明智、牢固,一切事实都证明它确实存在。在同一指导方针的领导下,德国还筹划了其他措施和运动,为同一目标服务。

"其中一个运动开始之后,就变得不可抑制。它将日耳曼世界引向东方。奥地利沿多瑙河而下,把北方的庞大德意志帝国拖入它的活动中(其实,我们并不知道哪一方先主动)。不断增长的德意志人口、无法削弱的影响力和不可忽视的财力,这些力量都寻找着自己的出路。在非洲和远东的殖民政策失败后,这个勤劳多产的种族只剩一个地方可以大展身手,即东方。它使上了所有力气。'向东行进',是日耳曼入侵之战的新口号!"①

欧洲和平遭受如此威胁,使理智的和平主义者尼古拉大帝惊慌。他访问波茨坦(Potsdam)(1910年11月),提出可以做出必要牺牲,让德意志帝国尽情释放野心。

俄国不再反对德国构建巴格达网络,双方签订一份协议,规定了各自在土耳其亚洲领土和波斯湾的势力范围。这些国家是多么不想因为与德国作对,而冒开战的危险啊!

阿加迪尔危机:法国在摩洛哥让步

1908年调解后,另一个最出乎意料的危机在摩洛哥爆发。泛日耳曼主义者不接受那次调解,指责比洛伯爵太过软弱。调解在实施过程中遇到诸多难题;同时,受到摩洛哥无政府主义挑衅的法国,被迫救助在菲

---

① 见《平衡的政治》,1911年版,第318页。

斯（Fez）身处险境的公使团和法国居民，向此地派出一支远征部队。

1911年7月1日，德国派出"黑豹"号（Panther）军舰，停泊在摩洛哥的阿加迪尔港口。它向惊愕的世界表明，打算建一个海军基地和一个影响区域（在这点上，德国故意说得模糊）。法国在摩洛哥拥有公认的权利，德国要求得到相应补偿。

人们本以为通过三次协商，已彻底解决了摩洛哥危机，然而，危机却以最具威胁性的手段、最暴力的形式再次爆发。

我们知道法国在该种形势下，再次向德国让步，为了满足德意志殖民协会的贪欲，割让了一部分刚果殖民地。然而，德意志殖民协会依旧表示不满。一位国民自由党的领导人巴塞曼（Bassermann）表明，"国家认为有发动战争的可能，大力宣传武力，范围极广，史无前例"。在一次帝国议会上，贝特曼·霍尔维格首相被要求对一次"失败的外交行动"进行汇报，当冯·海德布兰德（Von Heydebrand）说到"应该拿起双刃剑，整个德意志民族都应抛头颅、洒热血，勇于作战，而非让步"时，坐在皇室回廊上的皇储激动地鼓起掌，不惜打断前者的讲话。

在这次阿加迪尔危机中，英国果断支持法国。

巴尔干危机

吞并波黑的必然后果，已经应验。

其标志是奥斯曼帝国瓦解，三国同盟中的另一个成员国意大利因此实现了许下很久的愿望：它着手攻克的黎波里塔尼亚（Tripolitaine），由于

菲斯和马拉喀什的风景

斗争持久不息，因此它的舰队首先攻占了土耳其的一部分岛屿。

君士坦丁堡受到威胁。土耳其屈服。塞尔维亚、希腊、保加利亚和黑山等巴尔干国家建立联盟，联合起来对抗土耳其。东方问题全面爆发。奥匈帝国是始作俑者。

巴尔干战争发生于1912—1913年，其重要的历史意义是当地人民看清了自己的力量与未来，团结一致，同时反抗气数已尽的土耳其统治者与气势汹汹的德意志侵略者。

我们本以为土耳其人会占上风，德国和欧洲在外交上的失误，会令土耳其取胜。当各大列强决心干预时，为时已晚。

奥匈帝国提议使阿尔巴尼亚（Albanie）独立，以抑制因取胜而壮大的塞尔维亚势力，将其与亚得里亚海隔开。

此外，保加利亚在储尔卢（Tchorlou）和卢勒柏加兹（Lulle-Bourgas）战役中取胜后，列强达成一致，将保加利亚人阻隔在君士坦丁堡外。

驻扎在摩洛哥田野上的一个法国兵营

之后，伦敦会议召开。会议任务是通过维持巴尔干各国势力的一定平衡，来保护欧洲的和平。

德国对土耳其的失败感到惊讶，它竭力挽救土耳其，因为它将其视作自己的战利品。被抑制的部分巴尔干势力从东向西撤退：无法进入君士坦丁堡和亚得里亚海的保加利亚人，转而追求被希腊军队急忙占领的萨洛尼卡；无法得到萨洛尼卡和马其顿的塞尔维亚人，转向亚得里亚海，他们与黑山人一致要求在此拥有一个海上出口。

保加利亚沙皇斐迪南一世

保加利亚骆驼部队

一个巴尔干要塞中被摧毁的大炮（1911年）

但是，他们的计划与奥匈帝国提出的阿尔巴尼亚独立计划相冲突。

受到奥匈帝国的驱使，一直想要维护和平的欧洲介入，经过长期围攻，从黑山手中夺取斯库塔里。巴尔干人民接连被掠夺胜利的果实。

整个冬天，巴尔干人民都因一场欧洲主导的潜在战争而饱受痛苦且愤怒不已。军队和将军们非常激动，一开始陶醉于胜利中的战胜方不断受挫，巴尔干同盟国之间发生纠纷。不满意自己所取得的胜利果实的保加利亚，听取了只想再次抓住"渔翁得利"机会的奥地利的建议，犯下了一个严重错误：它攻击希腊和塞尔维亚，导致第二次巴尔干战争爆发。

这次战争持续时间不长。罗马尼亚有所犹豫，一直在等待时机——可能一开始，它与其他国家一样，指望土耳其军队取胜。可惜它的算盘打错了，胜方是巴尔干同盟国。此外，它克制了自己的野心。保加利亚不能及时满足它。当保加利亚与巴尔干同盟的其他三个成员国断交给了罗马尼亚可乘之机时，后者只需担起"天外救星"的角色。毫无疑问，罗马尼亚毫发未损的军队，助它成为军事调解人。它的军队穿过边境，踏上索非亚，当时保加利亚正遭到包括土耳其在内的围攻。罗马尼亚政府只用了十二天就做到了各大列强在伦敦会议上没能做到的事：通过《布加勒斯特和约》进行调停。

巴尔干国家，尤其是塞尔维亚，出乎意料的取胜，妨碍了奥匈帝国和德国的计划。德奥在君士坦丁堡和亚得里亚海双重受挫。它们向东行进的大计划，因此失败。是谁挡了它们的道呢？就是那个没被它们放在眼里的小塞尔维亚。

现在，我们知道，在巴尔干危机爆发之初，奥匈帝国就动员了一切兵力，决心用武力干涉。1913年1月，向萨洛尼卡和亚得里亚海进行扩张的奥地利大公，找巴伐利亚政府帮忙，请求后者在战时派遣兵力，参与远征塞尔维亚的行动。

可以确定的是，1913年4月和5月，无论后果如何，奥地利都下定决心向塞尔维亚开战。1914年12月5日，乔利蒂（Giolitti）在意大利议院所做的声明，意义重大，有必要在此引用全文：

> 意大利一贯光明磊落。我要提醒各位，1913年，当奥地利企图把针对塞尔维亚的行动定义为防御性行动时，意大利完全有权表示中立。
>
> 在巴尔干战争期间，1913年4月9日，圣朱利亚诺（San Giuliano）侯爵向我发了一封电报：
>
> "奥地利向德国和我国表明，它有意针对塞尔维亚采取行动，而且它的行动只能被视为防御（行为）。它希望三国同盟的条款生效，但我认为，条款不适用于这种情况。我试图将我国和德

阿德里安堡全景

国的力量相结合，共同阻止奥地利的行动。有必要明确说明，我们不认为这样的行动是防御性的，所以，同盟条款无法生效。"

圣朱利亚诺侯爵向奥地利表明，意大利不认为有义务参与这样的行动。

因此，意大利政府的明智之举，使世界大战的爆发晚了近一年半。

尽管如此，奥地利仍不放弃。1913年10月，塞尔维亚在阿尔巴尼亚边境进行了一次警务行动。当收到意大利提醒的塞尔维亚政府决定紧急召集部队时，奥地利正筹划突袭塞尔维亚。

日耳曼国家针对欧洲地区稳定和世界和平的进攻大计划，表现在各个方面。

德国不会任由自己被"优秀的第二名"赶超。当它彻底得到奥斯曼帝国的军队时，就揭示了自己的意图。利曼·冯·桑德斯将军在君士坦

君士坦丁堡的土耳其军队指挥官
德国将军利曼·冯·桑德斯

丁堡领导土耳其军队这一事实足以证明，德国已确立世界大战的计划。它想筹备军队，以进攻俄罗斯，保卫海峡。俄国遭到重创，提出抗议，但遭到拒绝。

德国把一切都安排好了。1913年4月，贝特曼·霍尔维格首相为了使德国军队的计划合理，提到斯拉夫人对德国的威胁及俄国与德国可能发生的冲突："当欧洲的战火烧到斯拉夫人和日耳曼人时，前者在巴尔干的扩张，将对后者不利。"

1913年11月，威廉皇帝和毛奇将军对话比利时国王，通知他即将发生战争，并在一定程度上，催促他在两个将分裂欧洲的阵营中做出选择。

通过地中海政策，借助于东方问题，两个日耳曼帝国得到了预料之中的结果。这个命中注定的结果，就是战争。或者说，发动扩张性质的战争，才是它们的真实目的。

伯恩哈迪（Bernhardi）概括了日耳曼计划的深层意义："德国外交需要为我们提供一个可以放肆进攻的机会。我们必须在对手得到救援前战胜它，同时也必须懂得认清眼前的事实。"

第三章

萨拉热窝事件和外交压力

威廉二世和弗朗茨·斐迪南大公的共同计划；
大公被刺杀；全世界感到不安；
奥匈帝国的进攻意图

1914年年初，德国在摩洛哥及奥地利在巴尔干的行动，都将局势引入绝境。法国一直隐忍，保持退让（它放弃了一部分刚果的殖民地），但在摩洛哥依然主宰局势。在巴尔干，由贝希托尔德（Berchtold）伯爵提出的阿尔巴尼亚独立计划，得到欧洲的同意，但由于维德（Wied）亲王办事不力，此计划彻底失败。

塞尔维亚在两次巴尔干战争中都取得了胜利，它只需巩固战果即可。维斯尼奇（Vesnitch）如此阐述局势："我们刚刚从两场血腥的、付出很大代价的战争中脱身，就在巴黎市场发行了清算债券。由于我们的领土面积几乎翻了一倍，所以我们要铆足干劲，

萨拉热窝

帕希奇与塞尔维亚的亚历山大亲王

尽快推动新省份的发展。为此，我们急忙在法国及其他国家，甚至在德国，招聘各行各业的专家。从奥斯曼帝国的桎梏中将这些地区从千百年的奴役中拯救出来后，必须让它们焕然一新。同时，还要在各地推广公共教育。我们筹划重振农业和金融业，恢复军备，建造新铁路线，建立运河网，灌溉田野……7月，塞尔维亚正与奥匈帝国代表就《伦敦条约》和《布加勒斯特和约》中涉及的一系列领土变更问题，进行商议。那时，我们正处于大选前夕，而且以帕希奇（Pachitch）为首的所有政客，都决定参与选举……"

原本，他们将拥有非常安定的未来。直到弗朗茨·斐迪南大公及其妻子霍恩贝格（Hohenberg）公爵夫人在萨拉热窝遇刺，如晴天霹雳般打破了原有的宁静。

弗朗茨·斐迪南大公访问萨拉热窝，对他来说，这是一次壮举——它勾画了一个政策，证实了一个意志。

阿尔巴尼亚都拉斯城墙

大公的形象，也许对历史来说，莫测高深：他体形有点矮胖，面色红润。在弗朗茨·约瑟夫以前的皇储接连死亡后，他成为皇位继承人。极为虔诚的天主教徒的身份，并未阻止他与霍泰克（Chotek）女伯爵通婚。女伯爵因此成为霍恩贝格公爵夫人，也许在一定程度上，能协助大公转变观念，构想一个新政策。

大公并非一个政治家，却对奥匈帝国君主政体的独特军事性质，有非常杰出的看法。他感到自己萌生了野心。也许他的目标不太明确，但他所持的观点，在具体事实中得到确认。1911年，他计划与意大利一起冒险发动一场战争，此计划遭到埃伦塔尔部长的反对。接着，在科诺皮什切（Konopischt），他与威廉皇帝进行会晤，这次，他对塞尔维亚人的态度更加强硬。

威廉二世似乎相当巧妙地控制了大公的思想，利用他的野心为德国的政策服务。当德皇得知大公被刺杀时，说："我的一切工作，都得从头开始。"

弗朗茨·斐迪南大公的计划

泰克·约内斯科（Take Jonesco）足够清楚地阐述了在这些决定大公和世界命运的谈话中，德皇与大公所持的共同观点。通过把他的见证与另一份来源不明的见证进行对照，我们可以得出大概结论：两大日耳曼帝国将共同实施"向东行进"的大计划。奥匈帝国在巴尔干的行动，与德国向君士坦丁堡和亚得里亚海的扩张，彻底结合在一起。《每日评论》（*Taegliche Rundschau*）写道："在这次科诺皮什切会晤中，的里雅斯特（Trieste）问题得到解决。"

作为补偿，奥地利成为同盟的领头人。不管它愿不愿意，同盟都将把它变成能主宰巴尔干命运的人。在前进道路上，塞尔维亚是主要障碍，需要先除掉它。

此外，奥匈帝国执政者的一个决定得到证实。

1911年，一个访问波斯尼亚和黑塞哥维那的欧洲人，在萨拉热窝，与奥匈帝国的一位行政人员进行了如下谈话："'我们欧洲人不明白，为何埃伦塔尔男爵放弃了诺维巴扎尔地区。难道奥匈帝国不再对萨洛尼卡感兴趣了吗？''并非如此。'奥匈人答道。'那为何做这样的公开声明呢？''从这个地区穿过，走的是最艰难的一条路。我们要走另一条路。''哪条

泰克·约内斯科

萨洛尼卡码头

都拉斯风景

维德亲王及亲王夫人抵达都拉斯

意大利的里雅斯特港口

路？''行经贝尔格莱德，穿过塞尔维亚。'也就是说，要发动一场大战？''当然。我们需要发动这场战争。'"

大公被这个主意吸引，对其进行深化与延伸。"他梦想奥地利重现辉煌，令其扮演一个极其重要的角色。他想通过构建帝国联邦制度，中断民族主义者间的纠纷，并坚信能参照德意志帝国的联邦制政体，将塞尔维亚、罗马尼亚和保加利亚并入奥地利。我知道，他希望让罗马尼亚人明白并入哈布斯堡帝国，是实现民族统一的唯一渠道，自愿接受归并。同时，他也确信（他并不掩饰这点）能使所有奥匈帝国居民，甚至新教徒，接受罗马尼亚天主教。他不喜欢马扎尔人，讨厌意大利（1911年起，他就想从意大利手上赢得光荣），只有埃伦塔尔'拒绝采取行动'的坚决态度能阻止他。很可能在科诺皮什切，他与另一位幻想者——威廉皇帝，一起制订了共同征服世界的宏大计划。"（泰克·约内斯科）

大公非常了解巴尔干局势，起草了这样的计划，致力于正式干预巴尔干事务。此计划由一些更大胆的想法补充完整："弗朗茨·斐迪南不仅想要兼并塞尔维亚，夺回保加利亚、希腊和罗马尼亚绝大部分被土耳其掠夺的领土，他还想通过消灭俄罗斯势力，使'巴尔干国家'变成只是表达地理位置的词组，不具任何实力……他阐述了自己的计划，想抓住第一个机会，迫使塞尔维亚求饶，占领这个小王国。

"秉承不会无故许诺的原则，德皇只在德意志野心得到满足的条件下，才会点头同意合作，即通过的里雅斯特港口，获得进入亚得里亚海的权利。意大利为此做出了牺牲。双方达成一致，通过一条连接德国和的里雅斯特的中立铁路，德国获得交通完全自由权，保证在亚得里亚海拥有一个出口。"①

这些计划只不过坚定了奥匈帝国征服巴尔干的野心。一位最知情的知名人士阐述了奥匈帝国的野心，部分内容如下：

"更确切地说，奥匈帝国是出于对威望的向往，而非对自身利益有明确见解才渴望称霸巴尔干。它昔日的骄傲、从前占优势的君主政体及满足虚荣心（或追求辉煌）的需要，促使它谋求物质利益。在巴尔干半岛上作威作福，抵制俄罗斯，控制斯拉夫主义的扩张，符合奥匈帝国政治家们的设想。为了明确计划，他们以占领萨洛尼卡为首要目标，但还未确认具体实施办法和所寻求的利益。

"但是，很快就出现了一个拦路石，即决心反抗、担忧自己的命运和因得到俄罗斯支持而坚定的小塞尔维亚。这就是为什么奥地利越来越憎恶这个在贝尔格莱德执政的王朝，一直束缚塞尔维亚人的顽强发展的缘故。

"德国为了自身利益，不断利用奥匈帝国的这股敌意。对德国来说，如果奥匈帝国与斯拉夫人为敌，在巴尔干损失一个客户群（德国可

---

① 见《意大利期刊》（*Revue d'Italie*），1915年版，第91页。

乘机将其挖走），是最好不过的。为了加剧奥地利和塞尔维亚间的冲突，德国从中挑拨，不断激起双方的愤恨。德国因此在商贸（及文化，见前文）上，渔翁得利。"

贝希托尔德伯爵的阿尔巴尼亚计策失败，奥匈帝国处于两难之境，要么挨打，要么为赢赌上一切。此时，受到威廉皇帝的指使，弗朗茨·斐迪南大公开始扮演巴尔干半岛上得胜者、组织者的角色。他走的第一步，是踏上萨拉热窝。

萨拉热窝事件

似乎在最后一刻，他有所犹豫。出发的那天早上，他在祈祷室待了好几个小时，并对亲信说，他的心跳得很快。命运促使他下定决心。

也许是6月初的一个传闻，导致他走出这决定性的一步：有人肯定地说，塞尔维亚和黑山决定更紧密地团结在一起。它们实现了关税统一，并将共有外交部和金融部。这是在俄罗斯政府的支持和鼓励下，巴尔干的斯拉夫人民所进行的抵抗。因此，双方都表明了立场。

无论如何，弗朗茨·斐迪南大公的意图与计划，逐渐在奥匈帝国内传开。在多瑙河地区，所有人都在关注他。波斯尼亚密谋者听到了风声；此外，由于斐迪南大公着手打击"泛塞尔维亚密谋行动"，泛塞尔维亚势力决心阻止他。

致命冲突由此爆发。

1914年6月28日，斐迪南大公及其夫人在萨拉热窝被刺杀。以下由维也纳发给通讯社的官方报道，详细叙述了事件经过：

逮捕普林西普

弗朗茨·斐迪南大公及其妻子霍恩贝格公爵夫人，坐上敞篷礼车前往市政府大厅。这时，一颗手榴弹向他们飞来。大公下意识地手一挥，手榴弹滚到车后，立即爆炸。坐在后面那辆车中的布尔·沃尔德克（Boor Waldeck）伯爵和副官米里齐（Mirizzi）中校，受轻伤。聚集在车队周围的人群中，有几人受了重伤。刺客名叫查布林诺维奇（Kaprinovic），一个印刷工人，来自特雷比涅（Trebinge），他被立即逮捕。

在市政府大厅结束官方接见后，大公返回公馆，途中遭遇了第二次袭击。刺客用勃朗宁自动手枪击中了大公的头部及公爵夫人的腹部。大公和公爵夫人被立即送往公馆救治，最终不治身亡。刺客当场被逮捕。他名叫普林西普（Princip），是个出生于格拉霍沃的高中生。两名刺客都逃过了愤怒人群的殴打。加夫里洛·普林西普，19岁，在格拉霍沃的利夫罗（Livro）街区出生（波斯尼亚）。他对警察说，他在贝尔格莱德读了几年书，很久之前就有意刺杀一位上流社会的人，以向民族主义事业献身。他说，大公的车在弗朗茨·约瑟夫街角减速。看到公爵夫人也在车上，犹豫了一下，然后突然开了两枪。他否认有同谋。另一名刺客内德利科·查布林诺维奇，20岁，对警察说，一个贝尔格莱德的无政府主义者给了他手榴弹，他不知道对方的姓名。他也说没有同谋。在审讯中，他表现得非常玩世不恭。

弗朗茨·斐迪南大公

刺杀消息刚一出，萨拉热窝的所有房子上就都竖起了黑旗。举国上下深感悲痛，为其默哀。

很快，塞尔维亚共犯受到大众指责及奥匈帝国官方刊物的强烈谴责。从指责演变到政治控诉，只有一步之遥。6月29日，《帝国邮政》（*Reichspost*）写道："我们没能及时捣毁贝尔格莱德的恶毒巢穴。在那儿，谋杀君王被当成合法的政治斗争手段；刺杀同宗同源的黑山国王的行动，也在此谋划；这一巢穴还长期毒害我国东南部地区，就是在这里，我们的塞尔维亚人被培养成密使、间谍或杀人犯。我军的脾性，促使这个巢穴本能地吸纳塞尔维亚人……现在，我们面临最可怕的挑衅：我国皇储被在贝尔格莱德学习、工作过的杀人犯刺杀……我们要让刺杀事件的始作俑者付出代价。皇储被刺杀，给我们敲响了警钟。我们只等最后关键时刻的到来。"

奥匈帝国在发给塞尔维亚的最后通牒中，具体提到了塞尔维亚同谋问题：

> 萨拉热窝法庭就6月28日发生的袭击、刺杀案件，对加夫里

洛·普林西普及其同伙,提起刑事诉讼。得出以下事实:

1.加夫里洛·普林西普、内德利科·查布林诺维奇、米兰·齐加诺维奇(Milan Ciganovic)和特里夫科·格拉贝兹(Trifko Grabez),得到沃伊斯拉夫·坦科斯奇(Voija Tankosic)少校的协助,在贝尔格莱德筹划此次阴谋,目的是在萨拉热窝刺杀弗朗茨·斐迪南大公。

2.米兰·齐加诺维奇和沃伊斯拉夫·坦科斯奇少校,在贝尔格莱德向普林西普、查布林诺维奇和格拉贝兹提供了用于袭击的6颗手榴弹、4把勃朗宁自动手枪及弹药。

3.手榴弹来自塞尔维亚军队在克拉古耶瓦茨(Kragujevaks)的武器库。

4.为确保刺杀成功,齐加诺维奇教普林西普、查布林诺维奇和格拉贝兹使用手榴弹,并在托普西德(Topschider)射击场附近的森林中教普林西普和格拉贝兹使用勃朗宁自动手枪射击。

5.为了使普林西普、查布林诺维奇和格拉贝兹能秘密携带违禁武器穿过波斯尼亚和黑塞哥维那边境,齐加诺维奇筹备了一个秘密运输方案。

根据此方案,沙巴茨(Sabac)、波波维奇(Popovic)和洛兹尼察(Loznica)边境的驻军队长们和洛兹尼察的海关职员鲁迪沃日·格尔比克(Rudivoj Grbic),在不同人的帮助下,将罪犯和武器运送至波斯尼亚和黑塞哥维那境内。

面对指控,塞尔维亚人回应道:"袭击案主谋普林西普声称:'在这件事上,我没有受到任何外力指使。查布林诺维奇所检举揭发的,都不属实。'一切对于塞尔维亚同谋的指控,都是基于查布林诺维奇的证

弗朗茨·斐迪南大公及其家人

词。然而，是塞尔维亚警方向奥地利警方揭发此人的。事实证明，他是一名奥地利特工之子。"

这些刺客，是出于崇高民族精神，还是出于阴险算计而犯罪，这个问题还是留给愿意探索的人去一探究竟吧。总之，他们受到了惩罚。他们被暴力冲昏了头脑，其所作所为，受到指责，引发了后续事件。

刺杀发生时，弗朗茨·约瑟夫皇帝正在伊舍（Ischl），通过电报知晓了此事。

刺杀引发的不安

威廉皇帝参加了基尔帆船比赛，在"流星"号游艇上。当电报传来

弗朗茨·斐迪南大公与威廉二世观看演习

时,他正站在甲板上,随从将封上的函件交给他,他直说:"啊!不不不!让我们静一静吧!"他打开信封,刚读了几行字,就脸色煞白……就在那时,他说:"大公死了,我的一切工作都得从头开始……"冲动过后,理智促使他开始思考如何更有力地继续他与大公的共同事业。

命运击中了它的第一个牺牲者;它的第二个目标人物并不愿将此当作前车之鉴。如果前者能向他展现因他的一意孤行而带来的灾难后果,也许他会就此罢休吧?

刺杀带来的影响,如滔滔不绝的波浪一般,触及世界各地。在萨拉热窝生活着小部分塞尔维亚人,贱民洗劫了他们的商店和房屋;萨拉热窝和其他城市,如莫斯塔尔(Mostar),处于恐怖的无政府状态。在维也纳,贝希托尔德伯爵、国防大臣和参谋长不断召开会议。弗朗茨·约瑟夫皇帝紧急从伊舍返回美泉宫(Schoenbrunn),召见了各部长。

奥匈帝国民众情绪激动,报纸杂志,甚至官方刊物,更是火上浇油。官方并不力求平息民众怨愤。7月2日，杜梅因（Dumaine）揭示了袭击消息爆出后奥匈帝国所设想的计划。他写道："萨拉热窝事件在军人和所有不任由塞尔维亚在巴尔干称霸的人中，激起了最强烈的仇恨。我们要求塞尔维亚政府彻查袭击案的根源，但遭到拒绝。这将引起民众的不满，从而使我们有理由执行军事行动。"

在贝尔格莱德，人们情绪激动。一份6月30日的公文说："我们简直无法想象，德意志新闻界居然因为一个精神不正常的年轻男人犯下的可耻袭击而控告、攻击塞尔维亚……王室政府将对我国领土上的不安定因素，采取必要措施。"

德皇回到维尔德帕克（Wildpark），他说将从那里出发，去参加大公的葬礼。德皇及其皇后，向大公的大女儿霍亨伯格郡主苏菲（Princesse Sophie de Hohenberg）发去电报："孩子们，想到你们的失亲之痛，我们的心在滴血。距离上次来你们家，与你们的父母共度美好时光，至今还不到两周。如今，你们却要经受如此巨大的伤痛！上帝会保佑你们，给你们力量挺过这不幸的时刻。上帝也会赐福给你们的父母，愿他们安息。"

从天主教的《日耳曼尼亚报》，到激进的《柏林日报》（Berliner Tageblatt），几乎所有报刊都指出塞尔维亚要对袭击负责。

而俄国新闻界的论调悲观且坚决。《圣彼得堡邮报》（Courrier de Saint-Pétersbourg）写道："一个塞尔维亚人打死了一位可能在欧洲烧起战火的大公。命运给奥地利提供了一个改变方向、弥补十年来所犯罪孽的机会。为了欧洲的和平与繁荣，我们希望昔日的悲剧能使奥地利找到一个新的政治方向。"

法国、英国和意大利政府试图平息民众情绪。圣朱利亚诺侯爵在议

威廉二世出行

会上表示："我们所有人都希望威严、可敬的弗朗茨·约瑟夫皇帝能经受得住这次不幸。他极具智慧，我们能看出他想维护和平的愿望。和平是保证世界繁荣发展的必要条件。"

在哀悼中，包含着一条充满敬意的建议。

大公夫妇的遗体被"联合力量"号（Viribus Unitis）装甲舰运往的里雅斯特，再从的里雅斯特运至维也纳。

由于霍亨伯格公爵夫人身份特殊，皇室决定私下举行葬礼。弗朗茨·约瑟夫皇帝有意严格遵守此项决定，导致威廉皇帝最终放弃参加葬礼。

葬礼于7月3日在霍夫堡（Hofburg）小教堂举行。弗朗茨·约瑟夫皇帝到场参加。儿童唱经班在圣器室低声吟唱着丧葬经文。大公的孩子们在葬礼结束后才抵达维也纳。棺材先由火车运输，再由渡轮运输，穿过多瑙河，直至阿姆泰滕（Armtetten）城堡。最后，将大公夫妇安葬在此。

在维也纳和奥匈帝国大部分城市，民族主义者的愤怒爆发；塞尔维亚的国旗遭受侮辱；人们跑遍街道，大声喊着："打倒塞尔维亚！打倒贝尔格莱德！"在波斯尼亚、克罗地亚和波希米亚，搜查行动与逮捕行动成倍增加。俄国报刊激动了，《圣彼得堡报》（*La Gazette de Saint-Pétersbourg*）写道："奥地利向一大半信奉东正教的欧洲人发起了挑战。"

忧心忡忡的欧洲大众，本以为可以在一封弗朗茨·约瑟夫皇帝于7月4日写给其部长们的信中找到一丝安慰——他将袭击归咎于"一小伙人"，但他写道："六十五年来，我与我的子民同甘共苦。即使在最艰难的时刻，我都一直记着这份上帝赋予我的引导数百万人民命运的崇高责任……"人们还是为此震惊了。

由于弗朗茨·约瑟夫皇帝并未暗示任何国际制裁措施，人们以为已排除了奥匈帝国和塞尔维亚间存在的决裂风险。

弗朗茨·斐迪南大公与公爵夫人
在袭击发生前几分钟，正离开萨拉热窝市政厅（1914年6月28日）

德国的态度似乎没那么悲观了。

驻柏林的法国代办马纳维尔（Manneville）于7月4日发出电报："我们认为，塞尔维亚将会在追捕萨拉热窝事件同谋一事上，给奥地利必要的、令人满意的交代。对于塞尔维亚和奥地利双方政府间可能存在的紧张关系，德国政府似乎没有如德国新闻界一样担忧，或者，'它不愿表现出来'。"

驻布达佩斯总领事达普施·勒·莫让（D'Apchier Le Maugin），也对此表示赞同，至少目前如此。

在研究了蒂萨（Tisza）发表的一段非常谨慎的讲话后，代办又说："目前官方说法是一切和平……至少报纸是这么报道的。这里的民众认为会爆发战争。他们肯定地对我说，每天都有大量火炮、弹药被送往边境。不管政府是诚心诚意保持和平，还是暗中筹备战争，现在它都竭尽全力安抚民心。但他们的乐观主义，目前并没引起共鸣；他们的道德准则，毫无意外地，已降到异常低的水平。"

其实，奥匈帝国争分夺秒，以便更好地"备战"。奥地利和匈牙利共有的部长们，在征求了陆军总参谋长康拉德·德·霍岑多夫（Conrad de Hoetzendorff）将军和海军元帅汉斯（Hans）的意见后，于7月7日召开会议，确定了重要决议。

主要问题是要知道，如果奥匈帝国对塞尔维亚采取军事行动，俄国会怎么做。萨扎诺夫（Sazanoff）正式警告了

奥地利陆军总参谋长
康拉德·德·霍岑多夫将军

奥匈帝国大使切尔宁（Czernin）伯爵："维也纳报纸杂志的抨击，可能会在塞尔维亚激起令人不安的愤怒情绪。"当大使告知萨扎诺夫，奥匈帝国政府可能不得不在塞尔维亚领土上追查萨拉热窝事件的煽动者时，后者明确说道："千万不要这么做！"

但奥匈帝国没把这个忠告放在心上。它的报纸杂志公开讨论法国和俄国的军备，"就像它们无能力在欧洲事务上发声一样，大肆谈论它们"。《军事评论报》（*Militarische Rundschau*）写道："这一刻对我们有利。如果我们不下定决心开战，那么最迟两三年后，形势将差很多。当前，我们应该掌握主动：俄国还没准备好；道德因素、权利和实力，都对我们有利。既然总有一天必须要战斗，还不如马上挑起战争。"如1911年的情况一样，他们也认为俄国会让步。《新自由新闻报》（*Neue Freie Presse*），一份被视作是温和主义的报纸，写道："对我们来说，只有一场针对泛塞尔维亚主义的热战，才能让我们获得平静，而且是以人道主义的名义，消灭可恶的塞尔维亚种族。"①

威廉二世在他的游艇甲板上

主要是一些被德国收购的报纸，做出此类评论。其实，德奥两军已经建立同盟，也许已共同做出决定。

---

① 见《黄皮书》，第28页。

顶多可以承认，维也纳某些政府官员还有一点儿犹豫；至少，他们没有考虑最坏的后果。一位最有能力了解此危机内情的人，持如下观点："不管怎样，哈布斯堡王朝的民众不够团结，经受不住过于暴力的动荡。如果奥匈帝国内阁无法确保冲突仅限于奥匈帝国与小塞尔维亚王国之间，那它还不能下定决心行动。它被自己的短浅目光欺骗，相信俄国和法国都没有能力干预，认为有机会用一场不平等、无风险的战斗，彻底解决多年的纠纷。此外，塞尔维亚一年内经历了两次战争，而且第二次是奥地利阴险唆使保加利亚的结果。塞尔维亚精疲力竭，气喘吁吁，它发现自己不得不屈服，不得不遭受深刻的屈辱，这可能削弱了它对巴尔干半岛的斯拉夫人的吸引力。塞尔维亚最信赖的几个大国一致认为，使它免受这场残酷考验'也是在拯救欧洲和平'。奥匈帝国就这样取得了胜利，而这一次，它的长期动员状态不会导致敌对行动的爆发……"

所以，也许奥匈帝国最多只是进行一次简单快速、不会遭到反抗的军事行动。最智慧的人，也被这个单纯的想法欺骗，任由自己被奥匈帝国强烈的野心，一步步推向危险境地。

仔细洞悉形势的人不难发现，随着时间推移，奥匈帝国的决定逐渐占上风，煽动民众不满情绪与军事筹备同时进行。

当世界上其他地方的人开始激动时，维也纳的股民们正值疯狂时刻。

7月11日，贝尔格莱德爆发恐慌。奥匈人都跑到公使馆避难，他们深信塞尔维亚人会对他们发动一场"西西里晚祷"式的起义。维也纳报刊利用这"疯狂的一天"，对影射、伤害奥匈帝国的塞尔维亚报纸予以反驳。

7月19日，驻维也纳记者向法国政府汇报："如果听信乐观主义的传闻，那就错了。"而且据可靠消息："奥匈帝国会对塞尔维亚提出很多要求，而且会向后者发公函，其强制性几乎肯定会使塞尔维亚无法接受。

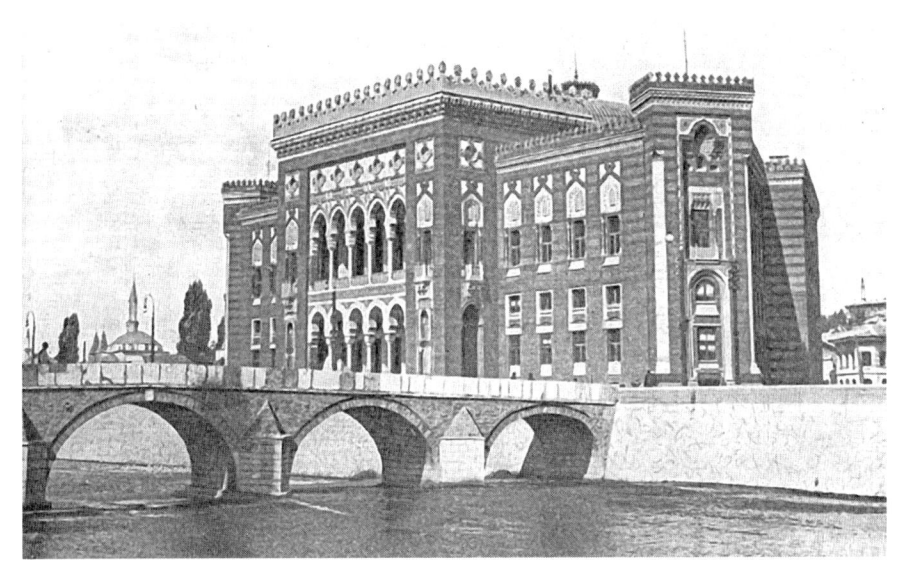

萨拉热窝法院

如此一来，奥匈帝国就可以正大光明地发起军事行动。"

由此，可以首次预见一场世界大战："在维也纳和柏林，都有一个阵营有意挑起广义冲突。换言之，发动大战。指导思想也许是，必须在俄国完善军队和铁路及法国完成军队改组前就开始行动……当外交官们和贝希托尔德伯爵只满足于一场针对塞尔维亚的局部行动时，政府已明显投身于以刺激民众怨愤情绪、为大战制造有利舆论背景为目标的工作中。"

这是奥匈帝国外交界在巴尔干半岛上所持的观点。7月21日，奥匈帝国驻贝尔格莱德外交部部长耶斯特（Giest）男爵，在一份呈交给贝希托尔德伯爵的报告中，对此观点进行了阐述："……为了使帝国的大国地位屹立不倒，想要避开战争——这个能解决与塞尔维亚纠纷的办法，从长远看是不可能的……所以，如果我们决心要求拥有实际控制权（单凭此控制权，我们就能清除诞生泛塞尔维亚阴谋的老巢），就必须预料到

英国外交部部长
爱德华·格雷

所有可能的结果，并从始至终保持意志坚定、强大。"①

奥匈帝国不能再踌躇不定了。距离袭击发生已过去三周。所有人都知道，位于波尔广场（Ballplatz）的外交部撰写了发给塞尔维亚的公函。贝希托尔德伯爵在伊舍陪伴皇帝，延长了他的停留时间。

担忧的塞尔维亚在柏林采取了一个措施（7月20日），试图预先应付一个它无法接受的、过度严苛的公函；俄国代办偷偷询问德国外交部部长雅戈，这份所谓刚写好的、柏林内阁应对内容知晓一二的公函的性质。儒勒·康邦（Jules Cambon）也问了同样的问题。但雅戈回答道，他完全不知道公函内容。柏林交易所行情下跌。传言说，德国政府发布军事公告，国家将处于一种"全民动员状态"，符合条件的人都必须服役。

外交界已经惶恐不安，而公众仍旧平静如水。临时外交部部长比恩维纽·马丁（Bienvenu Martin），如此概括他收到的信息（7月22日）："在当前形势下，我们可以做的最有利假设，是无法控制新闻界和军事党派的维也纳内阁，力求通过提前直接、间接威吓，以及借助德国的支持，最大限度地得到塞尔维亚。"

维也纳的杜梅因指出，他们决心像对待波兰一样处理塞尔维亚。德国大使契尔什基（Tchirsky），"表现出支持暴力解决问题，甚至比其政府所构想的更暴力"。

---

① 见《奥匈帝国红皮书》（Livre rouge austro-hongrois）。

在伦敦，这位德国大使的行动，令爱德华·格雷爵士（Sir E. Grey）担忧。契尔什基说，德国政府"最终没能使维也纳内阁节制"。爱德华·格雷爵士接见了奥匈帝国大使，建议奥匈帝国保持耐心、节制。而塞尔维亚部长在爱德华·格雷爵士面前，表现出惶恐不安。

在维也纳，大使馆总是假装相信"问题将和平解决"。俄国大使感到非常安心，离开去度假了。

然而，此时出现了第一个转机：巴伐利亚议会议长不知道柏林内阁假装对奥匈帝国的公函毫不知情，道出了实情；他还说，似乎公函措辞是可以被塞尔维亚接受的；他也坦承持悲观态度，认为形势十分严峻。

维也纳和柏林政府当然下定了决心，共同小心翼翼地保守它们的行动秘密。

在巴黎的等待阶段

对世界上大部分地区而言，它们的命运受一些薄弱或偏激的意志支配。我们来看看，它们是如何度过这三周的。

法国，由勒内·维维亚尼（René Viviani）内阁执政。部长会议主席兼任外交部部长，梅西米（Messimy）任国防大臣，彼得·戈蒂埃（Pierre Gauthier）任海军大臣，比恩维纽·马丁任司法部部长及议会副主席，努朗（Noullens）任财政部部长，马尔维（Malvy）任内政部部长。

当时，议会会议即将结束；上下两个议院讨论很久后，终于投票通过了所得税法案；直到最后一刻，他们还在思忖，共和国总统是否能如期（很久之前就定好7月20日）去圣彼得堡进行官方访问。

斐迪南夫妇遗体在维也纳供人瞻仰

排队瞻仰斐迪南大公夫妇遗体的人群

7月13日，参议员赫伯特（Humbert）在一次引起轰动的讲话中批评了法国的军备。

他指出，（法国）在装备上存在一些不足，尤其是在火炮、制服、鞋子、要塞维护、飞艇库、训练营地和海岸国防等方面，做得不好。

无论这些消息准确与否，在外交正值危机时，这些消息都令国民担忧。国防大臣犹豫是否对此做出回应。克列孟梭（Clemenceau）喊道："我们要求得到解释。否则，我们不会离开。"第二天，7月14日，国庆节当天，参议院重新对此进行讨论。当国防大臣给出解释后，参议院投票通过布德努（Boudenoot）提案："参议院委托军队委员会在议院例会开始前，提交一份有关武器装备情况的报告。"

上下两个议院，来回进行有关将新的所得税制度并入经费体系的讨论。在讨论似乎接近尾声时，饶勒斯（Jaurès）介入，在最后关头组织对一个修正案进行投票。最终，上下议院达成共识。努朗提交了1915年的预算计划；马尔维宣读法令，宣布1914年例会结束。

7月15日午夜，共和国总统离开巴黎，出发去俄罗斯进行国事访问。他不走瑟堡（Cherbourg），而是走敦刻尔克（Dunkerque），中将勒布里斯（Le Bris）的舰队和"法国"号装甲舰奉命在那儿等待。陪总统一起出发的部长会议主席维维亚尼，为议会工作忙到最后一刻，直到晚上11点58分才赶到出发地。7月20日凌晨2点，总统如期到达俄罗斯。

在7月的前三周，除了上述议会事件，还发生了其他事，巴黎并不如往常一样平静：内阁采取了一些措施对付最新兴起的团体；一笔数额为8.05亿、利息为3%的国家公债推迟很久后，于7月7日才发行，认购了40次。

戏剧学院的比赛吸引了众多巴黎人的关注，戏剧是他们主要关心的事情之一；汽车俱乐部大奖赛在"里昂环形路线"上举行；在拉斐特之家城堡（Maisons-Laffitte），照常举行了共和国总统大奖赛；在根西（Guernesey）举办了一系列纪念维克多·雨果（Victor Hugo）的庆典；莫里斯·巴雷斯（Maurice Barrès）结束在巴勒斯坦和东方的旅游，返回巴黎；卡庞蒂埃（Carpentier）和冈伯·史密斯（Gunboat Smith）进行了大型拳击对抗赛。

但使新闻界感兴趣、吸引公众注意力、激起人们最大激情的大事件是针对卡约（Caillaux）夫人的诉讼案，她在3月16日，用左轮手枪两枪杀死了《费加罗报》（*Figaro*）主编卡斯顿·卡尔梅特（Gaston Calmette）。

7月20日，共和国总统按约定时间在喀琅施塔得（Cronstadt）上岸。当晚，在彼得夏宫（Peterhof）举办了晚宴。皇后及所有皇室成员都出席了晚宴；黑山皇储和塞尔维亚的海莲娜（Hélène）郡主也在场。双方在祝酒时，有意表现得温和，但还是能听出一丝热烈、充满力量的语气。沙皇说："我们对俄罗斯友邦的领导人，一直都报以最热情的接待。今天，能接待法兰西共和国总统，我们非常开心，因为我两年前就认识了总统，他是我的老朋友……我相信，两国基于同盟和友好关系，忠于和平的理想，会继续享受和平带来的益处。双方将团结一致，全力以赴，保证和平……"普恩加莱（Poincaré）答道："我们两国建立同盟已有二十五年……双方政府追求共同利益，愿意为和平献身；双方陆军、海军互相尊重，友善往来。享有盛名的亚历山大三世和令人惋惜的卡诺（Carnot）总统首次提出建立同盟。现已证明，两国的同盟是有益并不可动摇的。"

七月：俄国、英国和德国的形势

在整个6月和7月初，俄国如往常一样为生存做抉择。6月初，一支英国舰队访问了俄国海域，致使有传闻说，英俄两国间正在就一个海军计划进行协商，这个传闻并非毫无道理。另外，德国和奥匈帝国两国参谋部，就一场针对俄国的战争达成一致的消息，已得到确认。俄国的紧张气氛，使人们的生活变得几乎难以忍受。沙皇批准在阿穆尔（Amour）地区建一个新的铁路网。

戈雷梅奇尼（Gorémékine）接替科科伍佐夫（Kokowtsoff）任部长会议主席。新上任的财政部部长卡普（Karp），从沙皇那儿得到启发，采取初步措施，禁止售酒。

7月15日前后，圣彼得堡的雇主和工人之间发生严重纠纷。工人发起罢工，并且愈演愈烈。7月18日，5万名工人罢工，并很快与警察发生冲突。罢工继续，形势异常：10万名罢工者穿梭在圣彼得堡的大街小巷；商店关门，轻轨停运，有组织的团伙阻止火车运行，警察与工人间的冲突变得血腥；罢工逐渐带有政治、革命色彩；列巴尔（Reval）兵工厂的工人也参与罢工，紧接着罢工浪潮蔓延至里加（Riga）、莫斯科和第比利斯（Tiflis）。即使法兰西共和国总统正在进行国事访问，圣彼得堡依旧是一副凄惨的面貌。面对罢工，雇主宣布停工，以作回应。

英国的形势也不令人省心。

有关"自治"问题的争论，正值最激烈的时候。上下两个议院初次审视，投票通过了构建爱尔兰议会的法令。7月14日，阿尔斯特（Ulster）的暴力反抗得到证实。卡松（Carson）在一场庆祝博因（La Boyne）战役的大型集会上，宣布爱尔兰议会将不能在阿尔斯特新教省

法国装甲舰

总统及维维亚尼先生离开敦刻尔克

份行使职权。

爱尔兰两个党派全副武装，针锋相对，着手军事演习及真正意义上的军事动员：调动武器、辎重队和医疗队。在和平的大不列颠，这相当于首次备战训练：阿尔斯特军队中有8万名志愿者应征入伍，而民族主义军队有13.2万名志愿兵。

同时，争取妇女参政的英国妇女也致力于她们一贯愚蠢的行动。她们在教堂里安装炸弹；突然涌入在公共场合举办的集会，引发骚乱；组织一些妇女，往政府马车的马头上跳；在布莱比（Blaby）火车站放火。

威廉二世

国王和王后在苏格兰停留一小段时间后，返回伦敦，出席原定7月15日在斯皮特黑德海峡（Spithead）举行的海军阅兵式。当时，"自治"危机达到顶峰。

鉴于国内动荡不安，国王不得不推迟参加阅兵式。此外，海军动员情况极好：493艘军舰完全配备武器，装备齐全，可以随时出海。

国王刚离开斯皮特黑德海峡，踌躇良久后，他才决定亲自介入，试图平息动荡。他决定在白金汉宫（Buckingham）召开一场英格兰和爱尔兰领导人之间的会议。在开幕致辞中，他表达了自己极度不安的爱国心绪："各位也许不习惯我的介入，但当前形势特殊，我有理由这么做。几个月以来，爱尔兰事件不断地，而且必然地倾向于诉诸武力。如今，所有人都差点儿喊出'内战'这两个字。难以想象，我们即将走到自相残杀的地步。我们的责任重大……事关重大，请表现出你们的耐心和和解精神……"尽管国王的呼吁感人至深，但这场持续了三天的会议，依然没有达到预期。

7月24日，阿斯奎斯在议院上宣布了这次会议的失败，并宣告政府有意于7月27日重新审视修正案。似乎没有解决危机的办法，大不列颠还能保持统一吗？

当时，德国和奥地利一片平和。7月6日，威廉皇帝出发去基尔；7日，他登上"霍亨索伦"号去北海进行常规旅行。同一天，弗朗茨·约瑟夫皇帝在伊舍重新进行因针对斐迪南大公的袭击而中断的疗养。

在这些温和的表象之下藏着什么勾当？信奉军国主义的一方激动不已，较和平的另一方半推半就。德国为主导方。奥地利则仍然宣称事情能够解决，发给塞尔维亚的公函条款是"可以接受的"。

两周在宁静中度过。

第四章

奥匈帝国发给塞尔维亚的函件，外交冲突

奥匈帝国的最后通牒；世界动荡不安；大国要求"时限"；奥匈帝国的外交手段；塞尔维亚的回应

1914年7月23日星期四，奥匈帝国驻贝尔格莱德外长向塞尔维亚政府呈交了一份相当于最后通牒的函件。

这份决定了历史最大事件之一的函件，全文如下：

1909年3月31日，驻维也纳塞尔维亚外长，执行其政府的命令，向奥匈帝国政府做出如下声明：

塞尔维亚承认，它的权利并未因奥匈帝国吞并波黑而受损，并且将服从各大国针对《柏林条约》第二十五条所做的决定。塞尔维亚听从各大国的建议，保证从现在起，不再抗议、反对奥匈帝国吞并波黑，并改变当前针对奥匈帝国的政策，以与它建立友善的邦邻关系。

然而近几年，尤其是6月28日发生的沉痛事件，表明在塞尔维亚酝酿着一场破坏性运动，以分离奥匈帝国部分领土为目的。这场在塞尔维亚政府眼皮底下兴起的运动，已在塞尔维亚领土之外，引发了一系列恐怖袭击和谋杀活动。

塞尔维亚王室政府，远没有履行1909年3月31日声明中的官方承诺，完全没有采取任何措施来禁止这项运动。各种反对奥匈帝国的团体、组织进行的活动，报纸杂志的过分言论，歌颂袭击发起人，政府官员参与颠覆性活动，公共教育进行不良宣传，以及所有引导塞尔维亚人民怨恨奥匈帝国、蔑视其制度的行为等，塞尔维亚王室政府都一概容忍。

尤其对于6月28日发生的、带来致命后果的事件，塞尔维亚王室政府依旧包容。

根据袭击案罪犯的证词，萨拉热窝谋杀案是在贝尔格莱德策划的，凶手所持武器弹药由隶属"民族自卫组织"（Narodna Odbrana）的塞尔维亚官员提供，并由塞尔维亚边防指挥官组织、负责将罪犯及武器运送至波斯尼亚。

预审结果令奥匈帝国政府无法继续忍受，近年来集中在贝尔格莱德策划，并在整个塞尔维亚领土持续发酵的不当行径。相反，它有义务终结塞尔维亚领土上威胁帝国安宁的所有阴谋行径。

为了实现这一目标，奥匈帝国政府必须要求塞尔维亚政府做出官方声明，表明其会禁止针对奥匈帝国的宣传活动，即所有致力于分离奥匈帝国部分领土的意向，并保证用尽一切办法消灭这种恐怖主义的宣传。

为使这一契约正式化，塞尔维亚政府应在7月13日—26日的

《官方报纸》（*Journal officiel*）首页，发表如下声明：

塞尔维亚王室政府禁止针对奥匈帝国的宣传活动，即所有致力于分离奥匈帝国部分领土的意向，并由衷地为这些犯罪行为带来的致命后果感到悲痛。对塞尔维亚官员参与了上述宣传活动，并因此危害塞尔维亚政府通过1909年3月31日声明正式构建的友邦关系，深表遗憾。

塞尔维亚政府反对一切干预奥匈帝国部分领土内政的意向，并有义务警告所有官员和臣民，今后，将严肃处理犯下同样罪行的人，竭尽全力预防、打击此类犯罪行为。

同时，塞尔维亚国王应发布如下军事议程，并发表在《军队官方公报》（*Bulletin officiel de l'armée*）上。

塞尔维亚政府同时承诺：

1.查禁一切激起对奥匈皇室的仇恨和蔑视情绪，并有意破坏其领土完整的刊物。

2.立即解散民族自卫组织，没收其所有宣传工具；用同样的方法，取缔塞尔维亚领土上其他致力于反奥匈之宣传的组织；采取必要措施防止这些组织改头换面，卷土重来。

3.即刻从教育团体及教学方法中，删除任何会或可能会煽动反奥匈之宣传的教学内容。

4.革除军部或行政部门中被指进行反奥匈之宣传的官员，奥匈帝国政府保留提供涉事官员名单的权利。

5.接受与奥匈帝国政府有关部门合作，在塞尔维亚镇压企图颠覆奥匈帝国领土完整的活动。

6.针对策划或执行6·28刺杀事件、现居塞尔维亚境内的人士，启动司法审查；接受奥匈帝国政府有关部门参与相关搜查行动。

7.即时逮捕萨拉热窝预审结果仲裁的沃伊斯拉夫·坦科斯奇指挥官及塞尔维亚政府雇员米兰·齐加诺维奇。

8.采取有效措施，防止塞尔维亚当权人士帮助进行军火走私；同时，解雇并严厉惩治帮助萨拉热窝袭击案凶手穿越边境的沙巴茨与洛兹尼察的边境官员。

9.向奥匈帝国政府解释关于6·28刺杀案发生后，一些塞尔维亚高级官员，在境内外的访谈中，对其发表充满敌意的不当言论。

10.尽快履行上述措施，并告知奥匈帝国。

塞尔维亚政府最迟要在本月25日星期六下午5点前，予以答复。

随函附上萨拉热窝预审中关于第7、第8点涉案官员的诉状。

函件规定，塞尔维亚政府只有两天的时限来答复奥匈帝国政府。

这份函件实质是最后通牒。这也在奥匈帝国政府发给驻贝尔格莱德外长的特殊指示中得到证实："呈交函件时，您要当面声明，如果塞尔维亚政府未在48小时内无条件接受函件所提要求，您将带领大使馆全体工作人员，离开贝尔格莱德……"（《奥匈帝国红皮书》）

最后期限为7月25日星期六傍晚6点（一份奥匈帝国政府的特殊公文，将下午5点改为6点）。

这份写于7月22日的函件，在7月23日下午，送交至贝尔格莱德。7月24日星期五，塞尔维亚政府收到函件，以及一份附带的说明公文。内容如下：

我有幸请阁下将函件呈交贵政府，随函附上这份说明：

1909年3月31日，塞尔维亚王室政府向奥匈帝国发表声明。

塞尔维亚着手实施一个政策，力求激发奥匈帝国境内的塞尔维亚居民的反动思想，分离与塞尔维亚接壤的奥匈帝国领土。

塞尔维亚变成了培养犯罪分子的巢穴——致力于在奥匈帝国境内制造混乱的组织机构，或公开地、或秘密地迅速崛起，其成员包括将军、外交官、政府官员和法官。总之，塞尔维亚王国官方和民间的权威人士，都参与其中。

几乎所有塞尔维亚的报纸杂志，都为宣传反奥匈帝国活动服务。每天，塞尔维亚机关报都煽动读者对奥匈帝国的怨愤、蔑视情绪，怂恿威胁奥匈帝国领土完整与安全的公开袭击行动。

大量公务人员被要求用尽一切手段，全力支持反奥匈帝国运动，并腐蚀住在两国接壤省份的青少年。

在历史上留下斑驳血迹的塞尔维亚阴谋思想，自巴尔干危机发生后，卷土重来；曾占领马其顿的帮派成员，回到塞尔维亚本土，为反奥匈帝国的恐怖主义活动服务。

面对这些年来针对奥匈帝国的不当行径，塞尔维亚政府未意识到其有义务采取措施，没有履行1909年3月31日庄严声明所赋予的责任，违反了欧洲的意愿，破坏了与奥匈帝国之间的契约。

希冀塞尔维亚政府珍视与奥匈帝国的友好关系，帝国政府容忍了塞尔维亚的挑衅态度。对塞尔维亚宽厚仁慈的帝国政府，希望塞尔维亚最终遵循相似的指导方针。自1912年事件发生后，帝国政府持大公无私的态度，友好地使塞尔维亚实现可观的领土扩张。奥匈帝国期望，塞尔维亚的政治思想能向它看齐，做出相应改变。

但是，奥匈帝国的宽厚仁慈，并未令塞尔维亚改变态度。后者依旧容许其境内的反奥匈帝国宣传活动，导致6·28袭击案发生，帝国王储及其杰出的夫人，成为一场在贝尔格莱德策划的阴谋的牺牲者。

在此形势下，奥匈帝国政府必须采取新的紧急措施，使塞尔维亚政府阻止那些威胁帝国领土完整与安全的煽动性活动。

帝国政府深信，那些不接受弑君犯成为政治斗争中不受制裁的武器，不容许欧洲和平继续遭到在贝尔格莱德酝酿的阴谋破坏的文明国家，会支持它的决定。

在此基础上，奥匈帝国政府向法兰西共和国政府提供了一份档案，揭开塞尔维亚的阴谋，以及这些阴谋与6·28谋杀案之间的关系。

一份同样的告知函，分别送交给了其他缔约国的代表。

您有权给外交部部长留一份复印件。

由于维维亚尼不在巴黎，比恩维纽·马丁担任临时外交部部长。7月24日星期五早上10点半，他收到了奥匈帝国大使亲自送来的函件及附带的说明。

当天凌晨1点，在圣彼得堡与萨扎诺夫商议过后，维维亚尼从列巴尔向比恩维纽·马丁发电报，指示驻维也纳法国大使朴梅因，与英国和俄国大使同心协力，向贝希托尔德（Berchtold）伯爵提供适当建议，请求他取消这份看似是维也纳内阁进行威胁的函件，但为时已晚，函件已在前一天送交贝尔格莱德。

俄国外交部部长
萨扎诺夫

贝希托尔德伯爵

普莱加恩在圣米耶尔

法国总统普莱加恩和丹麦国王克里斯蒂安十世

内阁之间交换意见

7月23日,一收到函件,塞尔维亚政府就命替代不在贝尔格莱德的帕希奇、任临时外交部部长的财政部部长帕楚(Patchou),向俄国求助,并声明"塞尔维亚政府绝不可能接受奥地利的要求"。

7月24日,塞尔维亚摄政王直接对话尼古拉大帝:"奥匈帝国函件所提要求,白白羞辱了塞尔维亚,也触犯了塞尔维亚作为独立国家的尊严……他们给的时限太短。一旦过了这个期限,我们会遭到集中在我国边境上的奥匈帝国军队的攻击,毫无还击的可能。我们恳求陛下,尽快提供支援……"这一悲痛的吁请,使大帝和俄国政府深受感动。

在普恩加莱总统离开圣彼得堡前,他与沙皇尼古拉二世就可能发生的事进行了研究。7月23日晚,普恩加莱总统邀请沙皇尼古拉二世在"法国"号舰艇上享用晚宴。局势令人悲伤,但两大领导人的祝酒词,强有力地巩固了法俄同盟,暗示了事件发展趋势。总统说:"当前局势促使两国齐心协力,更便利地保持、推动同盟关系的发展。两国已在共同协作中,多次获得双赢;双方都一致追求实力、名誉和尊严上的和

法国驻维也纳大使
杜梅因

平。"俄国大帝答道："我们两国在外交上的协作，以及陆军和海军间的同行之谊，有利于两国政府开展工作，追求和平理想，充分保障两国人民的福祉。"

7月24日，维维亚尼和萨扎诺夫发布官方公文，证明已知晓奥匈帝国最后通牒的内容及结果。公文如是说："法兰西共和国总统，刚刚结束在圣彼得堡的访问。双方政府达成共识，在各种问题上保持一致，心系世界和平，担忧欧洲平衡被打破，尤其是东部的平衡。"

但法国总统并未因此改变回程计划，而是从喀琅施塔得发出电报：

法国海军元帅：

总统分舰队准备3点半出发，目的地斯德哥尔摩（Stockholm）。

巴黎，7月24日

世界动荡不安

函件刚一送出，就在外交界掀起巨浪。几乎同时，它被公之于众，在欧洲乃至全世界引起纷乱。

在巴黎，人们既为此感到不安，又因卡约夫人的诉讼案狂热不已。他们的关注点在法院和奥赛宫（Orsay）之间来回切换。既苦恼内政，也为外交事件揪心。即使他们预感到重大灾难即将来临，且已被压得透不过气，但仍旧被律师舍尼与拉博里的辩护，盖当（Gueydan）、卡约夫妇和伯恩斯坦（Bernstein）的证词，以及医生当众解剖可怜的卡尔梅特的尸体等戏剧化场景，牢牢吸引。

让我们忘记这些伤心的回忆吧……1914年7月29日，当卡约夫人

卡约夫人案宣判当天的法院门口（1914年7月29日）

卡约夫人案宣判当晚的街景（1914年7月29日）

被判无罪，奥匈帝国也已向塞尔维亚宣战——悲剧真正开始了。

比恩维纽·马丁收到奥匈帝国函件的附带说明后，表明"当前，共和国总统与部长会议主席正在海上，还未回国，无法与那些无直接利害关系的大国共同商议，即时做出一个必要决议，以平息塞尔维亚与奥地利之间的冲突，维护世界和平"。

奥匈帝国驻巴黎大使塞琴（Szecsèn）伯爵提及，奥匈帝国与法国关系友好，并希望其与塞尔维亚间的争端能得到和平解决。

比恩维纽·马丁

奥匈帝国驻巴黎大使塞琴伯爵及大使馆工作人员

塞尔维亚驻巴黎外长维斯尼奇还未收到任何指示，只是刚知道这一消息。法国通过他，建议塞尔维亚尽量抓紧时间。大家共同努力，防止奥匈帝国强制执行最后通牒。第一阶段，我们只希望能延长时限。一个极其重要的事实引起了外交大臣贝希托尔德的注意。他在奥赛堤岸上说："尽管意大利通过三国同盟，与奥匈帝国和德国结盟，它也同其他国家一样，在7月24日时才知悉奥地利函件。它既未有预感，也未提前收到通知。"由此看来，意大利并未取得两个盟友的信任。

但奥地利对待英国就谨慎多了。关于函件，它想得到后者"客观的评价"；在它有空与三国协约中其他两国共同商议前，希望能先得到伦敦内阁的支持。7月23日，蒙斯多尔夫（Mensdorff）伯爵受命，特别向爱德华·格雷爵士进行解释："由于长期以来，我们都知道塞尔维亚行事

哥本哈根港口风景

拖延，因此才在函件中规定了一个较短的答复时限……我们不可能任凭塞尔维亚运用某种政治手段，使危机继续拖延下去。"

爱德华·格雷爵士处变不惊："我要先召见德国和法国的大使们，与他们交换意见。这两个国家分别是奥匈帝国及俄国的盟友国，与塞尔维亚无利益牵扯。"如果两大日耳曼帝国，真心诚意赞成与其他国家进行商议，那么这就是调解的基础。

在圣彼得堡，人们同样要求延长期限，但所用口吻截然不同。萨扎诺夫确实担心俄国的随和会被人视为软弱，于是，他异常坚定地说道："我们认为，当务之急是延长留给塞尔维亚的期限。"他谈到，如果奥匈帝国拒绝这一要求，"所有国家"将面临难以预料的致命后果。他尤其表明，既然奥匈帝国要利用其他国家，那么就不能拒绝他们进行有效的干预："拒绝延长最后通牒的期限将使奥匈帝国政府失去其他国家的支持，并违背国际关系的根本原则。"

日耳曼帝国想要干什么

德国是怎么想的？它又是怎么做的？

当前形势下，奥地利是否独自玩火，并无意挑起世界大战？它的主要目标，是尽量使塞尔维亚做出最大让步，还是与它的盟友联手消灭这个弱小邻国，并利用军事上的优势条件，一举在巴尔干半岛上建立霸权，即是否还有转机，达成和解？

若还有转机，那么德国就是合适的调解人。不然，如果奥匈帝国主意已定，那德国的策略无非是讲些假大空的话，避免一切外交束缚，并只在可以利用谈判引导德国舆论、欺骗世界公众时，才会同意谈判。

德国的政治策略，将让世人看清德奥同盟的真实意图。在它们不提前通知意大利函件一事上，其意图就已非常可疑。

我在前文提到的见证过奥匈帝国高级管理层的那位政治人士，在这个最后关头，仍然认为奥匈帝国或许还未决定发动世界大战："公平地说，奥匈帝国的执政者们也许还未衡量或预估后果。从《黄皮书》中可以明显看出，即使在与贝尔格莱德内阁戛然断交后，贝希托尔德伯爵仍然相信，或表现出赞同，延续与俄国的谈判，为两国和解保留了最后机会。"

其实，既然是德国制订的世界大战计划，那么自然是由它来强有力地执行。但是，奥匈帝国在面对危险时，是否能控制自己的狂妄自大呢？

最有可能的是这两个盟友共同施加诡计。它们延续谈判只有一个目的，即争取时间，占据有利地势，也许还会通过把过错都推到俄国身上，令英国放弃干预。

如果还怀疑德国在这个关键时刻的真实意图，不清楚促使德国以战争为目标、以谈判为手段的一般和间接原因，那么只需重读那份贝特曼·霍尔维格首相于1914年8月3日在帝国议会上发表的声明。它阐释了促使德国宣战的原因，证明德国是为自己而战。

首相在指责塞尔维亚时，陈述了奥匈帝国所持理由，并补充道：

"奥匈帝国政府向我们倾诉了塞尔维亚所耍的阴谋，并征求看法。我们竭诚表示赞同它的观点，并全力支持它镇压在塞尔维亚境内、威胁到它安全的反奥匈帝国风潮。我们意识到，奥匈帝国与塞尔维亚间的冲突，很可能将我国与俄国卷入战争。但是，要知道这关系到奥匈帝国的根本利益，我们不能建议它屈尊，也不能在这一艰难时刻拒绝向它提供援助。

"更加不能使我国利益受到塞尔维亚诡计的威胁。如果塞尔维亚得到俄国和法国的支持，继续威胁我们邻国的安全，那么奥地利将逐渐覆灭，所有斯拉夫人将臣服于俄国的霸权之下，欧洲中部德意志人民的地位将从此不保。（这就是德国政策的根本。这段话与贝特曼·霍尔维格首相在1913年4月7日，为说明提高军事预算的理由所发表的讲话完全契合。通过这点，一切都已明了：泛日耳曼主义的德国为防止俄罗斯势力扩张，发起一场预防战……）

"鉴于我们东部和西部的邻国越来越气势汹汹，一个意志衰弱、在俄罗斯泛斯拉夫主义势力面前逐步退让的奥地利，不是一个可以指望的盟友。所以，我们让奥匈帝国完全自由地按照它的方式处理与塞尔维亚的冲突。"

因此，首相亲口承认，德国从奥匈—塞尔维亚两国冲突及自身利益的角度，决定发动世界大战。它的角色已定，谈判注定失败。

这是法国驻柏林大使康邦的第一印象。7月24日，他发出电报："德国大多数公众希望开战。报纸杂志的口吻咄咄逼人，似乎旨在羞辱俄国。"

外交冲突

奥匈帝国和塞尔维亚正式启动外交程序。7月24日，塞琴伯爵在发给其政府的电报中，如是说："依照指示，今日，舍恩（Schoen）男爵将在巴黎发表声明，柏林内阁认为，奥地利与塞尔维亚之间的争端，只涉及双方。借此声明，他暗示，'如果第三方介入其中，那么忠于同盟契约的德国'，将予以奥匈帝国支援。"

短短几行字，就说明了它们的计划。

舍恩在7月24日（可能是下午）抵达奥赛堤岸。他向比恩维纽·马丁提供了一份公文，说明奥匈帝国对塞尔维亚的态度。以下两点，特别引起了法国部长的注意：1.德国政府认为，当前问题，是奥匈帝国与塞尔维亚需要解决的纠纷，他国绝不可插手（这是间接威胁俄国）；2.德国政府非常希望将冲突局限于以上两国之间，任何第三方国家通过同盟手段所进行的干预，都将引起难以预估的后果。

这些话概括了我们从一开始就在泛日耳曼主义报刊中注意到的一点——局部冲突。当奥匈帝国扼杀塞尔维亚时，德国也在竭力阻止任何人介入这场冲突。

比恩维纽·马丁对德国大使说："但是，你们只做了两个假设，只考虑了塞尔维亚一方接受或拒绝，难道双方没有进行谈判的可能吗？"

舍恩则很傲慢地答道："允许对此抱有期望……就我个人而言，对此事没有看法。"

这就是建立在一个不牢固基础上的预备性谈判。在7月末，其中一方的不坦诚，使谈判陷入僵局。

奥地利最后通牒与塞尔维亚的回应

形势严峻，而法兰西共和国总统还未回国。公众已知晓事件经过，不安情绪蔓延，股民们十分恐慌。

1914年7月24日，儒勒·康邦从柏林发出电报，表达自己的感想，并汇报了与德国外交部部长雅戈的初次会晤情况。他的感想如下："几乎没有可能和平解决问题……绝大多数公众希望开战。"

对于会晤结果，他完全持消极看法："德国政府承认奥匈帝国的函件，但坚决否认在函件送至贝尔格莱德前，就知晓其内容。

"康邦吃惊地说：'什么，你们要支持奥匈帝国提出的那些要求？你们都不知道它的底线在哪儿。'雅戈傲慢地打断：'是啊！鉴于我们之间是私下闲聊，我才会允许您口出此言。'接着，康邦肯定地说：'纠纷一定不能扩大化。'雅戈以德国人笨拙的方式问道：'您认为事情已严重到如此地步吗？'法国大使答道：'如果奥匈帝国想要破釜沉舟，斩断后路，当然非常严重。'"

儒勒·康邦在电报最后，表达了个人看法："一切事实都表明，德国准备以极其有力的方式，支持奥地利。"他试图弄清楚，德国坚持表明它没有提前知晓奥匈帝国函件内容的原因……他将从谈判的过程中找到答案：德国耍手段，取得各国信任，以便掌控谈判，直到它认为可以结束谈判的那刻为止。

德国知晓自己的方向。它瞄准俄国，使后者陷入绝境：要么放弃在巴尔干半岛上的一切权利，要么宣战，在中立国和历史面前，承担责任。

还要提及一封德意志帝国首相于7月28日发给各联邦国的电报："一些俄国公共机关刊物，把积极介入奥匈—塞尔维亚冲突、援助塞尔维亚，视作俄国正常的义务和责任。《新时代报》（*Novoië Vremia*）认为，如果德国不鼓励奥匈帝国采取屈尊俯就的态度，那么就要对因俄国介入争端而引发的欧洲大战负责……诚然，俄国有权利认为必须进行干预，支援塞尔维亚。但它也一定要意识到，它如此赞成塞尔维亚旨在

弗朗茨·约瑟夫皇帝

侵害奥匈帝国安全的行为，如果双方不和（所有国家都想使这场冲突局部化）引发了欧洲大战，那么它将是唯一责任人……"

德国就是如此指控俄国意图不良的。即使俄国想在不赞成塞尔维亚行为的前提下尽力调解，也无权干涉。当其他所有国家（其实只有德国）表面想要"使冲突局部化"，实质上是阻碍一切认真有效的谈判时，它将被视作引发大战的唯一责任人……

各内阁已明确态度。

圣彼得堡内阁非常清楚地表明和平态度，同时也坚定地表示，俄国公众"不允许奥地利曲解塞尔维亚"。[帕列奥罗格（Paléologue），7月24日所发电报]

伦敦和巴黎内阁，受到罗马内阁帮助，试图暂缓局势。康邦发电报称："爱德华·格雷爵士与我谈到，希望尽一切可能避免危机。我们一致同意，由英国内阁要求德国政府在维也纳主动采取措施，由四个无直接利害关系的国家出面调停奥地利与塞尔维亚间的争端。"

康邦在第一时间就建议爱德华·格雷爵士"要求德国政府正式在维也纳进行干预，以防奥匈帝国突然对塞尔维亚发动进攻"。

但人们想得太不切实际了。"局势已到最严重的地步，回天乏术。"当奥匈帝国大使来英国传达奥匈帝国发给塞尔维亚的函件时，爱德华·格雷爵士表示："这是有史以来一个国家对他国发出的最可怕的文件。"

在欧洲国家中，自认为最能置身冲突之外的比利时也开始不安。比利时驻柏林大使拜延（Beyens）感到这事关德国与奥地利早已酝酿的一场阴谋。"他认为，当前俄国与英国局势不稳，法国内部又因军事制度引起不和，奥地利和德国想趁三国混乱之时给三国协约突然一击。"

新闻界也深有同感。《巴黎回声报》（*Echo de Paris*）发表了一篇文章，名为《德国的威胁紧随奥地利的勒令之后；舍恩在奥赛堤岸》（*La sommation autrichienne est suivie de la menace allemande; M. de Schoen, au quai d'Orsay*）。德国借机抗议，占取优势。"舍恩已向众多记者及执政部门表明，德国既未参与，也不知晓奥地利发函件一事。德国同其他国家一样，收到奥地利通知后才知情。"

德国如此坚决地发表声明，证明它想尽可能脱身，来表现出不受奥地利的约束。舍恩还说，德国没有"威胁"塞尔维亚。

这番发言和奥地利大使在伦敦运用的考究措辞，令人们还抱有一丝希望。也许那些未卷入冲突的国家，还有可能有效介入，进行调解。

爱德华·格雷爵士听取了康邦的建议，对德国大使说："法国、德国、意大利和英国出面调停，是防止冲突的唯一机会。德国可以从这一角度出发，劝诫维也纳政府。"大使保证将这一提议传达给柏林内阁，但他与在巴黎的舍恩一样，不抱什么幻想："德国不会同意对维也纳采取任何行动。"（7月25日）在得到其政府回复前，他就向英国外交部（Foreign Office）表明："德国拒绝插手奥地利与塞尔维亚间的冲突。"

人们不愿中止谈判，但奥匈帝国不愿做出任何让步，甚至不愿延缓期限。

那么，谈判有什么用呢？

爱德华·格雷爵士对此极为震惊，他预见到后果，对大使说："如果开战，那么所有欧洲国家将无一幸免。"

圣彼得堡的形势，也不尽如人意。俄国知道塞尔维亚决心抵制奥匈帝国的某些要求。7月24日，俄国驻贝尔格莱德代办发回电报："帕希奇已返回贝尔格莱德。他决定在规定时限内，即明晚6点，给奥地利一个答复，

一个塞尔维亚兵团出发去前线

指出函件中哪几点可以接受，哪几点必须拒绝。今天，他会向各国发电报，请求它们保护塞尔维亚的独立自主权。他还说，如果战争不可避免，那么塞尔维亚将奋起反抗。"

在这点上，俄国通过一份"官方公告"，明确自己的态度："近期发生的事，以及奥匈帝国发给塞尔维亚的最后通牒，令帝国政府非常担忧。帝国政府不会坐视不理，将时刻注意事态发展。"（7月25日）

萨扎诺夫沉着冷静，非常现实。他既不会做危险的决策，也没有鲁莽的野心，表现出俄国外交官的审慎态度。他与德国大使会面时，请求大使向德国政府指出当前局势的弊害；他克制自己，不暗示在塞尔维亚的主权受到威胁时，俄国可能采取的措施。德国大使一开始避而不答，含糊其词，接着盛气凌人，尖刻指责。

萨扎诺夫虽感受非常不好，却也只能竭力控制自己。他对法国代办说："我认为，如果奥匈帝国政府进攻塞尔维亚，那么我们不应中止

谈判。"

在萨扎诺夫与奥匈帝国和德国代表们的会谈中，诞生了第一个外交冲突的火苗，它将越烧越旺，点燃欧洲战火。

德奥大使们在向其政府汇报会谈情况时，比俄国外长用的措辞激动得多。"根据《奥匈帝国红皮书》，萨扎诺夫在听完绍帕里（Szapary）伯爵关于袭击案及塞尔维亚所要承担责任的报告后，打断谈话，并问道：'是否有证据证明袭击案是在贝尔格莱德策划的？'"

儒勒·康邦
法国驻柏林大使

大使绍帕里答道："袭击案充分反映，塞尔维亚对此进行了煽动……"俄国外交部部长说："说到底，你们无非想要向塞尔维亚开战啊！……你们会把欧洲搅得天翻地覆！"

萨扎诺夫耐着性子听大使念那份冗长的"函件说明"，其中有几个细节，后者却简单带过。突然，部长直截了当地说："既然你们交来一份文件，就应该让我们有时间仔细研读，不然何必找上门来呢？"大使感到尴尬："我们只不过是尽到通知的义务而已。"部长说："事关最后通牒，不是简单通知就可以了事！"并补充道："你们使局势变得十分严峻。"后来，大使证明，俄国外交部部长始终相当镇定，"以一个对手的姿态，拒绝赞同我们"！（《奥匈帝国红皮书》）

以下则是德国大使的汇报：

白天，俄国各部长讨论得出一个决议，并由外交部部长传达给德国大使："俄国要求奥地利给各国时间研读送来的文件。"俄国外交部部长声明："俄国无论如何都不会无视奥匈帝国想'毁灭塞尔维亚'的意图。"

大使："但是，奥地利完全没这个打算。它可能只是想要塞尔维亚受到应有的惩罚。"

俄国外交部部长："一旦它开始动手，还会满足于此吗？这值得怀疑！"

其实这就是问题所在。

之后，另一份来自意大利议会议长萨兰德拉（Salandra）的汇报，揭示了奥匈帝国的真实想法，证明虽然它在外交声明中理直气壮，但其实别有用心，计划征服塞尔维亚。

除此之外，都不过是无意义的保证与虚伪的面具而已。日耳曼帝国驻圣彼得堡的大使们，以及贝希托尔德伯爵本人，都表明奥匈帝国并不打算兼并塞尔维亚，只想维持现状。这无非是在使用障眼法，企图蒙蔽俄国和其他国家。

此外，萨扎诺夫还有一块试金石："如果德奥真想与各国达成一致，避免战争，那么只需同意进行一场正大光明的谈判即可。这就是为何在7月24日，俄国外长与德国大使会谈结束时，恳求德国与俄国合作，共同维护和平……"

事态陷入循环。德国大使再次重申，德国将全力支持"它盟友的利益"。（《奥匈帝国红皮书》）

值得注意的是，奥地利对伦敦内阁用的措辞迥然不同，它仍然希望英国不要干预冲突。7月24日，贝希托尔德伯爵给驻伦敦大使发电报："务必在极度隐秘的情况下告诉爱德华·格雷爵士，函件并不是最后通牒，只是一个有时间限制的手段。如果此方法行不通，那么奥匈帝国将与塞尔维亚断交，并着手必要的军事准备工作……"

声明中所说的时限，几乎已得到双方私下同意，而且这番话也起到作用，它使英国踌躇不定。

7月25日的白天最为关键，因为当晚6点，就是塞尔维亚应回复奥匈帝国函件的最后期限。

如果塞尔维亚没有无条件接受奥匈帝国的最后通牒（不难预见这一情况），那么，奥匈帝国会如各国要求的那样延缓期限吗？……

7月25日早上，英国代办执行爱德华·格雷爵士与康邦共同制订的计划，与雅戈会面，询问德国是否愿意劝诫维也纳内阁延缓期限，与英国、法国和意大利一起，在奥地利与俄国之间斡旋，以防止一场冲突爆发。

雅戈答道，他不认为德国会接受这一要求，而且贝希托尔德伯爵在伊舍，无法抽身处理……各国的善意，就这样遭到拒绝。

俄国代办请求会见雅戈，他将遵循俄国政府的命令，提出类似条件。而雅戈做了什么呢？他把与代办的会面定在傍晚，也就是最后通牒快要到期时。勃洛涅夫斯基（Broniewski）递交了一个照会，他强烈坚持，若不想引发一场严重危机，就有必要延长给塞尔维亚的期限。他按指定时间会见了雅戈。后者反驳他，说一切都太晚了。可勃洛涅夫斯基再次坚持说："若无法延期，至少奥匈帝国可以推迟执行后续行动。因为函件的措辞会伤害塞尔维亚，'把它推向战争之路'。"雅戈答道："这与战争无关，只是局部冲突。"勃洛涅夫斯基说："但冲突可能会波及整个欧洲。"雅戈说："您是这么认为的吗？我不这么想。"这就不难理解，为何俄国代办在会面结束后，持非常悲观的态度。

在维也纳，俄国也未获得成功。贝希托尔德伯爵还未等到俄国代办奉命给他递交的重要通知，就出发去了伊舍。马奇奥（Macchio）男

人们热烈欢迎在伦敦街头行进的爱尔兰卫兵

爵代为收取,俄国代办遭到"冷遇"。但他仍坚持延长最后通牒的期限,并表示,要求他国裁决一场争端,却不留足够时间让其研读函件,这有违国际礼仪。马奇奥男爵粗鲁答道:"有时利益在前,不必讲究礼仪!"

贝希托尔德伯爵向驻圣彼得堡大使发电报确认:"我们向各国发函,根本不是为了请它们发表见解。我国与塞尔维亚之间的冲突,只限于两国之间,他国不应插手。"

杜梅因向巴黎发电报:"奥地利政府决心使塞尔维亚蒙受屈辱。它不会允许任何国家插手,要给塞尔维亚当头一棒。"

塞尔维亚的答复

7月25日的白天已过。塞尔维亚已向盟友表明了其答复的方向,并于傍晚6点，将答复交给了奥匈帝国外长。

塞尔维亚政府申明：无法为私人活动、报纸文章、团伙行为等问题负责；同意与奥匈帝国合作，镇压萨拉热窝犯罪活动，封杀反奥匈之宣传活动；同时准备在《官方报纸》上，发布一篇禁止反奥匈之宣传活动的公文；反对一切干预奥匈帝国内政的行为。最后承诺：

1.在首轮常规国民议会（Skoupchtina）上，增添一个新闻法条款，严格惩罚煽动对奥匈皇室的仇恨和蔑视情绪，并有意破坏其领土完整的刊物。

下次修宪时，将在宪法第二十二条中，插入一条修正案，旨在没收以上刊物。

2.塞尔维亚政府未掌握任何证据，奥匈帝国的函件也未提供证据，能证明民族自卫组织及其他军事社团犯下罪行。然而，塞尔维亚政府依然接受奥匈政府提出的解散民族自卫组织及其他反奥匈帝国组织的要求。

3.塞尔维亚政府保证，只要奥匈帝国提供相关证据，就立即删除任何会或可能会煽动反奥匈的教学内容。

4.塞尔维亚政府同意，如奥匈帝国政府提供的参与颠覆其领土完整活动的人员名单已被司法侦查确认，将对这些官员革职查办。

5.塞尔维亚政府承认，不太明白要求其接受与奥匈帝国政府有关部门合作的意义何在。但其表示，愿意接受一切符合国际法原则、刑事诉讼法，以及有利于友邻关系的合作。

当然，塞尔维亚政府认为有义务调查所有参与或可能参与6月15日/28日袭击案、躲在塞尔维亚境内的人员。至于由奥匈帝国政府委派参加调查的官员，恕塞尔维亚政府不能接受，因为这有违宪法和刑事诉讼法。但是，预审结果可以交与奥匈帝国有关部门。

俄国驻巴黎大使伊兹沃尔斯基

在收到函件当晚，塞尔维亚政府就已逮捕沃伊斯拉夫·坦科斯奇。而奥匈帝国臣民、直至6月15日/28日袭击案发生前任职于铁路部门（任准尉）的米兰·齐加诺维奇，还未抓到。敬请奥匈帝国政府按惯例，尽快告知在萨拉热窝调查中所收集到的证据。

塞尔维亚政府将加强旨在阻止军火走私的措施。当然也将立即下令调查，严惩在沙巴茨—洛兹尼察边境上失职、帮萨拉热窝袭击案凶手过境的官员。

据奥匈帝国政府所说，6·28刺杀案发生后，一些塞尔维亚高级官员，在境内外的访谈中对其发表充满敌意的不当言论，只要奥匈帝国政府提供这些言论片段，并证明确实出自上述官员之口，那么塞尔维亚政府愿意做出解释。

塞尔维亚政府告知奥匈帝国政府，会执行上述五点措施，并尽快落实。若奥匈帝国政府不满意此答复，那么，认为暂缓解决问题对双方都有利的塞尔维亚政府，同意由海牙国际法庭或参与制定塞尔维亚1909年3月18日/31日声明的大国进行干预，从而达成一份和平协议。

7月25日下午，在柏林曾有传闻说，塞尔维亚将无条件服从奥地利的要求。人们担心，若塞尔维亚不全盘接受最后通牒，德奥将采取具体军事行动，毕竟好战氛围已在城中弥漫。

德国驻巴黎大使舍恩男爵

而塞尔维亚并未全盘接受，这是否能让那些惧怕调解的人安心呢？塞尔维亚的保留态度，集中在一点上（第五点）：关于奥地利官员参与调查一事，塞尔维亚政府要求了解具体细节；它表明，只有在合作"符合国际法原则、刑事诉讼法，以及有利于友邻关系"的情况下，才能接受。

通过这点，塞尔维亚政府力图预防他国的干涉，因为这将威胁到自己的独立主权，甚至将其变成一个保护国。维也纳内阁并不掩饰它想将塞尔维亚重新变成那个在米兰国王时期的附属国的意图。

既然塞尔维亚对最后通牒提出异议，那么就有足够理由开战了。奥地利驻贝尔格莱德外长刚读完塞尔维亚的答复，就在傍晚6点20分向塞尔维亚政府发出照会，表示由于未在规定时间收到令人满意的答复，他将根据之前收到的上级指示在6点30分与公使团一起乘火车离开贝尔格莱德。

塞尔维亚政府通知了俄国及其他各国，并下令总动员。7月27日，国

奥地利要求引渡的萨拉热窝袭击案罪犯坦科斯奇

民议会定在尼施（Nisch）召开。当晚，塞尔维亚政府及外交使团出发去克拉古耶瓦茨。

维也纳向新闻界通报了最令人不安的消息："7月21日，皇帝敕令平民服从军事动员；个人失去自由，无权组织协会；住宅被随意侵犯，信件被窥窃；没有舆论自由；司法暂停运转。敕令限制发放和使用护照，限制电报、电话和信鸽的使用。达尔马提亚（Dalmatie）、卡尔尼奥拉（Carniole）、戈里茨（Goritz）、摩拉维（Moravie）、上下两个奥地利州（Haute et Basse Autriche）、西里西亚和施蒂里亚（Styrie）等地议会，相继关闭。国会会议也已结束。"维也纳内阁宣布，下达局部动员令。

几周前，奥地利就已开始动员，即将"执行军事行动"。一夜之间，奥地利对伦敦内阁做的保证就被事实"打脸"。

此外，一封在7月25日发给驻圣彼得堡大使绍帕里伯爵的电报，揭示了奥匈帝国的政策："在决定对塞尔维亚采取有力措施时，我们意识到与它的纠纷，可能在我国与俄国之间挑起冲突，但不能因此影响我们的决定。如果俄国认为是时候解决欧洲中部大国、发起战争（似乎奥地利想试探俄国的抵抗力），那么以下指示也许是多余的……我理性估计，让萨扎诺夫理解我国注定向贝尔格莱德采取行动，这事不太好办……但是，忠于沙皇的、保守的俄国，也许能理解，甚至认为有这个必要……我们不打算兼并塞尔维亚或侵犯它的主权，也不会采取极端措施，只想让我们的要求得到满足……无论以何种形式,对塞尔维亚的行动是绝对保守的,目的是维持我国在欧洲的地位。"(《奥匈帝国红皮书》)

而且奥匈帝国决定,只有在塞尔维亚和俄国相继服从其观点和利益时,谈判才能有出路。

柏林内阁也是做表面功夫。外交部次长齐默尔曼(Zimmermann),在一场与比利时外长的会谈中表示:"昨天,我对伯基彻维奇(Boghitchevich)(塞尔维亚外交官)说,我能向塞尔维亚提出的最好建议是,仅稍微抵抗一下,接受维也纳内阁的所有条件,尽快缔结和平。我还说,如果爆发全面战争,而且三国同盟占上风,那么塞尔维亚就会真正失去主权,从欧洲消失。但我仍希望可以避免这样一场大战,成功劝阻俄国插手。奥地利决定,只要得到满意答复,就会尊重塞尔维亚领土完整。"

比利时大使拜延男爵汇报了齐默尔曼的声明,阐述了德奥的要求所引发的真正问题:"简言之,论点重新聚焦于永远推翻俄国在巴尔干半岛上的历史地位,先惩罚每个提出抗议的小国……当奥地利给了一个惩戒性教训后,塞尔维亚王国被迫成

奥匈帝国大元帅腓特烈大公

冯·格奥尔基将军
国防部部长

为其可怕邻国的附庸，低声下气，如履薄冰，在驻贝尔格莱德拥有无上权力的奥匈外长的监视下，惶惶度日。"

这是对特莱奇科理论的完美运用。"弱肉强食"，"世界政策"轻而易举地走出第一步。

当奥地利外长离开贝尔格莱德时，所有欧洲政府都意识到了这点。

齐默尔曼沉着冷静地向比利时外长点明的致命后果，正是欧洲那些最爱好和平

奥地利战争部部长克罗巴廷将军

的国家不顾一切阻止的："如果俄国开始战争动员，我们将紧随其后。这将是一场全面战争，覆盖整个欧洲中部，甚至巴尔干半岛，因为罗马尼亚人、希腊人、保加利亚人和土耳其人，禁不住参战的诱惑。"[1]

贝尔格莱德城堡

---

[1] 见维兹瓦（T. de Wysewa）《回顾两个世界》（*Revue des Deux Mondes*），1915年版。

面对断交的威胁，各国的态度

在奥匈帝国与塞尔维亚断交前，儒勒·康邦发出电报："我认为，在欧洲众多国家中，只有英国能劝阻柏林内阁。"

果然，所有人都寄希望于伦敦内阁。萨扎诺夫建议塞尔维亚政府请求英国政府出面调停。伦敦内阁则严阵以待。

7月24日，萨扎诺夫和英国驻俄国大使布坎南爵士（Sir G. Buchanan）在圣彼得堡举行了一场极庄重的会谈，对整个危机进行了预估。萨扎诺夫刚知悉奥匈帝国最后通牒的内容，就立即赶去法国大使馆，会见布坎南爵士。在那儿，他与三国协约中另外两个成员国代表，坦率讨论事件的实质。他严厉地评价了奥地利的举止，说它从来没有在未咨询过德国前，做出这样的行为，还预计塞尔维亚不会服从最后通牒的要求。因此，考虑到最坏的结果，他对英国大使说，希望英国政府能声明，它与俄国和法国团结一致。这是要求建立"联盟"。

法国大使发表见解：其实，当天早上，共和国总统与部长会议主席、外交部部长已离开喀琅施塔得。总统表示，"如果有必要，法国将履行法俄同盟所规定的一切义务"。

布坎南爵士保证向其政府请示指令，同时也当场发表了自己的见解，说："我找不到任何理由等待我国政府发表声明，通过兵力支持俄国和法国，建立绝对契约。大不列颠在塞尔维亚没有直接利益牵扯，一场

法国驻圣彼得堡大使帕列奥罗格

对它有利的战争,不会得到英国舆论的认可。"萨扎诺夫说:"但是,这不仅涉及塞尔维亚,还事关整个欧洲。出了这么大的事,大不列颠怎么能认为可以置身事外?"英国大使反驳道:"假设奥地利对塞尔维亚采取军事行动,那么俄国是否有意立即向奥地利宣战?"萨扎诺夫答道:"我认为我们有必要动员。皇帝会召开一场会议,以做出决定。"

法国大使又说:"奥地利要么在虚张声势,要么将突然行动。在这两种情况下,唯一可以阻止战争的机会是共同采取坚定、一致的态度……"英国大使再次提议力求延期,但另两位代表向他施压,坚持促使英国政府声明与俄法两国团结一致。萨扎诺夫强有力地说道:"如果战争爆发,你们迟早会卷入其中。如果你们不从现在开始与俄国和法国合作,将加速战争的爆发!"

英国大使在汇报中补充道:"我认为,根据法国大使的措辞,即使我们拒绝合作,法国与俄国也已下定决心……"

从一开始,德奥两国就希望英国不要插手,所以对它极其谨慎。而英国对待这两个日耳曼帝国,也是如此。爱德华·格雷爵士向巴黎发电报,咨询法国政府的意见,表示德国一定会与奥匈帝国联手,确保行动成功。由于总统和部长会议主席都不在国内,巴黎内阁无法提出实质性建议:"除了向维也纳内阁和贝尔格莱德内阁建议调解,代理外交部部长没有其他建议。"

第二天(7月25日),在圣彼得堡,俄国外长重新提及先前的要求。布坎南爵士发电报:"我对萨扎诺夫说,非常希望俄国运用利于和平的影响力,不要急于动员,加速战争爆发。部长向我保证,说俄国无意侵略。但奥地利行动的实质,是针对俄国。前者力求颠覆巴尔干半岛上的现状,并建立霸权。萨扎诺夫不相信德国真的想要开战。但我们的态度将决定德国的态度:如果我们下定决心与法国和俄国联手,将不会爆发战争;如果我们不合作,那么现在就会血流成河,我们最终也会卷入战争。"英国大使还未收到指示。他详述英国政府保持观望态度的理由,再次劝告俄国谨慎行事:"为了提醒俄国外长保持谨慎,能说的我都说了,并告诉他,如果俄国动员,德国不会仅限于动员,也不会给俄国留时间准备,而是很可能立即宣战。"

双方各持己见。俄国外长说:"俄国不允许奥地利压垮塞尔维亚,在巴尔干半岛上作威作福。若俄国能得到法国的支持,将直面战争的一切风险。"部长再次保证:"不愿加速冲突。但是,除非德国拦住奥地利,不然我们面对的就是绝境。"

德国倾其所能,继续给英国喂定心丸。英国驻柏林代办发电报称,

贝尔格莱德议会的一场会议

雅戈想要俄国政府知道,"德国最不希望爆发全面战争。它会竭尽全力阻止灾难发生"。

伦敦内阁因此受到鼓舞。7月25日,爱德华·格雷爵士向英国驻圣彼得堡大使布坎南爵士发电报,针对俄国政府的要求,赞同、支持后者的声明:"在极其艰难的情况下,您就我国政府态度所做的声明完全正确,我全力支持您。而且,我不认为舆论会同意或应该同意,我们因塞尔维亚冲突而卷入战争。"不过,英国外长补充道:"如果发生战争,我们也可能因其他因素卷入其中。所以,我急于阻止它发生。"

各内阁通过电报,快速互通有无。德奥两国知道了英国的想法。而且7月25日,爱德华·格雷爵士也亲自将其告知柏林内阁:"我向利赫诺夫斯基(Lichnowsky)亲王(德国驻伦敦大使)表示,介入奥地利和塞尔维亚之间,对英国没有好处……"但他也说,若奥地利和俄国发生冲突,危及欧洲和平,那么英国将介入。

英国的态度,令其与德国保持联系。但不久,一份声明使德国明显不占理。7月27日,戈申爵士(Sir Edw. Goschen)发来一份电报:"在一场谈话中,外交部部长对我说,截至目前,奥地利仅局部动员。但若俄国针对德国动员,那么后者也将动员。我问道:'如何理解"针对德国动员"。'他答道:'若俄国只在南部动员,那德国不会动员;若还在北部动员,那德国必须动员。'"

但德国外交部部长补充道,俄国动员制度特别复杂,很难准确判断动员地点。所以,"德国会非常小心,以防被突袭"。

除了这一很快会被事实揭露的谎言,英国未从德国得到其他信息。

如此,俄国无法掩饰不安。

7月27日,布坎南爵士对萨扎诺夫说,英国不能保证做更多的事情,还说："告诉德国，若它用武力支持奥地利，我国将与俄法联手对付它。如果您认为这么做将有利于和平，那就错了。这只会让德奥变得强硬。我们能做的，只有以一个惦记着维护和平的盟友身份，求助于德国，使它运用对维也纳内阁的影响力，阻止战争。"

这个声明使俄国深感震惊，也使德奥更坚信英国不会插手。爱德华·格雷爵士亲自向布坎南爵士发电报："俄国大使对我说，在德奥政界，有一个理念占上风，即无论发生什么，我们都不会介入。他为这种理念必然造成的影响感到遗憾。"

爱德华·格雷爵士感到，有必要对一个正在扩散的并将危害事件实质的信息，做些许修正。7月27日，他在与奥地利大使的会谈上表示，这一信息对欧洲造成的影响，令人忧虑。

他走出了第一步："我曾指明，我国舰队应在今天分散。但我们感到

从匈牙利边境看到的贝尔格莱德

不能这么做。此刻，我们还未打算号召后备部队。但鉴于可能爆发一场欧洲大战，因此不可能在此时分散舰队。"

法国政府不认为英国会卷入冲突。弗朗西斯·伯蒂（Francis Bertie）爵士从巴黎发回电报："今天，我将您与俄国大使的谈话，告诉了比恩维纽·马丁。他感谢我提供消息。他完全理解我国政府在不涉及英国当前利益的奥地利与塞尔维亚的问题上无法表明与俄国团结一致，也理解您无法在德国和奥地利面前，表现出比俄国更加倾向塞尔维亚。"

受到鼓舞的英国政府，坚持原来的决定。7月28日，驻维也纳大使本生爵士（Sir M. de Bunsen）再次给爱德华·格雷爵士发电报："向部长请辞时，我请求他相信，如果在当前严重危机发生过程中，我们与他持有不同观点，不是出于反对那些促使奥地利抱怨塞尔维亚的众多合理缘由，而是因为奥匈帝国在面对与塞尔维亚的冲突时，您首先关心的是欧洲和平。我坚信，部长会大力赞同这个更开放的观点。"

综上所述，英国在7月28日采取的措施：一是不干预奥匈—塞尔维亚冲突；二是如果欧洲大国间爆发冲突，也不直接介入。

因此，目前伦敦内阁限于尝试调停。可惜，在这段可以进行调停的较短时间里，局势已变得混乱：

一方面，俄国建议塞尔维亚请求英国政府出面调停。

另一方面，表示准备"将谈判进行到最后一刻"的萨扎诺夫，尝试与奥匈帝国达成一项直接协议。7月26日，他召见了绍帕里大使，开诚布公地说："如果你们只想保护自己的领土不受塞尔维亚无政府主义者阴谋的侵害，那么发送最后通牒的出发点合情合理，但你们的做法站不住脚。"他下结论："收回最后通牒，换个形式。我保证你们将获得想要的结果。"

然而，伦敦内阁策划的是"由四个无太多直接利益牵扯的国家"进行调停。英国驻柏林大使感到德国"有些让步",因此,英国以为能拉拢德国。

这些不同的外交动作,相互混杂、损害。两大日耳曼帝国将利用机会,混淆视听,逐一忽略这些提议。

德国的态度

德国自有一套体系。凭借在奥赛堤岸发表的爱好和平的肺腑之言,它企图单独拉拢法国,以便与其缔结协议。

比恩维纽·马丁发电报说:"今天下午(7月26日),德国大使向我传递了一个消息,旨在从和平角度,让法国干预俄国。奥地利向俄国表明,既不会扩张,也不会危害塞尔维亚领土完整,只想保障自身安全,维持秩序。是否能避免开战,取决于俄国。德国与法国团结一致,强烈希望维持和平,也愿法国能在圣彼得堡运用影响力,抚慰俄国。"

作为反方,法国外长机智地答道:"德国也应在维也纳运用影响力。"德国大使则避而不答,用没有收到指示做挡箭牌。但他坚持自己的提议,在这点上,他则接到了其政府的官方命令!

两小时后,大使带着一份公函草案回到政治主任家。这份公函将通报给新闻界:"下午,德国大使和法国外交部部长进行了会谈。他们本着最友好的态度与和平团结的精神,研究了可以用来维持普遍和平的手段。"如果真的这么写,将使俄国被孤立。除非它接到通知,并打算接受这一公函。而且,德国也应该在维也纳进行干预。德国大使在解释这一措施时,也再次强调,德国没有提前知悉奥地利函件的内容。

聚集在英国银行前的人群

虽然他自称不知情，但肯定奥地利没有坏心，甚至补充道，德国也许会向维也纳内阁提供一些建议。

面对德国的主动接近，法国认为，可以在一定程度上同意德国大使的提议。

双方最终拟定了如下公函："德国大使和法国外交部部长进行了会谈，就维护和平一事，研究了各国的行动方案。"依据法国的观点，有意如此措辞，能避免表现出与德国利害一致，引起俄国误会。

德国是否真诚？接到通知的圣彼得堡内阁，是否会接受这一提案？舍恩男爵第三次坚持自己的主张，于7月27日早上，向政治主任递交了一份私人信函："请注意'团结一致，爱好和平'这句话。它由衷地陈述了事实……维也纳内阁已向圣彼得堡内阁正式表明，既不追求扩张，也不会危害塞尔维亚领土完整，只想保障自身安全。目前，是否会爆发欧洲大战，只取决于俄国。意识到与法国政府团结一致的德国政府，坚信前者强烈渴望维持欧洲和平，会运用影响力，抚慰俄国政府。"

巴黎内阁表示怀疑："舍恩在信中表示，关于向各国所发'用于提供情况'的照会，可能存在不同的解读。但其主要目的，很可能是在俄国面前抹黑法国，使这两国背负战争的责任，并用所谓爱好和平的保证，掩盖奥地利在塞尔维亚的军事行动，旨在助奥地利成功。"

在7月26日德国首相发给驻圣彼得堡大使的电报中，可以找出这一措施的真实意义："奥匈帝国已郑重声明，无意扩张领土（我们会看到，它同时拒绝在意大利面前许下同样诺言）。因此，若俄国的介入扰乱了欧洲和平，那俄国要为此承担责任。"贝特曼·霍尔维格首相在一次旨在引导德国公众并欺骗中立国舆论的报告中，歪曲了整个事件："德国政府声明，愿竭尽全力将冲突控制在局部地区。英法两国政府也向我们承诺，会朝同一方向努力（这两国从未以任何形式，接受德国'冲突局部化'的方案）。然而，我们未能成功阻止俄国介入奥匈—塞尔维亚两国的冲突。"

德国的提议根本没有提到使用其他外交手段解决冲突的成功概率。

塞尔维亚已遵循俄国建议，立即向伦敦内阁求助调停。

因此，爱德华·格雷爵士已掌握行动办法。

萨扎诺夫对英国大使说，在塞尔维亚向各国求助后，俄国将放手。在这种情况下，爱德华·格雷爵士向巴黎、柏林和罗马内阁提议："法国、德国和意大利驻柏林大使，将与爱德华·格雷爵士共同寻找一个解决当前纠纷的方案。在此期间，俄国、奥地利和塞尔维亚不应采取任何有效军事行动。尼科尔森爵士（Sir A. Nicholson）向德国大使提及这一提议，后者表示赞同；根据所有可能性分析，巴黎和罗马内阁也将欣然同意。在这一点上，有机会表示诚意的德国拥有话语权。"

普恩加莱总统和维维亚尼返回巴黎

威廉皇帝返回柏林

　　有一件事能证明局势到了决定性一刻。威廉皇帝结束北海巡航后，在1914年7月26日晚上，突然返回柏林。人们说，威廉皇帝是主动做出这项决定的。人们害怕形势会变得复杂化。一位消息非常灵通的见证人——拜延，写道："为什么突然返回柏林？我认为这个消息，会令悲剧的参与者或见证者担心。"皇帝身边围绕着习惯于服从的官员和一贯盛气凌人的参谋长，他掌控着方向，要为悲剧承担绝对责任。

　　德国驻维也纳大使赤尔斯基伯爵，受皇帝直接领导，似乎是整个事件中最固执的策划者之一。他是外交部前部长，自马歇尔（Marshall）和基德伦-韦希特尔（Kiderlen-Waechter）死后，成为前两位的后继者。赤尔斯基伯爵所发电报，极大地影响了威廉皇帝的决定。通过赤尔斯基伯爵吐露的知心话，我们得以了解其部署："赤尔斯基坚信，俄国收到奥地利不会兼并塞尔维亚的保证后，在奥匈帝国决心使塞尔维亚遭受惩罚时，会保持安静。我问道，出于同族关系，俄国政府是否会因舆论压力，被迫进行干预。他答道，这都取决于俄国外交部部长的个性。如果后者愿意，可以轻松顶住压力。他还指出，在俄罗斯，泛斯拉夫主义风潮已过，莫斯科完全风平浪静。并表示，俄国外交部部长不会草率采取一个可能引发众多边境问题的措施。这个措施还可能重提瑞典、波兰、罗塞尼亚、罗马尼亚和波斯等问题。此外，法国根本没能力应战。"

我们无法仔细研究以上内容。7月26日，赤尔斯基伯爵向英国大使倾诉了这些想法，后者将其传达给伦敦内阁。当天，威廉皇帝抵达柏林时，也收到了赤尔斯基伯爵的汇报。驻盟友国大使呈交的信息，毫无疑

柏林民众热烈欢迎威廉二世

问极大地影响了皇帝的决定。

这些信息，甚至对英国政府都产生了一定影响。

可以想象，当德国政府收到英国调停的提议时，这些信息会将它置于何种状态。赤尔斯基发电报称，俄国不会插手，法国也没准备好。而且德国也坚信英国会置身于冲突之外。那么，它已轻而易举地取得了针对俄国的决定性胜利，只需坚持下去即可。

维也纳内阁热情地赞同这个观点。整个国家都因能向塞尔维亚开战而欣喜若狂。

英国提议四国出面调停

在此形势下，英国向欧洲外交界提出此项提议。

前文说道，提议最开始由爱德华·格雷爵士，于1914年7月25日，通过一封电报发出。"显然，奥地利和俄国即将动员。如果它们动员，那么维持和平的唯一机会，是德国、法国、意大利和我国，同心协力要求奥地利和俄国不要越过边境，留时间让我们调解。"7月26日，事情取得显著进展——意大利表示"非常希望阻止战争，赞同提议"。

因此，爱德华·格雷爵士计划在伦敦召开一个"小型会议"，英国外交部部长及法国、意大利和德国代表们将与会。

7月26日晚，威廉皇帝抵达柏林后，收到了此项提议，以及塞尔维亚对奥匈帝国的答复。

同时，他知道奥地利驻贝尔格莱德外长被召回，奥匈帝国与塞尔维亚即将断交。

在慕尼黑的一场游行

他会只倾向于其盟友,还是会接近其他欧洲国家,与其共同寻求调解的办法?

7月27日,柏林内阁答复:"外交部部长说,您提议召开的会议,实际上相当于一个调解法庭。他认为,只有在奥地利和俄国提出申请时,才能召开。因此,尽管他想合作维护和平,也无法同意召开会议。"

外交部部长发觉这个理由似乎不太充分(因为儒勒·康邦已向他表明,会议只是一种形式),所以提供了另一个理由。英国大使发电报:"外交部部长补充说,从圣彼得堡传来的消息,指明萨扎诺夫有意与贝希托尔德伯爵交换意见。他认为,这种外交形式也许能带来令人满意的结果;在做任何决策前,最好先观望奥地利和俄罗斯两国政府直接谈判的结果。最后外交部部长说,圣彼得堡的消息促使他能较为乐观地预测整体局势。"

威廉皇帝及其部长们，再次回避问题，并坚持使俄国受挫，在三国协约成员国间挑拨离间。如此，他们得以争取时间，却又不会与其彻底断交。

7月27日，帕列奥罗格发电报："萨扎诺夫对所有同僚说，坚持和解。尽管公众情绪激动，但俄国政府依旧成功遏制新闻舆论，着重要求其谨慎对待德国。"维也纳和柏林内阁合作顺利，"无视"圣彼得堡内阁，"从昨天开始，萨扎诺夫再也未从维也纳或柏林收到任何消息。"

7月27日晚，德国似乎决定做些许退让。28日中午，奥匈帝国不再等待，向塞尔维亚宣战。此时，德国驻柏林大使告知爱德华·格雷爵士："理论上，德国政府同意四国在奥地利和俄国间的调停方案。"

显然，德国政府没有、也不愿对其盟友采取任何行动。然而，它仍令爱德华·格雷爵士相信，德国已如他所愿，采取了措施。7月28日，爱德华·格雷爵士发电报："听到德国驻柏林大使说，德国政府已向维也纳内阁建议调停，我们感到非常满意。"

德国执政者，错误判断了俄国和英国的真实看法，盲目认为若从俄国开始，使三国协约成员国依次面对既定事实，就不会遭到任何抵抗。

在此期间，俄国和奥地利的直接会谈进展如何？与英国的调停方案一样，也未取得成功。

7月27日，会谈在圣彼得堡举行。当天在维也纳，俄国大使已与奥匈帝

大不列颠、爱尔兰国王，印度皇帝乔治五世

国外交部部长马奇奥男爵进行了会谈。爱德华·格雷爵士担心这次会谈会给奥地利提供借口避开四国的友好干预。果然，雅戈占理，他说："进一步行动前，我们先等俄奥会谈的结果。"因此，爱德华·格雷爵士命令戈申爵士暂停一切行动。

但是，奥地利不同意直接会谈。

7月28日，帕列奥罗格发电报："今天下午，萨扎诺夫接见了德奥两国大使，他对这两次会谈的印象都不好。他说：'总之，奥地利并不愿意谈话！'"

因此，这是奥地利玩的一场游戏。

7月28日中午，奥匈帝国向塞尔维亚宣战。杜梅因发电报："在导致奥地利突然宣战的可能因素中，最令人担心的猜想是，也许德国在背后推了奥地利一把，以便在对自己最有利的条件下，攻击俄国和法国。"

人们已打消对德国抱有的短暂幻想。7月27日，雅戈和儒勒·康邦在

法国骑兵

德国驻伦敦大使利赫诺夫斯基亲王

柏林的谈话,最能说明这点。儒勒·康邦来柏林,表明支持英国的四国调停的提议……"我对外交部部长说,不要停留在形式问题上,四个无直接利益关系的国家调停,是维持和平最有力的手段……我对他说:'您经常对我说,看到欧洲两大联盟体一直针锋相对,您感到遗憾。现在,是证明您拥有欧洲精神的机会……希望分别隶属两大联盟的四个大国,能共同联手阻止冲突……'外交部部长坚持说,他必须遵守与奥地利的契约。所以我问他,是否准备蒙上眼睛,处处跟随奥地利?是否已经看过塞尔维亚代办在今早递交的对奥地利的答复?他说:'我还没来得及看。'我说:'我感到遗憾。您会看到,除了一些细节问题,塞尔维亚完全服从奥地利……'由于雅戈没有给出明确答案,我问他德国是否渴望战争。他据理力争,还说知道我会这么想,但这个想法根本不准确……向他告辞时,我说,在今天早上,我还以为局势终于缓和,其实并非如此(注意在此期间,在柏林的威廉皇帝做出些许让步)。他说我判断错误,他希望事情朝好的方向发展,尽快得到解决。我请求他劝诫维也纳内阁,推动事情快速推进,绝不能使俄奥爆发冲突。"

要么,如儒勒·康邦所说,德国渴望战争;要么,德国认为三国协约软弱,最终掉进为这三国设置的陷阱里。

第五章
欧洲亮起红灯，宣战

奥匈帝国向塞尔维亚宣战；意大利的态度；动员；
各国领导人私下介入；德国加速断交；比利时的中立地位；
英国表态；全面宣战

奥地利坚定不移地追求自己的目标，于7月28日中午向塞尔维亚宣战。而德国政府并未采取任何可靠措施阻止前者。俄国可能会退却，法国没有准备好，英国还未做出决定。三国在徒劳的谈判中，不知所措。

如此，德奥两国只需大步向前，在如此吉利的形势下，摘取胜利的果实……

好吧！奥地利和德国可大错特错了！它们走的第一步，即打击弱者、企图消灭弱小国家，将改变一切：弱者将不再犹豫、害怕，国际社会将产生恻隐之心，履行维护和平的义务。弱者的软弱，将成为它们的力量。日耳曼帝国并未考虑这点，这是它们未曾拥有的智慧。它们与其他欧洲国家的秉性大相径庭：这是冲突的根源所在。

若两大日耳曼帝国没有被骄傲蒙蔽，那么本应预计到自己的行为所带来的后果；其盟友意大利的态度，则是一个明显的警告。

意大利的态度

我们知道，1913年8月第二次巴尔干战争结束后，塞尔维亚与奥匈帝国的矛盾加深。奥匈帝国认为，没义务向意大利政府解释它对塞尔维亚的企图，也不必向其告知那份严重威胁巴尔干平衡和欧洲和平的最后通牒。然而在政治上，尤其是在巴尔干方面，奥地利与意大利缔结了明确契约。

三国同盟条约第七条（现在，条约内容已被泄露），写道：

奥匈帝国和意大利只致力于探讨东部现状，保证尊重对方权势，以防发生有损于缔约国任何一方的领土变更。

若在某些事件中，巴尔干半岛、海岸或亚得里亚海及爱琴海岛屿的现状，无法得到维持。并且，如果是第三国导致这种局势出现，抑或缔约国某方因此被迫通过暂时或长期占领的方式，改变以上地区的领土现状，那么，双方有义务互相提供解释，阐释自己乃至他人的意图。

双方考虑到领土优势，或者某方要求，在满足双方合理主张的前提下，可以变更领土现状。但是，只有双方基于互相同意的原则，提前达成一致后，才能占领相关地区的领土。

奥匈帝国轻视契约，是非常严重的外交事件，促使两个狼狈为奸的日耳曼帝国彻底目空一切。

巴尔干冲突爆发之初，意大利就有如此看法。在1912年11月及1913年4月，意大利明确向奥匈帝国表明看法。而且1915年6月25日，蒂托尼（Tittoni）也在演说中指出："若某天奥地利企图用任意一种方式，扰乱亚得里亚海平衡，三国同盟将不复存在。我确信，阁下向德奥两国外交部部长阐明的这一观点，能说服他们关心意大利的根本利益，并配合您协调意奥两国利益的工作。'否则，他们将亲手摧毁三国同盟'。"（蒂托尼1913年5月1日所发电报）

因此，意大利无法接受德奥两国无礼地忽视它的权利，也不能放弃自己最宝贵的利益。同时，它也面临历史上一个最重要的决裂事件，即三国同盟瓦解。

在这种极其艰难的形势下，意大利与德国在柏林进行谈话。1914年

警察看守奥地利驻巴黎大使馆

7月24日，意大利大使博拉蒂（Bollatti）向雅戈表明意大利政府的观点："依据同盟条约第七条，意大利在自身利益得到保障的情况下，将对奥匈帝国持亲切友善的中立态度，不会为难它。"他甚至补充道，在一切巴尔干问题上，意大利都愿意与两位盟友达成谅解。但是他也要求奥地利详细阐释同盟条约第七条。简言之，意大利还未脱离这个它长期隶属的联盟体，但当奥地利擅自打破契约时，它"画出一条线"，并要求得到解释和保障。

这时，爱好和平的国家请求意大利参与调解，以延长发送最后通牒的期限。意大利接受了请求。萨兰德拉对巴吕雷（Barrère）说："我们将尽最大努力维持和平。我们与英国人的处境类似，也许能从和平角度出发，与其共同做些实事……"由此，三国同盟已岌岌可危。

7月25日晚，圣朱利亚诺侯爵召见德国大使弗洛托（Flotow），与他进行了一场决定性会谈。以下是圣朱利亚诺侯爵的报告："萨兰德拉、弗洛托和我，谈了很久。萨兰德拉和我，首先向弗洛托表明，根据三国同盟精神，奥地利在未得到其盟友同意前，无权向塞尔维亚发最后通牒。其实，最后通牒的要求并不能有效抑制泛塞尔维亚风潮，反而深深触犯了塞尔维亚，并间接冒犯了俄国。最后通牒清楚表明，奥地利想挑起战争。因此，我们向弗洛托表明，鉴于奥地利的行事方式，同盟条约的防御性质，在实质上不再对意大利有效。而且，若奥地利与俄国开战，那么意大利没有义务提供援助，因为是奥地利的挑衅和侵略行为，引起了欧洲大战。"

这天，意大利鼓起勇气把话挑明，建立了一个功绩。当调解被搁置时，意大利提出了实质问题：奥匈帝国向塞尔维亚开战时，是否真的不打算实现兼并？

正好此时，德奥与各国谈判，不厌其烦地重申，奥地利将尊重塞尔维亚的领土完整及政治独立。然而，意大利政府却收到这个答案："7月28日，贝希托尔德伯爵向阿瓦尔纳（Avarna）大公表明，若奥地利与塞尔维亚爆发冲突，他不准备为奥地利的行为许下任何承诺。"

7月30日，奥地利大使梅雷（Merey）向圣朱利亚诺侯爵表明："奥地利无法在这点上做出声明，因为它无法预估在战争中，是否会被迫侵犯塞尔维亚领土。"（萨兰德拉在6月5日的讲话）

奥地利正式打破了同盟条约及所有与意大利缔结的契约，它的奸诈狡猾，耳目昭彰。从此，意大利摆脱了条约的束缚。

尽管如此，意大利的坚定态度，对两大日耳曼政府也应该起到了一定的警告作用。它们的侵略计划，与国际正义及欧洲利益相悖。在开始对付塞尔维亚这个小国时，就遇到了来自两个大国——俄国和意大利的阻力。但它们并未放弃，预备进行更多的突然行动。

此外，德奥两国并未将意大利看作对手。

当调解有些许机会成功时，罗马内阁却站在德奥两国那边。7月26日，萨兰德拉向巴吕雷表示："若冲突爆发，意大利将不会介入，并持观望态度。"当天，他却补充道："我发现大多数意大利公众，在这件事上，不支持奥地利。"

步兵看守一条栈道

意大利外交官们心明眼亮，他们的处境尤其有利于接收消息，使其有力判断各国将在何种形势下爆发冲突。他们认为，德奥两国失败的虚张声势是引起冲突的主要原因："圣朱利亚诺侯爵对我说，可惜在整件事中，德奥坚信（7月29日）俄国不会开战。他向我读了一封博拉蒂的电报。在电报中，博拉蒂汇报了一次与雅戈的会谈，后者再次表示，不相信俄国会开战，因为俄国政府刚派遣一名官员到柏林，讨论一些财政问题。

"奥地利驻柏林大使也对英国大使说，不相信会爆发全面战争，因为俄国没有心情，也没有能力发动战争……但圣朱利亚诺侯爵完全不赞成这一观点……"

这位非常有远见的外交官，对英国担任的角色有准确的判断。他鼓励、催促英国："尽管形势极其严峻，外交部部长似乎并不认为调解无望，他相信英国依旧能在维持和平方面，对柏林施加很大影响。昨晚，他与英国大使伦内尔·罗德（Rennell Rodd）爵士聊了很久，向其论证英国的介入将会取得多么有效的结果。最后，他对我说：'如果法国政府也同意这个看法，那么他（英国大使）可以在伦敦坚持这一主张。'"（《黄皮书》）

因此，人们再次寄希望于伦敦内阁。英国政府的态度可用两句话定义：只有当奥匈—塞尔维亚冲突加剧，挑起欧洲争端时，它才会插手；因此，它坚持观望，而

法国驻伦敦大使
保罗·康邦

德国驻巴黎大使馆

且在派遣杰出外交官调解时,也注意不要引起柏林的误解。它主要指望德国劝诫维也纳,并影响整体形势。

7月27日,爱德华·格雷爵士在下议院表明看法:"上周五,我收到了奥地利发给塞尔维亚的函件……我立刻会见各国大使,表示只要冲突仅限于奥地利与塞尔维亚之间,那么英国不会以任何名义进行干预。但是,如果奥地利与俄国的矛盾激化,将牵涉到欧洲和平,这关系到我们所有人……"

接着,他阐述了他在伦敦的一场会议上提出的提议,并补充道:"我认为这一提议,能为上述国家达成一致,提供一个基础。不要忘了,从冲突不再限于奥地利与塞尔维亚之间的那刻起,它将波及所有国家,而且会给欧洲带来史无前例的大灾难。冲突的直接或间接后果将难以估计,没有人能预料冲突的界限。"正是在这一程度上,英国关心着所发生的事。人们问他,德国政府是否支持他所定义的调解方针。他答道:

"我有理由认为，德国支持调解方针。但我还未收到答复，不知道它是否同意以会议形式执行方针。"

外交手段还是没有赶上事态发展的速度：德国不同意开会的提议；维也纳拒绝接受俄奥两国直接谈话；奥地利向塞尔维亚宣战，并已经开始进行动员。

动员

事态发展进入最关键阶段，各方开始采取行动。

7月28日，萨扎诺夫向俄国驻柏林大使发电报："随着奥地利向塞尔维亚宣战，明天（29日）帝国政府将宣布在敖德萨（Odessa）、基辅、莫斯科和喀山（Kazan）等军事区域进行动员。请将消息告知德国政府，并进一步肯定，俄国没有任何侵略德国的意图。"

德奥本以为俄国"不会开战"。而俄国以动员作为回应。它仍认为动员只是一个向日耳曼势力阐明自己真实意图的方法。不要忘了，德国曾表示，不会将俄国在奥地利边境上的动员视作直接威胁。

7月29日，帕列奥罗格发电报，告知巴黎，俄国政府宣布动员："奥匈政府拒绝了俄国政府友好提出的直接谈话的邀请。此外，俄国军队参谋部确认，奥地利加快了针对俄国的军事准备行动，促进了始于加利西亚（Galicie）边境的动员。所以今晚，俄国将对13个军下达动员令，这些军队将用于抵抗奥地利。"

柏林迅速对俄国采取的这一预防措施加以利用。儒勒·康邦发电报："德国首相对我说，他已尽力推动俄奥两国进行直接谈话，也知道英

梅斯摩泽尔河上的风景

国赞成两国直接谈话（然而谈话因奥地利而中断）。还说，如果俄国真的在奥地利边境动员了13个军，那么他将很难进行对维也纳的工作。他请求英国大使向爱德华·格雷爵士传达消息，引起后者对这些观点的注意……"

首相持有此观点，很可能是因为看了利赫诺夫斯基亲王和爱德华·格雷爵士的会谈报告。

"近日来，德国自以为英国会远离冲突。英国的态度使德国政府、金融家及商人，对此深信不疑。"

当俄国进行动员，英国的意图还未得到证实时，戏剧性的转折即将上演。7月29日，保罗·康邦发电报："德国大使询问爱德华·格雷爵士英国政府的意图。英国外交大臣则回答，还没到必须表态的时候。"

德国忘了自己的承诺：如果俄国只在奥地利边境动员，那么它不会动员。但是，在俄国向它告知自己局部动员的意图后，它却宣布可能即将进行总动员。这是引发全面战争的决定性一步。

帕列奥罗格发电报称："德国大使对萨扎诺夫表示，若俄国不停止军事准备行动，德国将下达动员令。萨扎诺夫答道，俄国之所以进行军事准备，是因为：一方面，奥地利坚持不让步。另一方面，奥匈帝国已动员8个军。德国大使普塔莱斯（Pourtalès）伯爵传达通知的语气，使俄国政府当晚决定动员13个军。"

因此，俄国转向法国的阵营，并决定召集联盟。

7月30日，勒内·维维亚尼（重新担任外交部部长）通知法国驻圣彼得堡和伦敦的大使们这个决定性措施：

"今晚伊兹沃尔斯基来了，对我说德国大使通知萨扎诺夫，若俄国不停止军事准备行动，德国将下达动员令。

"俄国外交部部长表示，在奥地利动员8个军，并拒绝和平解决与塞尔维亚的冲突后，俄国才开始军事准备行动。他还表示，在这种情况下，俄国预计战争将逼近，只能加速军事准备。并且，它指望盟友法国提供援助，同时希望英国能尽快与俄法联合。"

维维亚尼对俄国大使说："法国坚决履行同盟规定的所有义务。"

然而，维维亚尼建议俄国"不要急于采取行动，以防德国趁机以此为借口进行全面或局部动员"。因为德国大使曾告诉他，德国准备进行动员。

圣彼得堡遵循了法国的建议。俄军参谋长对德国驻外武官说，在7月30日早上采取的动员措施，只针对奥地利。萨扎诺夫重申："直到最后一刻，我都会坚持谈判。"

即使在这最后关头，他仍然提议调解。晚上，他召见德国大使，说："事态太过严峻，我必须表明所有看法。德国干预圣彼得堡，却拒绝干

巴黎警卫队换岗

涉维也纳，只是想尽力争取时间，使奥地利可以赶在俄国提供支援前就消灭塞尔维亚王国。但尼古拉皇帝有意避免战争，所以我以他的名义向您提出一个新提议：若奥地利承认与塞尔维亚的冲突触及欧洲的利益，并表明准备删除最后通牒中危及塞尔维亚主权的条款，那么，俄国将停止一切军事行动。"

俄国的话语精准有力。如今，谁能否认塞尔维亚事件与"欧洲利益"无关？因此，各国将重新运用外交智慧，意在仲裁。

各国统治者介入

此时，在俄国的提议巧妙地将断交的责任转移到德奥两国身上后，维也纳似乎极度犹豫过是否要将这份责任转给俄国。

这场大步走向最悲惨结局的外交斗争，在一定程度上，浓缩在威廉二世和尼古拉二世之间的电报中。

一百多年来，两大皇室亲缘关系紧密，友爱有加。我们知道他们的关系是如何在普法战争时期得到进一步的发展；俾斯麦又是如何运用它，保障德国在战争中得到俄国的协助。而且，尽管经历了1875年事件和柏林会议，但亚历山大二世在世时，双方关系仍保持紧密。

亚历山大三世继续重视这种友好关系。

忠于传统和先辈的尼古拉皇帝也小心维持这种关系，并不断努力使它成为欧洲两大联盟体的纽带。两国君主习惯用"你"称呼对方，每个家庭活动和传统纪念日，都会互发书信和电报，表达祝福。不久前，在波茨坦会晤中，德国外交官仍熟练利用与俄国极友好的关系，在巴格达铁路事件中达到了自己的目的。

有时，尼古拉皇帝对他皇室表兄（威廉皇帝）不知趣的行为，感到有些不舒服，但他从未表现出来。不管是会面，还是一起打猎、巡游，双方相处都显得非常融洽。

1914年7月26日晚，威廉皇帝抵达柏林。27日，他召集各部长和总参谋部在波茨坦举行会议。他们主动采取了两个会加速事态发展的相关措施：威廉皇帝直接向沙皇发送一封电报，并命令驻伦敦大使与英国直接谈论主要问题。

在这一刻，威廉皇帝似乎想要实现他所认为的外交胜利，仍然坚信俄国和英国将会在威胁面前退却。

第一封发给沙皇的电报，使用了两位表兄弟之间惯用的亲切语气。

内容如下：

知道你们国内对奥匈帝国和塞尔维亚冲突的感受后，我感到非常担心。近年来，在塞尔维亚的那股无所顾忌的反奥匈风潮，导致弗朗茨·斐迪南大公成为一场残暴刺杀案的受害者。那股促使塞尔维亚人刺杀他们自己的国王和王后的思潮，仍支配着塞尔维亚。也许，你也会同意我们与其他统治者一样，基于共同利益，坚决主张这场谋杀案道德上的责任人受到应有惩罚。此外，我也承认，对你和贵国政府来说，抵制舆论压力有多么艰难。为了纪念我们双方的长久友谊，我会运用所有的影响力，使奥匈帝国下决心与俄国达成和解。我指望你支持我排除万难。

你非常真诚的朋友、忠实的表兄，

威廉

1914年7月28日（晚10点）

7月29日下午1点，尼古拉用同样信任的语气回复：

我很高兴得知你已返回德国。在这个非常严峻的时刻，我恳求你帮助我。奥匈帝国向一个弱小国家发起了一场不光彩的战争。我与全俄罗斯人民都感到愤慨。我估计不久之后，我将再也无法顶住压力，不得不采取一些将引起战争的措施。为了防止欧洲大战爆发，我以我们多年交情的名义，请求你尽一切可能阻止你的盟友，使其别走得太远。

当天傍晚6点30分，威廉皇帝以反驳"一场不光彩的战争"这句话，为奥地利辩护。

我认为，面对奥匈—塞尔维亚战争，俄国非常有可能坚持做一名旁观者，不用把欧洲卷入一场史上最可怕的战争中。

他建议，俄罗斯和奥匈帝国两国政府直接达成和解，并明显有意将所有责任推给俄国：俄国的军事措施被奥匈帝国视为威胁，必然促进一场我们都尽力避免的灾难降临。而且，我殷勤接受你的请求而承担的调解任务，也将因此无法实现。

威廉皇帝同意做调解人，但他通过什么具体行动给奥匈政府施加了什么压力，又是给弗朗茨·约瑟夫皇帝发了什么电报来履行自己的承诺呢？《白皮书》（*Livre blanc*）完全没有提及这些。

新梅斯火车站

《白皮书》甚至删除了7月29日的另一封电报。在电报中，尼古拉皇帝对威廉皇帝的承诺与德国的外交行为相悖，感到惊讶，并提议寻求仲裁。

> 感谢您的那封亲切友好的电报。鉴于今日您的大使向我的部长呈交的正式函件，与之前的措辞大相径庭，请您解释其中缘由。公平的做法是将奥匈—塞尔维亚冲突提交给海牙法庭。我相信您能做出智慧、友爱的决策。

俄国政府的《官方信使报》（*Le Messager Officiel*）公布了此封电报，收到以下评论："德国政府在其官方布告中，除去了尼古拉二世的这封提议将奥匈—塞尔维亚冲突提交给海牙法庭的电报。德国似乎想回避俄国皇帝在战前三天所做的这个尝试，以避免已经逼近的冲突。"和平会议的创始人尼古拉皇帝坚持自己的主张，威廉皇帝也是如此。

威廉皇帝坚持强调俄国动员这一事实：

> 我的大使受命提醒贵国政府动员的危险及其严重后果：我在上一封电报中，已经向你点明这些。奥匈帝国仅针对塞尔维亚进行局部动员。若俄国针对奥匈帝国进行动员，那么你亲切委托给我并不断恳求让我接受的调解任务（威廉皇帝并未履行此任务）将受到影响，或无法实现。你肩负重任，战争或和平，都由你决定。

7月30日凌晨1点

德国一直用同样的手法，老调重弹。为了引导国内舆论，必须让民众相信俄国具有侵略性。

7月31日，尼古拉皇帝回复电报。他再次请求威廉皇帝开展斡旋活动。对于德国想让他承担的侵略责任，他则郑重承诺不会采取任何进攻行动，以此避免受到德国的攻击：

> 奥地利的动员，使我们必须进行军事准备行动。从技术上来说，不可能就此中断。我们一点儿也不想开战：关于塞尔维亚问题，我们与奥地利有过很长时间的谈判，在此期间，我的军队并未实施任何挑衅行为。对此，我以名誉担保。我绝对相信神的恩典；为了两国福祉和欧洲和平，我希望你在维也纳的斡旋活动能取得成功。

尽管尼古拉皇帝做出这些积极保证，德国政府也承诺若俄国只针对奥地利进行动员，其将不会下令进行动员，但实际上德国政府做了什么呢？7月31日，它宣布"战争危险逼近"，开始总动员的第一阶段，并向

教宗庇护十世在罗马圣皮埃尔教堂主持弥撒

梵蒂冈宫

俄国发出一封侮辱性勒令，要求"在12小时内，停止一切针对德国和奥匈帝国的军事措施"。

7月31日（下午2点），威廉皇帝在电报中，包庇了其政府的行为（这是必然的）。

> 鉴于你乞求我的帮助（多么高傲的语气！），我在贵国政府和奥匈政府之间开始了调解行动。（何地，何时，怎么调解的？）在这个正在进行的（！）行动过程中，你的政府下令对我的盟友奥匈帝国进行动员。由此，如我说过的那样，调解几乎成为泡影。尽管如此，我依然继续斡旋（他并不能通过具体事实证明，也没有给弗朗茨·约瑟夫皇帝发过电报！）。
>
> 我刚收到可靠消息，称你们在我国东部边境也进行了动员。我必须为我国安全负责，不得不采取防御措施。我已竭尽所能维护和平。不是由我来为这场威胁整个文明世界的可怕灾难负责。
>
> 此时，是否能阻止这场灾难，只取决于你。俄国完全可以等待我的斡旋活动（及扼杀塞尔维亚）的结果，没人对它的荣誉和势力造成威胁。我祖父在临终前，嘱咐我维持与俄国的友情，对我来说，它一直很神圣。当俄国陷入不幸，尤其在上一场战争中，我待它忠诚。如今，如果俄国决定停止威胁德奥的军事措施，那么你就能维护欧洲和平（但德奥的大炮已经打响了！）。

针对这封处处透露着虚情假意、口是心非的电报，尼古拉皇帝直截了当地回复道：

> 我已收到你的电报。我理解你必须进行动员，但我想让你与

第16军指挥官在梅斯的官邸

我一样,也做出相同保证:保证这些措施并不意味着开战,而且为了两国福祉及宝贵的和平,继续进行谈判。在上帝的帮助下,我们可靠的长久友谊,应该能成功阻止血溅大地。我对你有信心,期待你的回复。

8月1日下午2点

这是决定性一刻,一句话、一份好意或一份不使用侵略性军事措施的相互承诺,也许还能阻止战争爆发。尼古拉已许下这份承诺。但威廉呢?以下是他的回复:

>感谢你发来的电报。昨天,我向贵国政府指明了阻止战争的唯一方式(俄国让步,这是威廉皇帝从谈判之初就追求的目标)。尽管我要求在中午之前答复我,但我仍未收到任何有关贵国政府回应的电报。因此,我不得不动员我国军队。

贵国政府马上给出明确答复,是避免一场无法估量的灾难的唯一方法。在收到答复前,我无法对你电报中涉及的问题进行讨论(承诺不进攻),对此深感遗憾。我必须明确要求你,即刻向你的军队下令,无论如何都不能侵犯我国边境。

柏林,1914年8月1日

他还补充说什么"我也会命令我国军队,无论如何都不能侵犯俄国和法国的边境"……

但是,事实不是得到千百次的证实了吗?德奥两国想赢,而且不惜一切代价达到目标,这是场战争!

它们仍然希望俄国让步,计划对俄国和法国开战。

那么,英国在做什么?

德国为确保英国中立所做的努力

1914年7月29日,进行动员的德国绝对有必要知道,英国会做出什么决策。它希望后者保持观望或中立态度,信心满满地与其直接谈论这点。英国大使发电报说:"我被要求在今晚会见德国首相。阁下刚从波茨坦回来……(这里涉及前文提到的威廉皇帝的决定)他对我说,他预见到战争,向我提供一个'高价',以确保英国中立。首相说:'我理解你们的政策:大不列颠永远不会同意置身事外,而任凭法国被消灭。德国的目标并非消灭法国。如果你们保持中立,我们将向你们保证,德国若取得最终胜利,绝不会要求法国割让领土。'我马上说:'但是,对于法国殖民地,你们也能许下同样的承诺吗?'"

面对这一直接发问，首相应早有准备。他答道："在这点上，我们无法许下任何类似承诺。"这一保留态度，难道还不足以让英国大使及其政府看清"世界政策"中统治世界的计划吗？

如今，另一个涉及一个小国的重要问题，最终使英国不再犹豫。德国首相研究了北海沿岸国家可能面临的局势："对于荷兰，只要德国的对手承诺'尊重荷兰的领土完整和中立地位'，那我们也会许下相同承诺。说到比利时（以下就是那句被历史铭记的可怕言论）：德国可能在比利时采取的必要行动，这取决于法国的行动；战后，如果比利时不站在德国的对立面，那么德国将尊重其领土完整。"德国未许下任何关于领土、预计"行动"及"战后"的承诺。显然，它决心不考虑那些认可比利时中立的条约。

于是，德国就这样唱完了这套迷惑的老调："最后阁下对我说，从他当上首相的那天起，就一直致力于与英国达成和解，希望他做的这些保证能奠定和解的基础。他打算令两国缔结全面中立协议。尽管现在讨论细节，还为时过早，但若英国在当前危机可能引发的冲突中，保证中立，那么他的愿望就有可能实现。"

此时，首相盲目判断欧洲关系，从开始执政起，就把条约视作"一纸空文"。而且，他受到前一天波茨坦会议上不现实观点的启发，被德国的重大错误带偏。这就可以理解，他为何真心相信，能通过向英国提议中立，使德国如愿。

英国大使保持冷静，答应会转告其政府。

如果读贝特曼·霍尔维格首相回忆录中那段他在帝国议会上以自己的方式阐述宣战前一系列事件的回忆，我们将惊奇地发现，在与英国探讨冲突问题的那天，没有任何意见不合的记录，然而他与英国大使间，非常明显地存在分歧。相反，在这段叙述中，英国被描绘成德意志帝国的合作者："我们与英国肩并肩，不断为调解行动做出贡献……7月29日—31日，我们为调解做出的努力，得到了英国外交界的支持，等等。"

这足以显示，对于向英国提供的"高价"，首相是多么有信心。

确实，爱德华·格雷爵士在将要表态时，坚持让全世界认为，英国的双手没有受到束缚。

7月29日，他向保罗·康邦解释自己的看法。"如果不应任由柏林'盲目坚信'英国不会干预，那么法国也不应产生英国一定会干预的错觉。我对保罗·康邦说，关于奥地利与塞尔维亚的冲突，我们不认为英国被认定有义务积极参与其中。即使奥地利与俄国发生冲突，我们也会这么想。条顿人与斯拉夫人间的霸权争夺，对我们来说不重要。而且，我们一直都想避免卷入一场涉及巴尔干问题的战争。若德国和法国牵连其中，那么就有待商榷了。我们未许下任何承诺。我们会从英国的利

科布伦茨的摩泽尔河大桥

英国驻巴黎大使
弗朗西斯·伯蒂爵士

益出发，做出决定。"保罗·康邦要向法国政府传达盟友的这份如此冷淡的声明，他一定深感失望。

巴黎收到消息后，感到悲伤、焦虑。共和国总统将此事告诉英国大使弗朗西斯·伯蒂爵士，向他推心置腹："总统认为，奥地利不会接受调解条件。他坚信，各国之间的和平掌握在大不列颠手中。'当前奥匈—塞尔维亚争端，将引起法国和德国之间的冲突。若冲突爆发，贵国政府宣布英国会支援法国，那么战争将不会发生，因为德国将立即转变态度。'"

所以，柏林和巴黎仍然认为，英国还未表态。其实，它在潜意识中已经表态，贝特曼·霍尔维格首相的措施令它擦亮双眼，并直接使其担起自己的责任。

英国驻柏林大使戈申爵士结束与德国首相的会晤后，向英国政府请示。7月30日，他收到明确指示："我国政府绝不可能赞同首相的提议，在如此情况下保持中立。他要求我们承诺中立，然而德国却将攫取法国殖民地，击败法国，仅仅保证不会兼并任何法国领土。从世俗角度来说，此提议不可接受，因为在法国再次被人攫取它欧洲的领土前，它就有可能被打败，以至于失去大国地位，并服从于德国的统治。大体来说，如果我们与德国脚步一致，牺牲法国，那么这对我们来说，将是耻辱，我国声望将毁于一旦。

"对于比利时，我们的处境也一样。在我国的义务、利益与比利时的中立上，我们无法接受首相提出的交易。无论如何，我们都不能同意这样一个提议和交易……我们将保留行动自由权，若当前危机如首相预见的那样急转直下，我们会根据形势的要求，制定决策。"

最终，英国向德国政府提出一份一般协议，"通过此协议，英国可以确保，法国、俄国和德国不会同时或分别，对其采取任何侵略或敌意行为"。这是对霍尔丹（Haldane）阁下曾经提出，却遭到德国拒绝的那份提议的回顾。看来，爱德华·格雷爵士虽重新提出此提议，其实他并未抱太大幻想。

英国和法国

不过，法国无法接受爱德华·格雷爵士所做的令人失望的声明，向英国施压。

双方在两年前，就已相互交换了一些意见或约定。7月30日，保罗·康邦提醒爱德华·格雷爵士，约定中所预见的时候已到，双方需要交换意见了。

首先，保罗·康邦确定，在几天前，德国已开始军事准备行动（其实从塞尔维亚收到奥地利函件时，就开始了）；德国巡逻队已两次越过法国边境；梅斯的第16军，受到来自特里尔（Trèves）和科隆（Cologne）的第8军的部分增援，斯特拉斯堡的第15军已驻扎在边境；尽管法国哨兵已后退十千米，德国的进攻依旧迫在眉睫。

面对如此险境，法国求助于英国。爱德华·格雷爵士发电报："今

由军队守卫的科尔贝大磨坊

天，康邦提到了我在两年前（1912年11月22日）给他写的一封信。信中我们约定，在欧洲和平受到严重威胁的情况下，我们将共同讨论准备采取的措施……他并不想要求我直接表示我们会介入，但他很想让我表明，在某些情况下，我们可能做出的决策。"

爱德华·格雷爵士还未完全失去希望，认为旨在调解的谈判可能成功。知道奥地利和俄国重新开始直接谈判，他感到"非常满意"，以至于没有明确答复保罗·康邦。7月31日，他向驻巴黎大使弗朗西斯·伯蒂爵士发电报："没有英国人认为，在当前形势下，大不列颠所签条约和应履行的责任卷入了这场冲突……目前，法国被牵扯到一场不属于它的冲突中。我们无法明确保证介入战争。法国大使恳求我重新考虑这一决定，我对他说，目前我们无法做出保证，但若事态有新进展，我们一定重新考虑处境。"

可以理解巴黎的不安，因为当天德国大使就呈交了最后通牒，并索要他的护照！

共和国总统不再矜持，直接对话乔治五世：

亲爱的、伟大的朋友：

在欧洲严峻的形势下，我认为有义务告诉陛下，共和国政府从德国那里得到的消息。

德意志帝国政府发动的军事准备行动，尤其在与法国接壤的边境上的行动，每天都在不断加速、强化。

法国决心坚持到底，尽力维持和平。截至目前，只限于采取最必要的预防措施。但是，法国的谨慎与节制，并没有使德国减缓军事准备行动。

尽管共和国政府行事谨慎、公众处事冷静，我们依旧可能面临最可怕的事件。

从我们收到的所有信息中可以得出，如果德国确信英国不会对法国卷入的冲突进行干预，那么战争将不可避免。相反，如果德国确信挚诚协定得到公认，甚至在战场上也是如此，那么和平极有可能不会遭到扰乱。

也许，我们的陆军和海军协定赋予陛下的政府完全的自由。而且，在爱德华·格雷爵士与保罗·康邦来往的信件中，英国和法国只是约定，在欧洲形势紧张时，互相交换意见，并一起研究是否共同采取行动。

但是，两国公众对英法协定感到亲切；两国政府在维持和平的工作中，保持相互信任；陛下一直对法国抱有的好感，允许我能完全坦诚地表达我的看法，也是共和国政府和所有法国人的看法。

斯特拉斯堡
克勒贝尔广场警察分局

军队集合

我认为，和平解决冲突的最后机会，从此取决于英国政府的言行举止。

冲突一开始，我们就已建议我国盟友保持谨慎。

我们认可王室政府，依照爱德华·格雷爵士最新的建议，会继续朝这个方向行动。但是，如果只有一方努力和解，而德奥两国仍在英国的保留态度上打算盘，那么奥地利将坚持自己的主张，俄奥两国将无法达成一致。

我深信，目前，英国、法国和俄国越在外交上让人觉得联合一致，就越有希望维持和平。

我的表达方式，如有不妥之处，请陛下见谅。我只是想看到欧洲平衡彻底得到巩固。

请陛下相信我最真挚的感情。

雷蒙·普恩加莱

1914年7月31日

巴黎

乔治五世的回复如下：

亲爱的、伟大的朋友：

我非常欣赏您以如此真挚、友善的感情给我写信，我也非常感谢您能如此完整、坦率地表达看法。

您放心，我非常关心欧洲目前的局势，也很高兴两国政府能如此友好地共同努力寻找一个和平的解决方案。

若我们共同的努力能取得成功，我将感到非常满意。而且我仍然认为，有机会阻止逐渐逼近的可怕事件发生。

您和您的政府，能沉着冷静地避免在边境上采取过激的军事措施，以防被解读成挑衅行为。对此，我非常赞赏。

就个人而言，我会尽一切努力找到解决方案，使各国推迟执行积极的军事行动，留时间来冷静地相互商讨。只要有和解的希望，我都会坚持朝这个方向努力。

至于我国的态度，因为事态转变过快，所以很难做出预测。但您放心，我国政府将继续坦诚地与康邦探讨所有涉及两国利益的问题。

请相信我，总统先生……

乔治五世

1914年8月1日

白金汉宫

因此，即使是法国最高领导人出面，还是没能说服英国。8月1日，乔治五世的信送达巴黎，而俄国和德国都已下达总动员令。战争开始了，但英国仍然不想卷入其中。

贝西火车站用于运送入伍人员的火车

这两封信被公布时（1915年2月21日），《每日快报》（*Daily Express*）对爱德华·格雷爵士长期使用的推诿手段，予以好评："普恩加莱的信被公布后，德国人会更加认为我们伪善。法国人和俄国人认为，如果德国知道我们的意图，将打破和平。国王必然不能单独行动，而爱德华·格雷爵士及其同僚，也害怕激进党派的和平主义者。德国上当了。而且，当舆论拯救了我们的荣誉，保障了我国的安全时，敌人自然把我国政治家的迟疑归咎于表里不一，认为这种狡猾的伪善会让尼采高兴。"①

这一评论毫无根据。其实我们知道，虽然英国内阁仍然迟疑，但它已做出决定：它缓缓拿起狼牙棒，给德国人盲目的自负沉重一击。

比利时中立

7月31日，爱德华·格雷爵士提出了一个关系整个事态发展的问题，实际上也是英国唯一由衷关心的问题：比利时中立。

当天，他发出三封电报，其中两封内容一样的电报，分别发给了英国驻柏林和巴黎的大使：

> 我一直希望有调解的可能，但是鉴于德国已动员，为了维护现有条约，我国政府必须思忖，德国（或法国）政府是否准备承诺，当另一方不会破坏比利时中立时，自己也会尊重这一公认的约定？类似的询问也发给了法国（或德国）政府。重要的是，要得到它们的即时回复。

第三封发给驻布鲁塞尔大使：

---

① 引自1915年2月22日的《时报》（*Le Temps*）。

鉴于现有条约，您必须告诉比利时外长考虑到可能爆发的欧洲大战，我已询问德法两国政府，当对方不会破坏比利时中立时，自身是否决定尊重这一公认的约定。

您要告诉他，我会负责坚持维护比利时中立；但愿其他国家也能进行维护、监督。希望得到比利时的及时回复。

通过提出这些确切问题，英国外交大臣在远见及决策上，占据一切优势。他迫使德国公开自己的意图。

法国政府立即回复，只要对方尊重比利时中立，那么它也会尊重对方。然而，德国外长却给了英国大使一个最拙劣的答复："我见过了外长，他对我说，他必须咨询皇帝和首相。据他所说，他理解的是，他认为无论如何回复，都会泄露一部分作战计划，而且他怀疑，我们'会将回复交给任意一方'。不过，阁下还是记下了您的请求。"

爱德华·格雷爵士不再等待，催促深感惊奇的德国表态。

他对德国大使表示："若参战的一方尊重比利时中立，另一方却加以破坏，那么英国公众的愤懑将难以遏制。"他补充道，内阁已对此进行商议，根据决议，将一封书面照会交给德国大使。大使说："不过，如果德国承诺不破坏比利时中立，英国会承诺保持中立吗？"外长说："我不能许下任何承诺。一切都取决于你们对比利时的态度。即使在这唯一的情况下，我也不能保证英国保持中立。"大使说："至少，请表明在何种情况下，英国将保持中立。例如，若我们确保法国本土及其殖民地的领土完整，你们会保持中立吗？"（德国的这个假设是骗人的，一点儿都不真诚。）外长说："我必须明确拒绝许下任何保持中立的承诺，即使在这种情况下也不行。我只能重申，我们想维持自由决策权。"

当柏林收到电报时，应该开始打消对英国的某些幻想了。

德国和英国之间的误会

此时,德国和英国之间产生短暂的误会。7月31日,利赫诺夫斯基亲王向贝特曼·霍尔维格首相发电报:"刚才,爱德华·格雷爵士打来电话问我,如果法国在德俄战争中保持中立,那么我是否能够声明,我们不会进攻法国。我说,我认为无法承担做出此项声明的责任。"

伦敦证券交易所附近一条街上的繁忙景象

事态的突然转变,令柏林措手不及。威廉皇帝暴露了自己的想法,亲自向乔治五世发电报。

我刚得知您的政府提出,英国可以保证法国保持中立,但前提条件是,德国不会进攻法国。出于技术上的原因,今天下午我军受命在东西两大边境上的动员,必须依据已经开始的准备行动完成,现在无法下令取消动员。很遗憾,您的电报来得太迟了。但是,如果法国提出中立,而且得到英国军队的保证

（还不如说德英建立联盟，使法国保持沉默），我将不会进攻法国，并将兵力调往别处。希望法国不会表现出任何紧张不安的情绪。目前，在我国边境上的军队已收到电报和电话命令，停止向法国边境行进（言外之意，8月1日之前，德军就收到了进攻法国的命令）。

1914年8月1日
柏林

贝特曼·霍尔维格确定了一个时限，进一步肯定德皇的电报："即日起至8月3日星期一晚7点，我们保证，若英国同意我方提议，我军将不会越过法国边境。"

为了使事情变得对自己有利，德国玩弄手段。对此，爱德华·格雷爵士感到震惊。乔治国王直接回复威廉皇帝：

> 作为回应，我认为，关于利赫诺夫斯基亲王和爱德华·格雷爵士在一次友好对话中所讨论的提议，双方产生了误会。他们讨论了如何在使奥匈帝国与俄国和解前，推迟德国和法国之间的武装冲突。明早，爱德华·格雷爵士将会见利赫诺夫斯基亲王，以确定后者误解了提议。

1914年8月1日
伦敦

一位大使，怎么能仅凭一通电话谈论如此重大的问题，而不通过正式会谈或书面函件，得到确认的或具体的细节呢？

但是，德国外交界不会承认自己的错误。8月2日，利赫诺夫斯基亲王发电报给贝特曼·霍尔维格："爱德华·格雷爵士在英国想要保持中立的基础上所提出的建议，事先没有得到法国的同意，如微不足道的事一样遭到抛弃。"①

这一事件虽没有下文，但它至少证实了德国做出的决定，以及在8月1日前下令攻击法国的措施；也证明直到8月2日，德国都错误判断了大不列颠的意图。

奥匈帝国罕有的迟疑阶段

然而，事态却以令人晕眩的速度发展：

7月30日，德国和奥地利开始明白，俄国不一定会退却，英国也不一定会中立。

7月29日，英国驻维也纳大使本生向其政府发电报："尽管有点儿晚，但奥匈帝国外长还是意识到，俄国不会在当前危机中无动于衷。"

就在此时，奥地利在隐约可以瞥见的深渊前做了稍许停留，甚至向后退了一步。在一次与俄国大使舍贝科（Schebeko）的会谈中，贝希托尔德伯爵提出，因一个误会而中断的俄奥直接谈判应重新开始，以讨论符合"两大帝国尊严和威望"的和解方案。同时，奥地利在巴黎、伦敦和圣彼得堡也采取了类似措施。这是奥地利设下的圈套，使俄国处于不利位置，还是在冲突前夕，奥地利真的深感害怕？无论如何，它都会是冲突的首个牺牲品。奥匈帝国外长肯定，与俄国大使在圣彼得堡的直接谈判能够成功，并"认真地希望"全面战争可以避免。②

然而，奥地利在最后关头提出这项"提议"时，德国在干什么？它

---

① 见《北德报》1914年8月20日发表的官方文件，被收录在《黄皮书》第188页。
② 见《蓝皮书》（*Livre bleu*），第118篇。

在宣布动员……

"会谈在友好的氛围中进行,由此可以相信,将冲突局部化并非毫无可能。此时,德国动员的消息传到了维也纳。"①

动员的消息并不完全准确;但《本地新闻报》(*Lokal Anzeiger*)特别版和一些明显提前准备好的布告,将消息传遍了柏林的大街小巷。消息是否准确不重要,因为在六天或更早之前,真正的动员就已开始,并狂热地、快速地继续进行着。自7月25日起,所有行动就已开始:在要塞配备武装,军事占领火车站,征召数量庞大的预备役军人以增援边境部队。

儒勒·康邦提醒雅戈先生,他曾声明,若俄国只在奥匈边境动员,那么德国不认为有必要动员。雅戈并不否认,但补充道,对德军来说,一切耽搁都会导致实力受损,他的话并不能构成有力的承诺。接着,他回避问题,不再予以理睬(德国一贯的外交手段)。

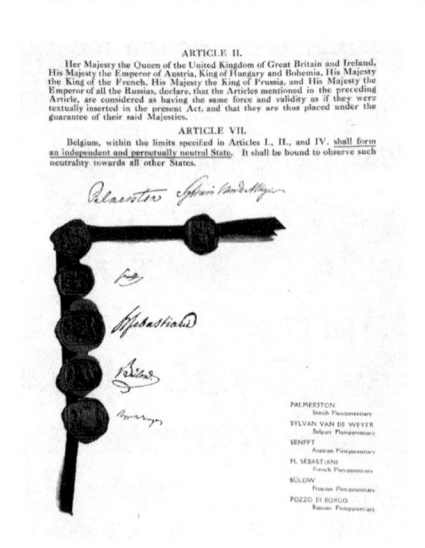

1839年4月19日
签署的保证比利时中立地位的条约

同时,德国在卢森堡边境上也进行了动员,使卢森堡政府向德国政府发问。卢森堡首相要求德国政府做出官方声明,承诺尊重卢森堡中立地位。德国外长收到上级指示,答道:"这点不用说,但是法国政府也必须许下同样承诺!"(这是德国使用的另一个手段,我们会看到其结果)

7月30日—31日的夜里,贝尔格莱德遭到轰炸。俄国极度不安。然而,尽管战争已经开始,但萨扎诺

---

① 杜梅因的电报,见《黄皮书》,第104篇。

夫仍然提议在以下基础上寻求和解："若奥地利同意命令其军队，停止在塞尔维亚的行动，并承认奥匈—塞尔维亚冲突涉及欧洲利益问题，也接受各大国进行调解，不损害塞尔维亚的主权和独立，那么俄国将保持观望态度。"

不过，两大日耳曼帝国是如何回应的呢？奥匈帝国发布总动员令，涉及19~42岁的所有男性。至于德国，在7月31日晚7点，派大使通知法国，德国政府要求俄国在12小时内取消动员；同时问道，若德国和俄国爆发冲突，法国将持何种态度。德国大使将于第二天，星期六下午1点，过来收取答复。

因此，其实是德国存心扰乱了正在进行中的谈判。它用处理英国的手法对付法国。显然，它急于结束谈判，道出无法补救的言论。巴黎政府判断形势如下："自冲突伊始，德国就不断表明爱好和平的意图。然而，它拖延、消极的态度，使一切和解的尝试失败；它的外交手段，怂恿维也纳坚持己见，不做出任何让步；从7月25日起，它就着手军事准备行动，并从未停歇；断然反对俄国的调解方案，甚至在询问奥地利前就声明方案不可接受；还持续侮辱俄国，分裂三国协约，表示若无法实现目标，就将宣战。"

此外，通过俄国驻巴黎大使伊兹沃尔斯基的一封电报，我们可以详尽了解俄国的观点。

> 在法兰西共和国总统返回巴黎之际，法国外长准备了一份对当前政局的简要报告，大致内容如下：奥地利担心社会解体，以大公刺杀案为借口，尝试在一定程度上占领塞尔维亚军事交通要道，甚至侵占其领土。德国支持奥地利，表示和平的维系只取决于俄国。因为冲突应"局限"在奥地利和塞尔维亚

之间，即涉及奥地利惩罚塞尔维亚并为未来谋求保障的政策。德国由此得出结论，必须对圣彼得堡实施调解行动。这个诡辩遭到巴黎和伦敦的反驳……针对英国提出的召开四国调解会议的建议，德国表示反对，却不提出其他实际方案。奥地利明显拖延与俄国的谈判，同时采取了积极的军事措施。如果这些措施未遭到反对，那么它将得寸进尺，提出更多要求。但愿俄国全力支持爱德华·格雷爵士的调解方案。不然，奥地利将以"谋求保障"为借口，颠覆东欧的领土现状。

伊兹沃尔斯基
1914年7月27日
巴黎

当法俄双方将要做出最终决策时，我们将了解这两个盟友国想法的本质。

德国推动了事态发展，展开总动员。既发出最后通牒，进行具有威胁性的军事准备行动，又通过奥匈帝国，在圣彼得堡和巴黎，在最后关头尝试和解。这不是相互矛盾吗？

大体来说，人们仍相信奥地利的诚意。很有可能，俄国和英国对维也纳和柏林突然转变态度，使贝希托尔德伯爵感到奥匈帝国将面临危险，希望结束冲突。但更有可能的是，他特别希望英国继续观望。8月1日，英国仍未正式表态。儒勒·康邦发电报称："夜里，英国大使再三请求雅戈怀有人道主义精神。"

不过，德奥似乎想向英国证实，俄国将承担一切战争责任。儒勒·康邦和维维亚尼一致做出如下判断：

8月1日，儒勒·康邦说："昨晚，俄国大使收到了萨扎诺夫发来的两

封电报。电报称,奥地利驻圣彼得堡大使声明,奥匈政府打算与俄国政府就发给塞尔维亚的函件,进行讨论。萨扎诺夫答道,他认为会谈应在伦敦举行。德国发给俄国的最后通牒,只会打破会谈为和平创造的最后希望。在这种情况下,奥地利是否真的接受谈判,无意将战争责任推到俄国身上,还有待商榷。"当天,维维亚尼表示:"通过各方消息,我们发现,目前,德奥两国政府尝试使英国相信,若战争爆发,将是俄国的责任。为了使英国保持中立,它们不惜歪曲事实。"

布鲁塞尔国王之家

无须再次强调,奥地利在最后关头提议谈判,只是一时的想法或空谈。现在可以回顾一下,在最后紧张的三天中,同时发生的各个正面事件。

7月29日,伊兹沃尔斯基发电报:"维维亚尼刚刚向我确认,法国政府决定与我们采取一致行动。这项决定,得到各大党派的支持,包括激进社会党都表示绝对信任政府,做好爱国准备……"

当日,萨扎诺夫发电报给伊兹沃尔斯基:"今天,德国大使告诉我,若俄国不停止军事准备行动,德国政府就决定进行动员……"

塞尔维亚政府针对尼古拉沙皇的电报，发来回复。在那封电报中，沙皇建议塞尔维亚谨慎、克制，并保证"无论如何，俄国都不会对塞尔维亚的命运置之不理"。当时，帕希奇看过电报后，在胸前画十字，说道："上帝啊！沙皇太仁厚伟大了！"接着，他拥抱我，无法控制自己的情绪。①

塞尔维亚摄政王向全国人民发出宣言："用尽一切力量，保卫家园和塞尔维亚。"

在国民议会的庄严开幕式上，他宣读了一份文件，其中引用了沙皇电报中的一句话："无论如何，俄国都不会放弃塞尔维亚。"俄国代办发电报称："每次提到陛下的名字，整个会堂的人都激动不已。而来自法国和英国的好意，也令议员们啧啧称赞。"②

在罗马，德国政府派大使询问意大利的最终态度："圣朱利亚诺侯爵答道：'根据德国大使的声明（涉及全面战争），可以推测奥地利所发动的战争可能带来的后果。这场战争具有侵略性，与三国同盟的纯粹防御性质不符，所以意大利不会参战。'"

在巴黎，以下是维维亚尼与德国大使会晤的详细情况："今天上午11点，大使来见我。我告诉他，从昨天开始，谈判得以继续（奥地利与俄国在圣彼得堡的谈判，以及各国与英国在伦敦希望推迟审查局势以达成一致的会谈）。不过，我看清了德国的态度：它放弃一切谈判；当俄国接受英国的调解方案时（意味着暂停进行动员），它却向俄国发出最后通牒，还计划立即与法国断交……"

了解欧洲各大首都的情况后，我们再次关注伦敦。在那里，一直想

---

① 见《奥匈帝国红皮书》中俄国代办的电报。
② 见《俄国橙皮书》（*Livre orange russe*）。

坚持调解的英国人，逐步转变了态度："德国要求英国宣布中立，却遭到拒绝。英国政府坚持自由决策权。"8月1日上午，在伦敦召开了一次部长会议。

有两件事对英国尤其重要：比利时的中立地位以及在法国和德国即将爆发的战争中，对法国的态度。

比利时王室的
查理·泰奥多尔王子、利奥波德王子、玛丽·何塞公主

在这两个方面，英国取得如下进展：

爱德华·格雷爵士已向柏林和巴黎提出同样的问题，即如果一方没有破坏比利时中立，另一方是否决定尊重这个公认的约定。柏林内阁的回答模棱两可。反之，7月31日，巴黎内阁表示，法国政府"决定，除非对方破坏约定，否则必然尊重比利时中立"。而且，即使法国已多次向比利时做出这个保证，法国外长依旧再次主动向比利时政府许下承诺。

另外，伦敦知晓德国已破坏卢森堡的中立地位。

中立问题变得非常严峻。

目前，涉及全面战争问题：8月1日，奥匈帝国对陆军和海军进行总动员；处在战争状态的德国动员了6届士兵。8月1日星期六下午3点40分，法国开始对陆军进行总动员。

法国政府通过英国大使，立即将动员的消息告知伦敦内阁。为了使其察觉危险将逼近，补充道："在法德边境上，法国有8个军，随时准备战斗。当前最重要的是提防德国……法军不会主动进攻，战争部长也坚持单纯出于防御目的进行动员。"

正如布坎南大使指出的那样，阻止战争全面爆发的唯一方法，就是各国承诺将已动员的军队固定在各自境内，不主动发起进攻。俄国和法国已如此承诺，英国要求德国也做出同样的保证。在柏林，戈申爵士对德国外长说："鉴于奥匈帝国有意谈判，如果德国不想为自己的利益开战，那么它应停止干涉。如此，我们就可以共同找到一个和平解决方案。"

然而德国外长是如何回复的？"俄国声明，动员不一定意味着想要开战，它完全可以在几个月内保持动员状态，而不发动战争。德国的情况不一样，它追求快，而俄国追求量……因此，德国下令动员，并派驻圣彼得堡大使通知俄国政府，若不在规定时间内回应德国的要求，将引发战争。"

这些动机使德国政府下定决心。"8月1日，下令全面动员海军和陆军。8月2日，总动员正式开始。"

8月1日晚7点10分，德国大使向萨扎诺夫呈交其政府的宣战声明，他将在第二天离开圣彼得堡。奥匈帝国大使则未收到其政府的任何宣战指示。

具体情况为：8月2日，德军从西雷（Cirey）和隆维（Longwy）附近入侵法国。与此同时，德国在卢森堡大公国采取的军事措施，旨在立即向法国开战。而法国作为俄国的盟友，承诺追随后者。由此，全面战争爆发。

比利时中立遭到破坏，法国被卷入战争，这两件事令伦敦内阁深感不安。它会怎么做呢？

比利时中立

历史的车轮向前滚动。一个小国塞尔维亚受到袭击，导致俄国开始行动，意大利脱离三国同盟；另一个小国比利时遭受威胁，促使英国表态，并即将导致全世界对德国做出裁决。似乎道德法则准备惩罚那些满口谎言的人，迫使他们吐露真相。

比利时中立遭到破坏，是一个非常严重的事件。它是引起重大悲剧的关键因素，将为世界带来严重后果。所以，当争端趋于白热化时，有必要详细陈述这一事件。

前文，我们已经分别阐述了比利时中立原则的起源，比利时为捍卫自己的中立地位所采取的措施，以及就比利时与英国武官在1906年、1911—1912年进行的会谈，德国对比利时做出的不公指控。德国运用诡计，毫无依据地控诉比利时。对此，只需用一句话反驳：为何德国不老

比利时司法部部长
卡尔东·德维亚尔

比利时的伊丽莎白王后

第五章　欧洲亮起红灯，宣战

比利时外交部部长大维格诺

实地承诺不会破坏比利时中立呢？

因为，正如它自己所说，它早已取消那个踩在不幸小国身上过去的决定。没有哪个诡辩，能比得上德国的这段自白。

可以说，中立原则可从两个方面遭到侵犯：国家独立与领土完整。在比利时，德国致力于同时破坏这两个要素。

7月24日，比利时政府知晓奥匈帝国发给塞尔维亚的函件后，提高了警惕，给驻外代表们下达了冲突爆发时要执行的指令。并于7月29日，巩固了"和平时期"的兵力。

7月31日，法国驻布鲁塞尔大使告知比利时外长大维格诺，法国政府主动采取的决定："借此机会，我向您声明，即使法国有大量兵力聚集在与比利时接壤的边境，法军也绝不会入侵比利时。"

比利时外长表达了由衷的感谢。

同时，他收到了爱德华·格雷爵士提及的那封表达英国看法的电报。显然，英国作为"强大的担保人"，面对德国的"动员计划"，打算亲自保证比利时中立原则的实施，这对它来说，是"必要的"权利与义务。

法国郑重回应了英国，并再次承诺尊重比利时中立（7月31日），而德国则给了一个模棱两可、推三阻四的答案。

英国立刻表明观点。7月31日，英国外长向比利时外长声明："英国指望比利时坚持捍卫自己的中立地位，直到最后一刻。（注意这份声明的重要性，因为它促使比利时奋起而战）希望得到及时回复。"比利时外长表示，比利时将履行它作为中立国的义务："在近期的军队改组结束后，兵力得到大增。若受到入侵，能够有力自卫。"

当天（7月31日），比利时政府发布总动员令。

爱德华·格雷爵士一收到柏林内阁的答复，就与德国大使进行了"最重要的"一场会晤。爱德华·格雷爵士说："对于德国政府就比利时中立问题的回应，我深感遗憾。英国舆论深感不安。若交战国一方破坏比利时中立，那么很难遏制英国公众的情绪……"

大使在报告中表示领会了会晤的实质，他说："爱德华·格雷爵士总是重提比利时中立原则，并认为这个问题将起到重要作用……"

8月1日，比利时政府认为是时候求助于各国，命令各个驻外代表对各国政府执行于7月24日提前收到的指令。内容如下："比利时遵守了1839年4月19日条约规定的中立国义务。若在其边境上发生战争，它相

阿尔贝国王前往议会

信自己的领土不会受到侵犯。比利时军队已动员，战略立场为保障国家安全及尊重中立原则。这些措施只有一个目标，即保证比利时有能力履行自己的国际义务。"

同时，阿尔贝国王向威廉皇帝寄出一封私人信件，提醒后者普鲁士及其君主曾多次承诺尊重比利时中立。

比利时外长告知德国部长贝洛（Below）法国政府的答复。贝洛表示感谢，并补充道，他还未收到指示做出官方声明，不过他个人认为（这难道不可笑吗？），在安全问题上，比利时应该相信其东部邻国。

正好此时，德国终于发来了官方回应："帝国外长说，他无法回答英国提出的问题。"可以认为，现在德国外长心中有数，将表明自己的真实看法。其实不然。他回到外交部，有人向他暗示可以采取一些方便已动员的德军撤离比利时的措施。并补充道，这些措施也可用在法国身上。他说："这不用说。但您知道，您完全可以信任我们。"

德国继续谨慎地使用诡计："当天，8月2日星期日，德国大使接受《晚间报》（Le soir）的采访，为德国对比利时的行动做担保，并用这句话概括自己的观点：'也许你们邻居的房顶会着火，但你们的房子将安然无恙。'"

当天，一位比利时记者问德国武官，德军已入侵卢森堡大公国的消息是否真实，后者答道："这是天方夜谭！……"记者问道："我们是否可以说，您否认指控呢？"武官说："完全可以。"

8月2日的比利时报纸发布的内容使民众安心。其实，整个德国公使团都在明目张胆地撒谎，因为当晚7点，德国大使要求比利时外长接见，"以传达一个重要消息"。

梦想有多美好，现实就有多残酷。

受伤的比利时士兵

英国已从梦中醒来。

8月2日上午,爱德华·格雷爵士会见法国大使儒勒·康邦。英国外长亲自发的电报,其内容为:"康邦问我有关卢森堡被入侵一事……问我在比利时中立受到破坏的情况下,会说些什么。我答道,事关重大,我们会研究明天将在议会上发表的声明。也就是说,我们是否表明比利时中立遭到破坏是宣战理由……"

德国驻布鲁塞尔大使刚打消比利时的疑虑,却紧接着戳破了它的最后一丝幻想。8月2日星期日晚7点,他来到大维格诺家,呈交了一份来自德国政府的极其机密的文件,并告知比利时政府有12小时的期限做出回应。

文件内容如下:

德国政府收到确切消息说,法军想通过济韦(Givet)和

布鲁塞尔安斯帕赫大街

那慕尔，默兹河上的风景

那慕尔（Namur）穿过默兹河（Meuse）（这完全是荒谬的借口）。这令我们相信，法国有意通过比利时抵达德国。

帝国政府不由得担心，若比利时没有得到支援，即使它意愿强烈，也将无法成功击退法军的行进，以保证德国的安全不受法国的威胁。

德国有义务，即刻预防敌人的攻击。

敌人的行动，迫使德国也侵犯比利时领土。若比利时将此事视为敌对行为，德国政府将感到非常抱歉。

为消除所有误会，德国政府做出如下声明：

1.德国无意与比利时敌对，若在即将开始的战争中，比利时同意对德国采取善意的中立态度，那么德国政府承诺在和平时期，保障整个比利时王国的政治独立与领土完整。

2.德国承诺，在规定的条件下，一旦缔结和平，将立即撤离比利时。

前部长会议主席兼财政部部长
科科伍佐夫伯爵

签名

比利时炮兵

3.若比利时采取友好态度,德国准备与比利时权力机构达成一致,用现金购买军需物资,并赔偿一切德军在比利时造成的损失。

4.若比利时采取敌对态度,尤其是通过默兹河要塞抵抗,或破坏道路、铁路、隧道及其他交通要道,阻碍德军行进,那么很遗憾,德国必须与比利时为敌。

在这种情况下,德国无法对比利时许下任何承诺,而必须付诸武力。

德国政府非常希望不会发生这种情况,但愿比利时政府能采取适当的措施,以防上述事件发生。如此,两个邻国将维持友好关系。

面对这样一份勒令,比利时必须承担起责任,这不仅是出于全国人民尊重国家政治独立的义务,也是出于由《海牙公约》第五条规定的国际义务:"中立国不能让参战国任意一方的军队或船队穿越自己的领土。"而且,德国亲自强调了此项义务。因为两天后,它向瑞士联邦引用《海牙公约》，以禁止法军穿越瑞士领土。对于瑞士做出的想要保持中立的声明，德国政府如此回应："……帝国政府得知此项声明后，真心感到满意。希望瑞士联邦通过强有力的军队以及全国人民不可动摇的意志，击退一切破坏其中立地位的行为。"

因此，德国要求比利时做它要求瑞士不要做的事，比利时无法满足它的愿望。德国打破了自己的诺言，对那些保障比利时中立、信任它的国家，也没有履行自己的义务。

此外，面对这份可怕的勒令，比利时政府必须考虑到另一个突然摆在眼前的骇人后果。出于便利的战略原因，德国有意将比利时选作战场。无辜、温和的比利时人民将承受战争的一切暴行。

比利时国王和部长们只有12小时进行商议，他们该多么焦虑！

他们尝试打听情况。向英国发电报，告知伦敦内阁勒令一事。阿尔贝国王向英国国王发出如下电报：

犹记陛下和您的先辈们与比利时建立的友情、英国在1870年表达的善意，以及现在仍然对我们怀有的好感，我请求陛下的政府，进行外交干预，以捍卫比利时的中立地位。

这些话是多么节制啊！即使比利时政府被扼住了喉咙，它依旧只请求外交援助。

它只有一个晚上的时间，必须做出决定……8月3日早上7点，比利时政府如此回应德国的函件：

通过1914年8月2日的函件，德国政府表示，根据确切消息，法军可能有意通过济韦和那慕尔，穿过默兹河。而即使比利时意愿强烈，在没有支援的情况下，也将无法击退法军的行进。

德国政府认为，有必要预防法国的进攻，并侵犯比利时领土。在这种情况下，德国提议比利时政府，对其采取友好态度。德国承诺在和平时期，保障整个比利时王国的领土完整。函件还指出，若比利时阻碍德军行进，德国将不得不与比利时为敌，并用武力解决问题。

这份函件令国王的政府深感震惊与痛苦。

它所说的法国的意图，与我们在8月1日收到的共和国政府的正式声明不符。

此外，若出乎我们意料之外，法国破坏了比利时中立，那么比利时将履行一切国际义务，动用兵力，奋起抵抗入侵者。

《1839公约》（《伦敦条约》）得到《1870年条约》的进一步肯定，承认比利时的独立与中立地位，得到各国政府，尤其是普鲁士国王的政府的保障。

比利时一直都忠于自己的国际义务，正大光明地履行职责，为了坚持或令人尊重自己的中立地位，未曾有过一丝懈怠。

德国政府的威胁危及比利时的政治独立，是公然侵犯人权的行为。任何战略理由都不能为此辩护。

若比利时政府接受提议，将牺牲国家荣誉，也将违背国际义务。

比利时意识到八十多年来，自身在世界文明中所发挥的作用，拒绝相信只有以破坏中立地位为代价，才能维持独立。

若此希望落空，那么比利时政府决心竭尽全力，抵抗一切对自己权利的侵犯。

1914年8月3日早上7点
布鲁塞尔

同时，比利时大使拜延男爵和德国外长雅戈，在柏林会谈。坚持自己权利的勇敢小国，与为自己感到羞耻，回避高尚、正直目光的大国，进行辩论。

8月3日星期一，一大早，比利时大使接到电话，要求受到德国外长的接见，双方很快约定时间。

比利时大使刚说了几句话，雅戈就喊道：

"相信我，德国是因为身处绝境，才决定破坏比利时的中立地位。就个人来说，我感到非常伤心遗憾。您还想要怎样？对帝国来说，这是生死攸关的问题。如果德军不想任人宰割，就必须重击法国，才能接着对付俄国。"

拜延男爵说："可是，法国的边境如此宽广，不一定非要穿过比利时。"

"它的防御工事太强。而且，我们并未对你们提出过多要求吧？只是在不破坏铁路、隧道的前提下，准许我们自由通行，允许我们占据必要的要塞而已。"

默兹河济韦河段河畔

纪尧姆男爵
比利时驻巴黎大使

签名

比利时大使立刻反驳:"对于这一要求,可用一个简单的方式回应,就是向您描述,如果法国向我们提出同样的要求,而我们答应了,德国会不会觉得轻易遭到了背叛?"

德国外长并未回应这一具体问题,拜延男爵继续发表看法。

"至少,你们没有什么可指责我们的吧?七十多年来,难道我们没有像对待其他大国一样,一直对德国履行所有中立义务?难道我们没有忠诚友善地对待德国?德国想要为这一切付出什么代价?你们知道,现代战争将带来的是什么样的灾难和破坏,还把比利时变成欧洲的战场……

"德国没有什么能指责比利时的,而且比利时的态度一直都非常端正。"

拜延男爵说道:"因此,您承认比利时只能给你们那样的答复,除非它丢掉了尊严。民族和个人,都需要这份尊严。您必须承认,我们就该如此答复。"

"作为个人,我承认这点。但作为外长,我不发表观点。"

双方都表明了各自的观点。比利时大使还补充道,他认为德国不切实际:它的对手是英国,而且,德军不可能如想象中那样轻易穿过列

卢森堡全景

日（Liège）。当大使要求拿回他的护照时，雅戈反对道："请先不要离开，也许我们还需要谈谈。"拜延男爵总结道："将要发生的事，不取决于你我，而是比利时政府拥有决定权。"

这段会谈中的每一句话都非常重要。然而目前，我想着重研究，德国对德军要求穿越比利时所做出的解释。8月4日星期二，德国外长在与英国大使的会谈中，也重新就此事说明了缘由。

他说，德国之所以采取这个措施，"是因为它必须取最快、最便捷的线路抵达法国"，以确保首次军事行动的成功，并尽快给法国决定性的一击。对德国来说，这是生死攸关的问题。因为，南边交通不发达，要塞防守强大，如果选取这条路线，德军将遭遇严重阻力，浪费宝贵时间。然而，这就给俄国人提供了机会，争取时间在德国边境上集结军队。德国的优势在于行动迅速，俄国的王牌则是取之不尽的后备兵力①。

几小时后，德国外长与英国大使进行第二次会谈。他如此概括自己的论据："考虑到帝国的安全，德军必须穿过比利时。"②

能对友邦代表说出这种话的人，将永远被人类摒弃，被历史谴责。他的名字叫雅戈。

8月3日白天，法国外长收到消息，发表如下声明："法国是比利时中立原则的担保国。若比利时王国政府向法国政府求助，我们将立即回应它的要求……无论如何，法国政府期望比利时能实施有效抵抗。"对此，比利时政府还不想表态，谢绝了法国提供的支持（符合《1839公约》）。"政府暂时不求助于担保国。若之后有需要，它将感谢担保国的支持。"

所有人的目光都聚焦在伦敦。在议会和全世界面前，爱德华·格雷爵士在一定程度上表现出焦虑不安，这种情绪令他感到难受。他赶往下议院，告知议会成员政府收到的粗略信息，以及政府的考量、迟疑与逐渐下定的决心：

"比利时国王发来了最高呼请，请求我们进行外交干预。但是，在上周我们已经进行了调解。如今，干预又能起到什么作用呢？比利时的独立，对我们来说至关重要，而领土完整只属于政治独立的一小部分。然而上周，德国试探我们，是否满足于比利时在战后保持领土完整。我们表示在这点上，不会同意做任何交易。若比利时拒绝破坏中立原则，那么局势就非常清楚。因为，除非它在最强的压力面前让步，否则它会永远坚持中立。欧洲中部小国唯一想要的、唯一害怕失去的是不被打扰，保持独立。如果在一场威胁欧洲的战争中，其中一个小国的中立遭

---

① 见《蓝皮书》第160篇。
② 见《蓝皮书》第160篇。

到某个参战国的破坏,而它又没有进行抵抗的话,那么战后,它的领土完整和政治独立将不保。"

外交大臣补充道:"若真的存在一份最后通牒,要求比利时容许其中立原则遭到破坏,无论是用什么方式诱惑它做出交易,它都将失去主权。一旦它不再独立,那么荷兰将随即沦陷。我请议院考虑由此导致的后果。若法国战败,其将失去大国地位,隶属于一个更强的国家;比利时也将被这个强国控制,接下来是荷兰和丹麦。如此,格拉德斯通(Gladstone)的预言难道不会成为现实?我们难道不会面临被迫抵抗一个国家过度扩张的局势吗?

"格拉德斯通还说过另一件事。在条约赋予我们的义务之上,存在另一个义务。在当前形势下,英国作为一个影响力和势力强大的国家,若对最残暴的罪行无动于衷,岂不是同流合污吗?

"千万不要说,我们能在战时置身事外,在战后又能按我们的意愿进行重建。若在这样的危机中,我们逃避承担义务,那么到最后,我们的世俗势力将减弱,失去别人的尊重,牺牲国际声望和最大的经济利益。"

在得到德国要求穿过比利时的具体信息前,爱德华·格雷爵士暂时不做出任何决定。最后,他表示只想向议院说明政府的想法,传递一切信息。

当天,不久之后,他再次发言,宣布刚从比利时公使团手中收到其政府于早上发来的具体电报内容。他简单总结道:"我只能说,政府打算认真考虑这一照会。我没有什么要补充的!"①

片刻后,部长会议召开。会后,爱德华·格雷爵士通知比利时驻伦敦大使,"若比利时中立原则遭到破坏,英国将迎战德国"②。

---

① 见《蓝皮书》,英国版,第97页。
② 见《灰皮书》(*Livre gris*)第26篇。

第二天8月4日上午，爱德华·格雷爵士根据前一天的决议，给柏林发去一封电报。①

比利时国王请求陛下，为了比利时的利益，进行外交干预。电报内容如下：

犹记陛下和您的先辈们与比利时建立的友情、英国在1870年表达的善意，以及现在仍然对我们怀有的好感，我请求陛下的政府，进行外交干预，以捍卫比利时的中立地位。

第二天8月4日一大早，比利时政府收到了德国驻布鲁塞尔大使的信件：

我很荣幸奉命通知阁下，由于国王陛下的政府拒绝了帝国政府的提议，帝国政府很遗憾被迫出于武力需要，采取针对法国威胁的必要安全措施。

片刻后，比利时军队参谋部报告，国家领土从盖默里希（Gemmerich）受到入侵。

部长随即召开会议，决定向三个可能回应吁请的担保国求助。

8月4日晚，比利时发出求助电报：

比利时政府遗憾地向阁下宣布，今早，德军破坏了契约，入侵比利时。国王的政府决心竭尽全力抵抗。比利时向英国、法国和俄国发送了求助电报，期盼这三个担保国共同保卫它的领土。

各国可以实现合作，抵抗德国对比利时采取的武力措施，同时保障比利时未来能维护政治独立和领土完整。比利时很高兴得以声明，它将保障要塞的防御安全。

而且，陛下的政府得知，德国政府交由比利时政府一份照会，提议后者采取友好中立态度，允许德军自由穿越比利时领土，

---

① 见《蓝皮书》第153篇。

并承诺缔结和平后，维持比利时王国的领土完整和政治独立。否则，将与比利时为敌。比利时政府被要求在12小时内给出答复。

我们也得知，比利时对公然侵犯人权的提议正式表示拒绝。

德国和英国都签署了《伦敦条约》。陛下的政府必须反对德国破坏条约的行为，有义务保证德国对比利时提出的要求无法生效，并保障比利时的中立地位得到德国的尊重。请及时回复。

8月4日白天，英国发出另一封电报，正式通知驻柏林大使，比利时领土从盖默里希受到入侵。这次，不再是说说而已，事情一件接一件地发生。

上周，法国就比利时中立问题，向我们做出了保证，而德

公理对抗强权
比利时国王发给英国国王的吁请（影印本）

国拒绝做出相同保证。在这种情况下，您必须重新询问德国，要求它给出令人满意的回复。而且，针对我今早发出的电报，德国也必须在今天午夜之前答复。否则，您将被要求拿回您的护照，并声明陛下的政府认为必须尽全力采取一切措施，维护比利时的中立原则，遵守德国与我国都签署过的条约。

8月4日下午，英国大使去往德国外交部，受到外长的接见。他问外长，德国政府是否会尊重比利时的中立原则。外长答道："很遗憾，我必须说，不会！而且，中立原则已经遭到破坏，德军已穿过边境。"

英国大使与雅戈部长和德国首相分别进行了两场著名的会晤。会上，德国代表大吃一惊、措手不及，在英国和历史面前，暴露了自己的阴谋诡计和邪恶灵魂的秘密。

此外，会谈也涉及了其他问题。在探讨具体措辞前，有必要大致回顾一下关于比利时中立的外交辩论。

德国构想了一个穿越比利时去攻打法国的战略计划。现在我们知道，它的一切准备行动都是为这个目标服务。稍后，我们会通过一个简短的事件陈述，证明这点。德国政府要求比利时同意8月2日照会所列的条件，准许德军自由穿过其领土。

这是否只涉及一个战略行动？德国难道不是别有用心？踏上比利时，它究竟有什么企图？难道只是想用最快捷的方式攻打法国？难道不想获得保障后，占领比利时，开始征服战？

实质上，征服比利时是"世界政策"中的秘密计划。伯恩哈迪和支持德国扩张的人已千百次表明了这点。马克西米利安·哈登（Maximilien Harden）在10月17日的《未来报》（*Zukunft*）中，非常坦率地阐述了这种内在的贪欲："高贵的日耳曼主义必须征服新的省份。安特卫普（Anvers）

不应与汉堡（Hambourg）和不来梅（Brême）对立，而应联合；征服黑塞（Hesse）、柏林和施瓦本（Souabe）军工厂附近的列日；将科克里尔（Cockerill）与克虏伯（Krupp）联合在一起；将德国和比利时的铁、煤和织布统一化……从加来（Calais）到安特卫普、佛兰德斯（Flandres）、林堡（Limbourg）、布拉班特（Brabant），直到越过默兹河要塞，都要变成普鲁士的领地！"

在战后如何处理比利时的问题上，德国闪烁其词。但是，仅凭这些公然表露的贪欲，它的意图就已显而易见：德国已在众多隐晦声明中，考虑了在比利时反对德国的情况下所有的假设与方案。它的声明一点儿都不明确、坦诚。它一边希望英国保持中立，一边承诺保证比利时的完整与独立！"请打消英国政府对我们的所有疑虑：积极重申官方保证，即使与比利时发生武装冲突，德国都不会以任何借口兼并任何一块比利时领土。我们已向荷兰庄严承诺，严格尊重其中立地位，这证明有关比利时的声明充满诚意。显然，若我们想有利兼并比利时，只能同时向荷兰扩张……"

这就是德国的官方保证。但是，这份声明如何与8月2日照会中的内容取得一致呢？"若比利时对德军采取敌对态度，德国将不能对比利时王国许下任何承诺，而必须付诸武力！"威逼利诱，都取决于德国的利益需要。

真相是，德国从一开始就预计比利时会抵抗，它的征服计划包括兼并比利时。一旦战争爆发，当军事条件有利于德国之后，它的这份内在贪欲，难道不会以各种形式重新表现出来吗？它曾一度以为，可用一些不痛不痒的声明，巧妙安抚英国的不安。知道在取胜后，曾经做过的声明也不会令人尴尬。它将根据事态发展情况，伺机而动。

CONFÉRENCE JAURÈS AUX ARÈNES DE NIMES LE 1er SEPTEMBRE 1912
COMPERE-MOREL a la Tribune

让·饶勒斯

  如埃米勒·瓦克斯韦勒（Emile Waxweiler）指出的那样，德国所使用的一个最可恶的诡计是："迫使比利时抵抗，从而一举将它拿下，以作惩罚。"侵犯比利时的中立地位，只是一种手段，目标是征服它。德国的军备行动是明目张胆的，它的阴谋也同样昭然若揭。

  这些突然暴露的明显证据，使英国政府下定决心。

  同时，法国向它求助，要求实现军事合作。

  军事问题，受到英国的重视，也导致它犹豫不决。

  这是英国自己的事，与他人无关。德国瞄准了安特卫普，也许还想夺取加来，它想先称霸北海，接着控制整个大洋。不然，它为何费时费力准备一支舰队，又说出了那句"我们的未来在海上"的名言呢？

  "世界政策"的实质就此显现。这个政策旨在与英国竞争。只是，德国更喜欢一步步来：先占领比利时，目的不是归还它，而是将它攥在手里，或至少实现对它的控制；接着打败法国，直至进入加来海峡（Pas-de-Calais）。当英国尝试干预，以便与战败国残余势力重建欧洲时，德国将趁英国兵力衰弱时，运用弱肉强食的法则，予以重击。

猛兽匍匐前进，悄悄靠近猎物，然后突然跳起来，死死咬住它的脖子。

这就是展现在英国面前的场景，它突然清醒，却又不敢相信这点。政府和国家都极度震惊。它决定参战！决心赌上这个伟大繁荣、爱好和平的国家的命运，参与最可怕的一场战斗（它没有预料到也没有为此做准备）……无论如何，要先表态！

英国走出了新的一步。但只要英国人仍在犹豫，未达成一致，那么这还不能算是决定性的一步。

8月2日，保罗·康邦发出电报：

> 今早部长会议结束后，爱德华·格雷爵士向我做出如下声明：我被授权承诺，若德国舰队进入英吉利海峡或穿过北海，攻打法国舰队或商船，英国舰队将尽全力提供保护。
>
> 这一保证的前提是，陛下政府提出的政策得到议会的认可，且不能迫使政府招致德国舰队做出以上行为。
>
> 内阁大臣随即谈到比利时和卢森堡的中立地位，提醒我1867年涉及卢森堡大公国的条约与1839年涉及比利时的条约不同。因此，英国坚持执行比利时中立原则时，无须其他担保国的帮助，但是对于卢森堡中立原则，所有担保国都应一致行动。
>
> 捍卫比利时的中立地位，对英国而言非常重要，所以它把德国破坏比利时的中立原则视作宣战理由。
>
> 这涉及英国专有的利益。即使德国想用在商界不断提升的影响力，向英国政府施压，阻止它与德国作对，但不用怀疑，

比利时公民卫队在布鲁塞尔呈纵队行进

忠于政策传统的英国政府，会使比利时中立原则得到承认。

在布鲁塞尔举办的社会党人会议会场一角

这封电报准确说明了英国的想法。在一定程度上，它仍然认为可以避免卷入冲突：从德国在商界运用的影响力，以及英国最后犹豫不决的表现，可以得出这点。保罗·康邦虽不抱幻想，但行事果断。

在民众和内阁中，存在不同观点，产生了分歧。自由党被迫抛弃过去的体制。然而，两个必须紧急解决的问题令它苦恼：一是比利时的中立地位，二是北海和加来海峡的自由权……好吧！它会捍卫这两个要素，但限于在有限范围内，仅运用兵力保护英国的利益。它将部分参与……如同用一个臂膀打架！

8月2日，爱德华·格雷爵士发电报给弗朗西斯·伯蒂爵士，阐释英国的立场：

> 我向康邦表示，我们有极其严重、敏感的问题要考虑。如果明天法国和德国开战，英国政府不能做出向德国宣战的承诺。但鉴于法国舰队长期集中在地中海，法国政府必须知道在没有防御力量的北方海岸所应该采取的准备措施。因此，我们似乎有必要提供这个保证，但这不代表我们向德国宣战（态度是多么坚决），除非德国舰队做出了上述行为。

8月3日白天，英国的提议逐渐变得明确。爱德华·格雷爵士与康邦签署了一份协议，彻底落实"英国舰队提供保护"这一保证。

此外，德国和奥地利勒令意大利表态。面对这两个咄咄逼人的国家，意大利回复道，它认为当前形势不属于联盟条件发挥作用的情况。

一方面，比利时收到一封粗鲁的勒令，要求它在7小时内表态。另一方面，德国做最后努力，意在约束英国。

康邦发出电报：

> 今早，当爱德华·格雷爵士准备外出开会时，昨天与他进行会晤的德国大使又来见他，坚持请求他声明，比利时的中立原则被破坏与否，都不能决定英国的中立立场。而爱德华·格雷爵士拒绝就此事进行任何对话。

8月3日
伦敦

德国还是尝试影响舆论：

德国大使向新闻界发出通稿说："如果英国保持中立，德国将取消一切海军行动，并不会将比利时海岸用作据点。"

然而，事态仍朝着命中注定的方向发展。

8月3日，爱德华·格雷爵士在议院就英国舰队武装干涉问题做出声明，并就比利时中立原则表明想要采取的措施。他朗读了阿尔贝国王求助于英国的信件，使议员们惶惶不安。当晚，下议院投票通过国防预算。它紧密奉行政府的政策，注意倾听越来越支持英国进行有力干预的舆论的声音。

几天来，德国一直明显地寻找借口，以便对法国采取必要的防御措施，它也想掩饰德军侵犯比利时领土的真实动机。因此，不断散布最荒谬的谣言。

但法国非常爱好和平，纪律严明，谨言慎行，未出任何岔子。

8月3日，维维亚尼给伦敦发电报：

我收到消息说，德国大使向英国外交部声明，昨天上午，80名身着普鲁士制服的法国军官，在盖尔登（Geldern）西边的瓦尔贝克（Walbeck），乘坐11辆汽车，尝试穿过德国边境。还说，法国严重破坏了中立原则。请立即否认此消息的真实性，并提醒英国外交部注意德国的谣言攻势。

真相是德国与俄国剑拔弩张，它确信法国将忠于俄国，所以德军参谋部计划穿

威廉二世

过比利时，突然击破法国的抵抗势力。而此计划只有得到快速实施，才能保证成功。它必须不惜一切代价，通过比利时进攻法国。既然必须这么做，那就向法国宣战吧！

8月3日傍晚6点45分，德国大使呈交给法国外长兼部长会议主席勒内·维维亚尼这份文件：

> 德国军事及权力机关确认，法军飞行员在德国领空采取了敌对行为。大量法军飞行员飞越比利时领空，公然破坏比利时的中立原则。有一个尝试摧毁韦塞尔（Wesel）附近的建筑，有一些出现在埃菲尔地区（région de l'Eifel），还有一个在卡尔斯鲁厄（Karlsruhe）和纽伦堡（Nuremberg）附近的铁路投下炸弹。
>
> 我很荣幸奉命告知阁下，面对法国的这些侵略行为，德意志帝国自认为与法国处于战争状态。
>
> 同时，我也很荣幸通知阁下，德国权力机关将扣留停在德

宣战那天的柏林（8月2日）

第五章 欧洲亮起红灯，宣战

国港口的法国商船。若法国保证在48小时内与德国完成商船的互换，那么法国商船将得到释放。

我的外交任务就此结束，请阁下交还我的护照，并采取必要措施，确保我与使馆工作人员，以及巴伐利亚公使团和德国驻巴黎总领事馆的工作人员顺利返回德国。

主席先生，请接受我最崇高的敬意。

舍恩

维维亚尼将此事通知给法国驻外代表们，并补充道："我正式否认了德国大使的不实指控。并提醒他，昨天我交给他一份照会，抗议德军分遣队在两天前已闯入法国边境。"

同时，他也命儒勒·康邦向德国要回护照，离开柏林。

请您要回护照，与使馆工作人员立即离开柏林，让西班牙大使负责为法国利益行事，保管档案。

同时，请您通过书面照会，对卢森堡总理指出的德军侵犯卢森堡中立的行为提出抗议；反对德国驻布鲁塞尔大使发给比利时政府的最后通牒。它强行破坏比利时的中立原则，要求其方便德军在比利时领土上进行针对法国的军事行动；抗议德国对法军入侵卢森堡和比利时的不实指控，它尝试以此证实德法处于战争状态。

勒内·维维亚尼

1914年8月3日

巴黎

同样的指示也发给了驻慕尼黑大使阿力泽（Allizé）。

开战

欧洲大战开始了。

这场战争不仅涉及消灭塞尔维亚，还关系到征服比利时：它是遵循"世界政策"，以争夺霸权为目标，针对小国的战争。自1897年以来，德国帝国议会预见的那一刻已经来临；泛日耳曼主义实现了多年来的渴望；一个贪婪、骄傲、守纪律的民族，悄悄为之努力准备的事件已经发生：那就是战争！

舆论和历史，必须清楚了解这一事件的实质。在战争前夕，所有人必须拨开云雾，坚定立场——德国在和英国最后的会谈中，暴露了真实意图，使后者最终下定决心。

为正确理解这些会谈的性质，首先，我们来回顾一下奥匈帝国最后通牒所带来的后果：奥地利向塞尔维亚宣战；俄国在奥地利边境上进行动员；尽管德国曾承诺不会将此视作直接威胁，但依然采取动员措施，导致俄国下令进行总动员；德国立即向俄国发出最后通牒，并向它宣战。（8月1日）

德国引证俄军越过了其边境，以此证明："是俄国挑起了战争。"

同时，它向法国宣战——用最无关紧要的借口与法国断交，并颠倒黑白，断言战争状态由法国掀起。

8月2日，德国主动向比利时发出最后通牒。8

德国外交部部长
雅戈

月4日，德军从韦尔维耶（Verviers）附近的盖默里希入侵比利时——这是首个公开的敌对行为。

比利时政府用书面照会，正式通知法国政府："它决心竭尽全力抵抗德国的侵略。比利时郑重向英国、法国和俄国求助，期盼这三个担保国共同保卫它的领土。各国可以实现合作，抵抗德国对比利时采取的武力措施，同时保障比利时未来能维护政治独立和领土完整。"比利时补充道："很高兴得以声明，它将保障要塞的防御安全。"

然而，尽管德国与俄国的断交已成既定事实，但奥匈帝国在危机末期，依旧保持观望态度，继续谈判。8月1日，奥匈帝国驻圣彼得堡大使仍然会见萨扎诺夫，坚持向其证明奥地利的诚意。

对于法国政府，奥匈政府也持特殊态度。德国与法国已处于战争状态，而奥地利却未行动，其大使依旧待在巴黎，表现得毫不知情。

德国已向半个欧洲宣战，另外一半被暂时搁置。德国加速动员，以迅雷不及掩耳之势，完成初步战备工作，占尽先机。

德国是否会利用英国，从比利时开始征服战，逐个歼灭对手；抑或所有国家是否将联合起来，避开德国的威胁，抵抗这只猛兽——这都取决于英国的最终抉择。

英国表态

8月4日上午，英国政府指示其大使，最后询问德国政府对比利时中立原则的态度。伦敦内阁得知德军已闯入比利时边境，要求德国政府在午夜前给出一个令人满意的答复。否则，英国大使将奉命要回护照，并声明其政府将采取一切措施，维护比利时的中立地位，遵守德国亲自签署的《伦敦条约》。

8月4日下午，戈申爵士来到雅戈家。在第一次会谈上，他直截了当地问道，德国是否将尊重比利时的中立地位。大使写道："雅戈立刻辩驳道：'不会。'他对此感到遗憾，而且德军已经穿过边境，比利时的中立地位已然遭到破坏。"雅戈想为此辩护："德军必须取最快、最便捷的线路抵达法国，以在行动中占据优势，并尽快给法国决定性的一击。"

这段知心话完全不能说服英国大使。雅戈坚持道："对德国来说，这是生死攸关的问题。因为，南边交通不发达，要塞防守强大，如果选取这条路，德军将遭遇严重阻力，浪费宝贵时间。然而，这就给俄国人提供了机会，争取时间在德国边境上集结军队。德国的优势在于行动迅速，俄国的王牌则是取之不尽的后备兵力。"

一场在慕尼黑的一家法国咖啡馆前的游行结束之后

这段解释令德国人感到满意，却遭到英国大使的指责："我向雅戈指出，侵犯比利时边境这一既定事实，令形势变得极其严峻。我问他是否考虑后退一步。"雅戈答道："如今，德国政府做不到后退一步。"

大使回到家，收到英国政府发来的第二封电报，命他向德国政府呈交一份最后通牒，指明一切后果。因此，晚上7点，他再次来到德国外长家："我告诉他，如果今天午夜前，德国政府无法保证命令德军停止侵犯比利时的领土，我将奉命要回护照，声明英国政府将采取一切措施，遵守德国亲自签署的《伦敦条约》。"

大使将他所收到指令的复印件，递交给外长。"鉴于可怕的后果"，他请后者利用午夜前的几小时，三思而后行。雅戈答道："即使有24小时或更多时间，我们的答案也不会变！"大使说："那么，我最后要做的，就是要回我的护照了！"雅戈表示，他和首相的政策是"与大不列颠成为盟友，接着亲近法国"，看到这个政策付诸东流，他感到痛心疾首。

大使表示想拜见首相，"因为这也许是最后一次与之会面的机会"。首相收到消息，接见了大使："我发现首相特别激动。阁下立即开始了一段持续大约20分钟的讲话。'您给我带来了一个多么可怕的消息！英国政府居然为了中立原则做出如此决定！在战时，我们经常完全无视中立原则。为了一张废纸，大不列颠居然想对血亲开战，而我们只是想一直做它的盟友。我的一切努力都白费了！您比任何人都更清楚，自我执政后，我们所遵循的政策。如今，它如纸质城堡一样崩塌。简直难以想象！你们从背后攻击一个抵抗两个进攻者、捍卫自己生命的人！大不列颠将对之后发生的可怕事件负责！'……"

这时，大使打断了他："我对他说，轮到我提出强烈抗议了。雅戈

一个在柏林扎营的兵团，在出发前查核人数

和您，你们力求让我明白，穿过比利时、破坏其中立地位，对德国来说关系到生死。而我知道，你们应该清楚，遵守诺言，尽一切可能捍卫比利时的中立地位，对英国的声望来说，生死攸关。若大不列颠没有遵守这一庄严公约，未来还有谁能信任它？""但你们为了尊重契约，要付出多大代价！英国政府想过后果吗？"大使说："我是否能尝试让阁下明白，对后果的担忧，并不能作为打破庄严契约的借口？"

首相没有答话。大使说道："他非常激动。听到我们的消息后，显然不知所措。没有准备好听取我坚持避免火上浇油的原因。"

当陪送大使到门口时，首相恢复了一点儿冷静："我向他告别时他说，大不列颠联合德国的敌人给德国的这一击，比他和德国政府在我们的支持下，旨在维护奥地利和俄国之间和平的那一击，更加过分。我答道，看到两国在双方关系变得比以前更友好时却反目成仇，真是悲哀。我还说，很不幸战争让我们面临如此局面，为遵守契约，我们不得不与曾经的伙伴分道扬镳。"

注意，即使雅戈部长和首相抱怨、暴怒，但他们未曾有一丝犹豫：虽然为英国的态度感到遗憾，但他们依旧想要开战，甚至不用向皇帝请示。

在这场令人难以忍受的会晤中,英国大使冷静地表现出正义事业的优越性。接近晚上9点时,他将这次会晤报告的电报,交给柏林电报中心办公室。但这封电报被德国政府销毁,永远未能抵达伦敦。

大使在附言中补充了这个重要细节:"近晚上8点半,外交部次长冯·齐默尔曼来见我。他偶然问我,我要求收回护照,是否意味着宣战(德国又在耍花招)。我答道,索要护照符合国际法规定的权利,他比我更清楚在同等情况下所使用的国际惯例。我重申对雅戈说的话,'英国将采取措施,等等'。冯·齐默尔曼表示,那么,这就是宣战,因为不管什么时候,帝国政府都不可能许下英国要求的承诺。"

德国和英国彻底断交!

奥地利

有必要结束这些痛苦的外交商谈。

但首先要知道,奥匈帝国在做什么?人们因它争吵,它却心不在焉。它必须下定决心。英国驻维也纳大使在经历过一段痛苦曲折的旅程后,于9月1日,汇报了7月末和8月初发生的事:

"德国政府说过,在维也纳坚定不移地支持您提出的旨在维护和平的方案……而冯·契尔什基却避免与法国大使、俄国大使及我国大使寻求合作。7月28日,贝希托尔德伯爵拒绝授权绍帕里伯爵在圣彼得堡进行直接谈判。7月30日,他改变主意。8月1日,舍贝科告诉我,绍帕里伯爵最终在关键点上让步,向萨扎诺夫声明,奥地利同意就发给塞尔维亚函件中不符合后者政治独立的几点进行调解。但从这时起，俄德关系变得比俄奥关系紧张得多……舍贝科为保障和平，坚持斡旋到底。贝希托尔德伯爵与他一样，支持和解。舍贝科多次对我说，任何合理交易，他都愿意接受。

"很不幸，因德国和俄国发生直接冲突，在圣彼得堡和维也纳的谈话被迫中断。7月31日，德国分别向圣彼得堡和巴黎发出最后通牒，不给俄国和法国选择的余地。8月1日，德国向俄国宣战。8月3日，又向法国宣战。

"根据所有可能性分析，若延迟几天，欧洲本可以避免经受史上最严重的一场灾难。"

无论奥地利在最后的谈判中多么真诚，断交的所有责任都归咎于德国。威廉皇帝，要么是自发地，要么是向参谋部和一个不愿再等待的"组织"让步，有意筹备了这场战争，并宣战。

8月4日晚，德国、俄国、法国和比利时已卷入战争。奥地利除了与塞尔维亚开战，还未卷入欧洲大战。俄国也还未与奥地利断交。舍贝科奉命留在维也纳，直到奥匈政府确定向俄国宣战为止。

最终，奥匈政府下定决心。8月5日，它向驻圣彼得堡大使绍帕里伯爵发出如下电报，于8月6日转交给俄国外交部：

维也纳，1914年8月5日

我请阁下将此照会，交给圣彼得堡外交部部长。

具名人，奥匈帝国大使，遵照其政府的命令，很荣幸通知阁下，俄国外交部部长，如下事项：

鉴于俄国在奥匈帝国和塞尔维亚的冲突中所采取的威胁态度，而且根据柏林内阁的消息，面对奥匈—塞尔维亚冲突，俄国认为必须开始针对德国的敌对行动，因此两国处于战争状态。从这一刻起，奥匈帝国也自认为与俄国处于战争状态。

绍帕里

圣彼得堡，1914年7月24日/8月6日

指令补充道：

> 送交此照会后，请阁下要回护照。根据需要，可以留下几位有用的官员，其他所有大使馆人员都要与阁下立即离开俄国。同时，我们将把舍贝科的护照交还给他。

奥地利仍想兼顾英国和法国。

一方面，奥匈帝国大使塞琴伯爵执意以一个最虚伪的立场留在巴黎。他说，他在等待其政府的指示。另一方面，奥匈政府向其驻伦敦大使发去如下指令：

> 请您向爱德华·格雷爵士保证，无论如何，在没有事先正式宣战前，我们都不会开始针对英国的敌对行为。期望英国能采取一样的态度，在正式宣战前，不会采取任何敌对行为。

有必要结束这个模棱两可的、危险的局面。奥地利与德国联手，共同进行军事行动。

在变革后的维维亚尼内阁中，杜梅格（Doumergue）成为外交部部长。8月8日，他召见塞琴伯爵，告诉后者，据确凿消息，因斯布鲁克（Insbruck）的军队已被派往法国边境，问此事是否属实。奥匈政府回复："一切关于我军参与法德战争的消息，都是编造的。"奥地利到底有何企图？

8月10日，当奥地利大使将此回复交给法国外交部时，法国外长表示，无须强调这一事实，奥匈帝国军队与德国军队存在无法否认的联系，意味着奥地利向德国提供了军事援助。因此，杜梅因奉命要回护

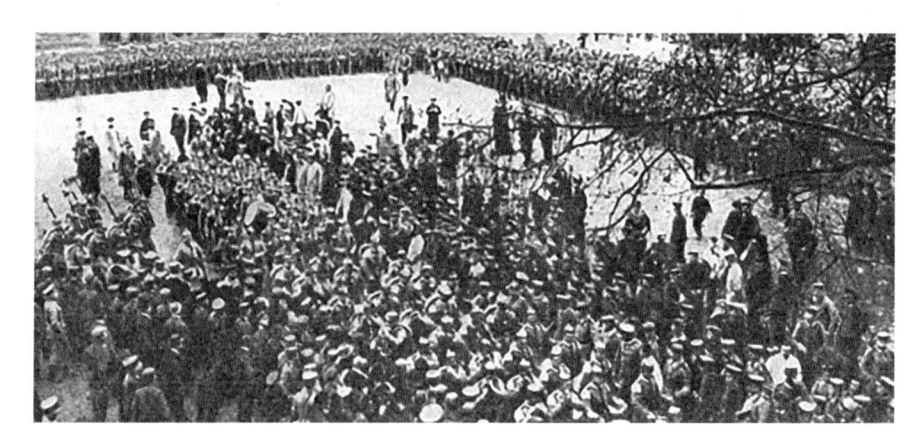

一个后备兵团出发前往柏林

俄国驻柏林大使馆

第五章　欧洲亮起红灯，宣战

8月4日的帝国议会会议

照，与所有大使馆人员离开维也纳。法国外长向奥地利大使表示，无须再留在巴黎，已经为他备好了火车。塞琴伯爵表示理解，并索要他的护照。（8月10日）

为了说明这项决定的原因，法国政府通过伦敦内阁，将这封电报发至维也纳：

鉴于法国政府不能直接联系贵政府，由我向您传递以下通知：

奥匈政府向塞尔维亚宣战，主动在欧洲挑起敌对行为，并在法兰西共和国政府未进行任何挑衅行为的情况下，与法国进入战争状态：

1.在德国接连向俄国和法国宣战后，奥匈政府向与法国共同战斗的俄国宣战，参与到这场德国与法俄两国的战争中。

2.根据大量可靠消息，奥地利已派军队前往德国边境，对法国造成直接威胁。

考虑到这些事实，法国政府认为必须向奥匈政府声明，将采取一切必要措施，应对这些行为与威胁。

1914年8月12日

伦敦

奥匈帝国与法国正式断交，自然与英国也随即断交。

爱德华·格雷爵士在同一封电报中，也确认了这点：

奥匈帝国因此与法国断交，大不列颠政府认为必须宣布，大不列颠与奥匈帝国将从午夜起，处于战争状态。

8月12日

8月13日，本生奉命向贝希托尔德伯爵执行政府指令。据大使说，奥匈部长"以一贯礼貌的态度"，接收了通知。"这些不愉快的纠纷，促使奥地利和英国这样的好朋友开战，他为此感到遗憾。我简短解释了，形势如何迫使我们卷入这场令人烦恼的战争中。我们双方，都避免罗列毫无益处的理由。"

这与在柏林的情况相比，反差强烈。大使与奥匈部长礼貌相待，于8月14日晚7点，乘坐驶向瑞士边境的专用火车。

德国急于推动侵略战争，造成了当前的外交局面。

8月22日，奥匈帝国向比利时宣战。8月15日，日本向德国政府发出最后通牒，后者没有回应，因此从8月23日中午开始，两国处于战争状态。从8月24日起，奥匈帝国与日本也处于战争状态。

德国和奥地利与六个国家的联盟对立：塞尔维亚、俄国、比利时、法国、英国和日本；其他主要当事国，尤其是荷兰、瑞士、斯堪的纳维亚国家、西班牙、意大利、罗马尼亚、保加利亚和希腊，保持中立。

第六章
舆论与战争

参战国中的舆论风向；各国领导人的声明；
议会会议；初次边境争端

对"世界政策"筹备工作所引发的一系列外交事件的研究，揭露了两大日耳曼帝国，尤其是德国，应为战争承担的责任。当俾斯麦使其继任者免于奥地利威胁世界和平的野心将带来的危险时，他的预见由此成为现实：两大帝国互相吸引，一个向往统治巴尔干半岛，一个渴望世界霸权。当斐迪南大公刺杀案提供了一个契机时，两国同时发力，旨在满足欲望，消灭独立国家的抵抗势力。

但是，民众在政府有意带领他们走向恐怖的人类屠宰场时，是怎么想的？又是怎么做的？

他们同意政府的做法吗？是帮凶吗？暴风雨来临时，他们的内心活动如何？在这些天里，当外交官的一系列外交动作，带来宣战这一不出所料又难以置信的后果时，公众是如何度过的？

德国的宣战

我们先来研究，如何看待德国的舆论。在外交阶段，德国权力机关巧妙地、有组织地引导了国内舆论。这些手段，足以将舆论引导至一个事先决定的方向，而且德国政府在军事公告中，也对此加以运用。政府有选择性地发布有利或不利的消息，以鼓舞或激怒民众，同时谨慎排除一切有可能警醒或启发民众的消息。帝国权力机构的参战决心，在对自身及他人始终如一的监督中，暴露无遗。

夏初，喜欢旅行的德国人急于度假。柏林、慕尼黑的富人扣上皮箱，忙于准备出行。这时，突然传来斐迪南大公被刺杀的消息。

他们打了个寒战，随即恢复冷静。官方的沉默安抚了民心。但在1914年7月24日，官方向新闻界发布了首个令人惊慌的通告。一贯温和、独立的《法兰克福报》（*Gazette de Francfort*），拉响警铃，宣布事态复杂，和平与否取决于俄国，而且"欧洲战争是不可避免的，它即将爆发，而非两到三年后爆发"。

在奥地利向塞尔维亚发出最后通牒的前一天，社会党的《前进报》（*Vorwaerts*）在7月23日的报道中，宣布战争即将来临。"……事实上，一场针对塞尔维亚的战争即将来临……奥匈政府很有可能想要战争，甚至，其好战精神可能是由柏林激发的。"

从表面上看，形势风平浪静。其实，奥匈帝国在等待塞尔维亚回复的同时，向预备役部队下达特殊指令，命其以演习名义出发。德国民众不太习惯应对复杂的国际纠纷，对不断横生枝节的巴尔干事务感到疲惫，不会轻易激动。

7月28日，《前进报》又写道："四个中立国：英国、法国、德国和意大利，承担起调解人的角色……如果奥地利不想付出一切代价发动战争，只想为未来获得保障与权利，那么，它不可能拒绝调解。调解将在奥地利、塞尔维亚和俄国之间进行。"

但消息灵通的官方报纸却有另一番论调：7月26日，《维也纳号外》（*Wiener Extrablatt*）和《新自由新闻报》报道："开战在即！"老百姓纷纷抗议。当天，在俄国大使馆前进行首次游行[①]。7月27日，柏林的储蓄银行遭到攻击。

巴伐利亚级战列舰

---

① 《日报》（*Tageblatt*）。

德国民众等待塞尔维亚的回复。从大型报纸上，他们仅获悉一些被大肆删节的分析，以及为奥匈帝国的侵略政策做辩护的评论。在柏林，"媒体执意仅以奥地利的角度进行报道"，几乎没多大意义。

宣战那天的圣彼得堡

从这时起，官方不再给公众审视自己、直面真相的机会。

7月28日，公众突然得知奥地利向塞尔维亚宣战，他们读到了弗朗茨·约瑟夫皇帝对其子民发表的声明。战争来临。

大多数人仍然相信战争可以"局部化"，在"第一滴血流出"时就会停止。

权力机构似乎认为在此时，有必要谨慎处理过渡，安抚民心。当外交官们进行了决定性会谈时（7月29日），官方媒体仅限于轻微控诉俄国："俄军在边境上的行动，引起了些许不安。但若由此推断战争不可避免，还是有些不妥……外交手段正努力使冲突局部化。"（7月29日的《法兰克福报》）"俄国最新官方通报中的友好论调，在柏林产生了巨大反响……"［7月29日的《北德报》（*Gazette de l'Allemagne du Nord*）］

社会党人依然毫无顾忌。《前进报》写道：

英国和俄国未能成功中断奥地利的敌对行为。奥地利拒绝暂停，它想先用武力说话……英国人认为，德国皇帝作为奥地利的盟友和顾问，可以决定和平与战争。他们说的有道理，因为从我们所处局势来看，此决定取决于威廉二世。但愿德国能劝阻奥地利，这是它的首要任务……

我认为，7月30日的《前进报》，对德国外交手段的评价，最为坚定、公道：

> 这些精明的、现实的政治家，怎么能一度忽略俄国和塞尔维亚关系紧密这一事实……
>
> 德奥两国政府应该明白，沙皇的俄国肯定不会完全放弃保护塞尔维亚。
>
> 当然，尽管俄国动员了，但迫于内政压力，以及受到决心爱好和平的法国政府影响，它一定会极度克制，做出最大让步。但它绝不会任由塞尔维亚受到奥地利讨伐。
>
> 奥地利庄严声明，它不考虑征服领土。俄国要求它同时保证塞尔维亚的政治独立。这就是问题的实质所在。
>
> 奥地利想强迫塞尔维亚接受侵犯其政治独立的条件，而不是简单获得保障，以防发生新的泛塞尔维亚主义动乱和袭击吗？
>
> 在这点上，奥地利必须给出明确答案。
>
> 如果我们未用公牛般的愚蠢来推动灾难性事件，那么很容易建立谅解的桥梁。
>
> 这次，所有国家都表现出准备进行光明正大的和解谈判。奥地利是否会不可理喻地昧着良心，对调解的建议充耳不闻？德国是否决心以世界大战为代价，顺着这位盟友的心意？

"公牛般的愚蠢"，还有比这更好的词能谴责泛日耳曼主义者和参谋部的荒唐吗？这个词为德国专有，从前如此，未来也将如此。

我们可以感受到德国民众产生了一股控制欲和一丝抵抗的迹象。从此刻开始，有必要刺激这股力量。因为就是这股被官方的伪善密切留意的力量，将在之后重新显现，为未来不太确定的和平，做初步准备工作。

因此，社会民主党组织了一场反对战争的公共集会运动。"7月28日星期二，一行人聚集在柏林菩提树大街，唱着《国际歌》（*Internationale*），高喊：'推翻战争！'这需要大量警力才能镇压住。他们遇到爱国的反示威势力，与之发生暴力冲突。"

面对逼近的危险，社会党国际局于7月29日在布鲁塞尔召开会议。

阿德勒（Adler）以奥地利社会党人的名义，表示在奥匈帝国，战争深得人心。

德国人哈泽（Haase）在一场公共会议上谈到"宣战的罪恶"，尽力与各国无产者达成一致。从他之后的举止中，可看出他的言论经过了授权。他说："昨天在柏林，成千上万的无产者抗议战争，高喊着：'和平万岁！推翻战争！'"

他有何企图？我们可以感受到德国社会党的变化：它不再如前一天那样指责德国政府，而是一味控诉奥地利。现在，它很可能想影响国外的革命政党，从而挑起外界纷争，自身却不被卷入其中。

饶勒斯非常爽直有力地回应哈泽。这是他最后一次大型的公开演讲。首先，他表明了法国社会党的决心：

> 我会告诉我的同胞们，以及在法国的社会党同僚们，当我在这儿听到对大革命的致意与欢呼时，我的心情是多么激动……

在强调了奥地利的作用后，他指责德国，并积极地维护法国政府公开的和平主义：

> 我们法国社会党人的职责很简单，无须将和平政策强加给我国政府，因为它已经实践了这一政策。我从未犹豫，一直

顽强直面沙文主义者的仇恨，同时，也会永远拉近法德关系。此时此刻，我有权表明，法国政府想要和平，且为维护和平而努力。可敬的英国政府主动提出和解方案，法国政府是它最好的、爱好和平的盟友。另外，法国政府也建议俄国保持谨慎与耐心。

《前进报》的想法已产生变化，抑或通过一些像哈泽这样的中间人，逐渐受到政府的影响。哈泽回避饶勒斯的这份声明，只愿把他看作"德国人民的朋友"。布鲁塞尔会议令不同国家的社会党，产生相互猜疑的印象。

不过，一位著名的德国社会党人——穆勒（Muller）揭示了内情。他是来自梅斯的议员，饶勒斯的朋友，德国社会党委员会成员。8月1日，穆勒乘汽车穿过比利时来到巴黎。在比利时人卡米耶·于斯曼（Camille Huysmans）陪同下，他与法国社会党团体见面。他用德语说，他有任务在身，请求法国同志与德国同志达成一致，建议双方在两国国防预算投票中弃权。

> ……德国社会党指导委员会代表，强烈坚持双方采取相同的行动方针。作为回应，一方面，在这点上达成一致是合乎要求；另一方面，只有在两国形势相同的情况下，才能采取相同的方针。纵使法国努力维护和平，若依旧遭到攻击，那么社会党人将不能拒绝通过国防预算。德国代表表示同意，并补充道，德国社会党不会为国防预算案投票。就个人而言，他认为单弃权还不够，重要的是投出反对票。（我们会看到他是怎么做的）之后收集到的特别详尽的消息表明，德国代表回到柏林，在帝国议会会议和团体讨论之前，对他的任务进行了汇报。

穆勒同志的奔走，似乎较为特殊。也许它的作用，只是启发法国社会党人。布鲁塞尔会议结束后，在被刺杀之前，饶勒斯受到社会党团体的委托，由勒诺代尔（Renaudel）和龙格（Longuet）陪同，回到维维亚尼身边。

文德尔（Wendel）在布鲁塞尔发表的声明，直接导致德国社会党和帝国政府联手。这份声明显示，"在8月4日的会议召开前，德国社会党人与一位政府成员秘密会晤，后者展示了一些文件，证实法国与比利时缔结协议，让法军能穿过比利时去进攻德国"。就是这个消息，使德国社会党无法拒绝通过军事预算。

以上所有信息足以证实，帝国政府通过对社会党领导人施压，引导德国舆论，并影响国外的社会党。在帝国议会会议召开的两三天前，哈泽同志会见了贝特曼·霍尔维格，并"上了首相的那条船"。因此，政权和社会党之间一直存在联系：历史应该抓住这条主线。

让我们回到对事件的叙述上。

7月28日，俄国在与奥地利接壤的"边境区域"进行动员，同时谨慎告知德国政府，没有任何侵略德国的企图。但是，德国报刊只报道俄国的军备行动，并未提及其和解手段与具体动员区域。

当人们还在局促不安、踌躇不定时，突然发生了一件不可思议的事，这很容易明白是德国军事党要的一些花招。7月30日，《本地新闻报》公布了德国陆军和海军的动员令。关于这点，儒勒·康邦写道："可以肯定，昨晚，在波茨坦会议上，皇帝与军事部门确定了动员令。由此说明，为何《本地新闻报》筹划了特别版，但是，在不同因素的影响下（英国声明保留其完全自由决策权，沙皇与威廉二世通过电报进行了沟通），一些既定的重要措施被暂停。"

这次，德国的公众舆论彻底恢复活力。但为时已晚，因为在24小时内，公众逐步获悉：①由于俄国开始了动员，弗朗茨·约瑟夫皇帝下令全面动员奥匈帝国军队（8月1日的《法兰克福报》）；②德国要求俄国立即取消动员，后者拒绝，因此两国进入战争状态；③俄国"对帝国发动了进攻"，战争开始（8月3日的《法兰克福报》）。

德国权力机构通过隐瞒一系列外交事件，引导公众爆发一致的爱国情绪：官方避免报道塞尔维亚对奥地利最后通牒的答复，俄国的和解提议和英国长久、善意的迟疑。不惜一切代价，证实帝国"遭受进攻"。对公众而言，这就是他们看到的事实。

在他们眼中，俄国要承担最大的责任。权力机构采取一切"预动员"措施，激起公众的爱国情绪，使公众对它充满感激与信任。

柏林对武力的狂热崇拜

7月31日星期五，下午2点45分，皇帝与皇后从波茨坦回到柏林。他们乘坐敞篷车，沿菩提树大街前行。皇帝身穿制服，由皇储、亨利（Henri）王子及其他皇室成员陪同。人们的欢呼声经久不息。皇帝庄严地向民众致意。皇储受到更加热烈的欢迎。

人群消散了一会儿，然后在近6点15分时，重新聚集，超过5万人在皇宫的窗檐下欢呼。皇帝现身，人们陷入疯狂。他开始讲话时，整个广场都安静下来，所有人都认真聆听。以下是其演讲内容的官方版本：

>对德国来说，这是昏暗的一天……我们被迫拿起武器……
>若在最后一刻，我们未能成功使敌人与我们和解，以维护和

平，那么我希望在上帝的庇佑下，我们能取胜，以便可以光荣地将刀收回刀鞘……虽然战争需要我们在福祉和生存上做出极大牺牲，但我们会向敌人证明，挑衅德国所要付出的代价……现在，我将你们交到上帝手中。去教堂吧，跪在上帝面前，祈祷他庇佑我们英勇的军队！

事实上，皇帝的即席发言比官方版本暴力得多，好像它并未被正式记录。根据一位听众马克拉科夫（Maklakoff）的证词，"被激怒的皇帝，怂恿其臣民随时随地，都要消灭所有俄国人"[1]。

经过官方媒体的前期酝酿以及皇帝的煽动，公众从此处于过分激动的状态，无法区分爱国情绪与血腥狂热。这是真正"条顿人的暴怒"景象。

德国媒体散播消息称，在法国和比利时正爆发动乱和起义，嘲笑那些为国防预算担忧的悲观主义者。8月1日，凯瑟尔（Kessel）将军接见了柏林媒体代表，指出战争所需的面包正在制作中。

权力机构接连举办大型军事和宗教典礼，唱着德国灵魂所需的华丽壮歌，举行阅兵式，在柏林大教堂进行庄严祷告，还征召德国妇女参军。最终，动员在全民狂热的氛围中进行，从斯图加特（Stuttgard）、新施特雷利茨（Neustrelitz）、科隆、德累斯顿（Dresden）和汉堡接连传来电报（8月2日）。

火车趟次减少，邮政服务受到管制，轻轨和公共汽车被征用，柏林股市关闭。柏林突然进入作战状态，随处可见身穿制服的军人，人们在俾斯麦雕像前，还举行过一次室外祷告。

---

[1] 见维兹瓦（T. de Wysewa）的《回顾两个世界》（*Revue des Deux Mondes*），1915年版，第33页。

社会党听取了建议，或者说收到命令，完成了转变。前一天，《前进报》还指责权力机构"公牛般的愚蠢"，但从8月2日起，它就表现出完全信任威廉皇帝的态度。一份对威廉皇帝和尼古拉皇帝之间电报来往的分析，把错全都归咎于后者及俄国政府。

"一个好战的奸党，是否会在俄国完成一项有害的事业？威廉皇帝的电报，是否会被沙皇删除？"问题不再只涉及泛日耳曼主义的荒唐。对《本地新闻报》的"错误"报道，《前进报》予以轻微批评，同时免除了皇帝的责任："我们已多次表明，问题本身并非困难所在。但是，某些缺乏责任心的下属及地方机构，过度热心地搞特殊政策，可能会蒙蔽政府和威廉二世，这是非常危险的。"

现在，只使公众对俄国产生反感还不够，还要引导他们讨厌法国和

威廉皇帝与他的主要将领

英国。截至目前，没人谈论过这两国爱好和平的想法；德国政府甚至吹嘘，在外交上与英国携手并进。那么，政府打算如何向公众解释突然反转的事实呢？又如何阐述针对比利时的可耻暴力行为呢？

法国一马当先。8月3日上午，《法兰克福报》公布了首封电报，内容如下：

> 柏林，8月2日，4点20分。
>
> 在雷佩（Reppe）的阿尔萨斯村庄附近，一支法国分遣队闯入德国边境。由此证明，法国与俄国一样，在未宣战的情况下，向我们发动了进攻。

接着，发布另一封总理公署官员已传阅过的、指责法国的电报：

> 科布伦茨（Coblentz），8月2日。
>
> 今天上午，80名身穿普鲁士制服的法国军官，在盖尔登西边的瓦尔贝克尝试穿过普鲁士边境，但未成功。

不过，瓦尔贝克不属于比利时边境，而属于荷兰边境！然后，接连发表电报称，法国空军在德国领空进行侦察，向火车站、铁路投放炸弹，等等。这些消息为德国向法国的宣战，提供了充足的理由。德国公众不需要了解更多信息。

至于英国，媒体运用的方法在于揭露英国很久之前就想要战争，但一直掩饰自己的意图，直到最后一刻，突然完全转变政治立场，"从背后攻击忙于同时抵抗两个进攻者、捍卫自己的德国"。

1915年2月25日《通信报》（Correspondant）上一篇杰出文章的匿名作者认为，其实，直到1914年7月27日开会那天，德国政府才最终下定决心，采纳已准备良久的、通过比利时入侵法国的计划。7月31日，一个法国人经过科隆时，发现在铁路岔道上，有51辆火车正在等待信号，准备出发。

皇帝在派兵穿越比利时前，肯定与其顾问就当时各国政府如何看待这次军事行动，进行了最后的探讨。军事党有力陈述、支持了自己的论点。贝特曼·霍尔维格和雅戈，觉得这样的一个决定可能会影响帝国的命运，于是与那些惦记着不要在历史面前承担重大责任的部长们，一致反对这项决定。作为外交官，他们的职责是强调挑衅英国的危险性，表明英国很有可能发出最后通牒。在这点上，德国驻伦敦大使的报告和英国驻柏林大使的声明，为他们提供了无法反驳的论据。皇帝和参谋部，可能确信英国面对这样的冲突，不会长久保持中立，也许认为不能因为不太确定的外交方面的理由，放弃一个肯定能成功的军事计划，所以不听劝告。齐默尔曼承认，"将军们占上风，盖过了外交官们的声音"。由此，通过比利时进攻法国的计划得到采纳。

德国内阁秘密确定了计划。但直到8月4日，德国公众都不知道英国内阁发来的勒令、德国发给比利时的最后通牒及比利时国王与民众的崇高态度。知道消息的人，要么噤声，要么屈服。人们相信，或想要相信，英国长久以来都在使用权谋，等着比利时发起传说中酝酿已久的侵略。那首表达德国从心底里仇恨英国的歌，就是这么来的：

我们不想遗漏任何仇恨；

我们就只有一个仇恨；

我们爱团结，我们也讨厌团结；

我们就只有一个敌人：英格兰！

德国民众就这样被引导了。他们绝对盲从，肯定会拥护8月4日的庄严会议。

在柏林和整个德国，战前紧张的48小时内，无数详细信息使公共生活

德国柯尼斯堡巡洋舰

变得更激动人心、令人紧张。8月3日，媒体散播传闻，称一些医生在法国军官的帮助下，往某些井里投毒；所有外国人都可疑，一些俄国人和法国人被安上间谍的罪名，遭到逮捕；有人追踪"装载金子"的汽车；关于在巴黎发生的事，流传着可怕的消息；华沙（Varsovie）的要塞爆炸了；塞尔维亚的亚历山大亲王是一场袭击的目标。

不过，德国依旧公然为战争进行准备工作。在田间，人们热火朝天地收割着粮食。妇女抛弃了鲜艳夺目的服装。在柏林，举办了1800场战争婚礼，尤其是普鲁士奥斯卡（Oscar）亲王与巴塞维茨（Bassewitz）女伯爵的婚礼。

而且，"神圣联盟"成立；在帝国各地，大量人员志愿入伍。8月16日的《喧声报》（*Kladderadatsch*）用两行字说明了民众的想法："动员的第一天，当人们相遇时，问的是：'你必须动身吗？'第二天问：'你动身吗？'第三天问：'你被授权动身了吗？'"

当一个民族被这样煽动，变得盲目，任由自己卷入最恶劣的暴力中，那还有什么值得惊讶的呢？商店遭到洗劫；从温泉疗养区返回的游客、病患，如动物一样，被成群关押、凌辱；信任德国人好客之道的老人，得不到丝毫尊重；甚至中立者和阿根廷驻巴黎大使的夫人，都受到了指责；被托付给德国家庭的孩童和这些家庭中的教师，被扔在大街上或遣返回国的车厢里，在那儿，他们是德国民众发泄无尽怒气的对象。在仇恨的旋涡中，还有多少可憎、痛苦的事实啊！这个自尊受到伤害的民族，只剩下仇恨。

激昂的仇恨最终导致了对法国、英国和俄国的大使们，以及俄国皇太后的暴力行为。

德国权力机构已彻底激起民众的情绪，再也控制不了。

8月3日，雅戈来到法国大使馆，向儒勒·康邦抱怨在德国边境上所谓的侵略行为。作为回应，儒勒·康邦罗列了可信度更高的相反事实。谈话冷淡而枯燥，双方都急于结束。儒勒·康邦表示想私下拜访首相，德国外长劝阻道："会晤不会起到任何作用，只会令人难受。"他们望向窗外，看到聚集在巴黎广场（Pariser Platz）上的人群。儒勒·康邦问道，人群何时会散去。雅戈给了一个搪塞的答复，然后离开。

傍晚6点，一位官员带来了大使的护照。大使希望从荷兰和比利时返回法国。对方表示，他只能从瑞士或丹麦返回，而且，指定的路线是从维也纳出发。很显然，这是尽可能多地延长他返程的时间。大使拒绝从维也纳出发。对方说，那么只能从丹麦走。大使说："我向朗沃特（Langworth）表示，我很想遵循命令，但我必须提出异议。"

大使向雅戈写道："我几乎被当成囚犯一样对待。"而大使馆职员被告知，不能去饭店用餐。

8月4日晚10点，大使与大使馆职员出发，行程持续24小时。大使写道："冯·莱茵巴登（Von Rheinbaden）少校与一位警官一路陪同我。

法国驻柏林大使馆

华沙维斯瓦河上的桥

他们关上了车厢窗户，拉上了窗帘。我们每个人都必须待在各自的分隔车室里，禁止起身及接触行李。在车厢过道上，每个车室一直开着的门前，都站着一个拿着手枪、扣着扳机的士兵。"

8月5日晚11点左右，列车抵达最后一个德国车站。那时，少校对大使说，如果不立即付清3611.75马克的旅费，将无法被送出丹麦边境。少校拒绝了大使开出的一张柏林银行的支票，所以在场的法国人，不得不用金币来凑齐这笔费用。

舍恩在巴黎的态度，一度可能挑起外交争端。但是，他与德国驻巴黎大使馆所有人员在返程途中，坐的是休息室车厢，得到的是最高礼遇，被一路护送出境。而且之后，德国权力机关甚至扣留、没收了这节车厢。

8月4日星期二上午，法国驻卢森堡大使阿尔芒·莫拉尔（Armand Mollard）被卢森堡首相埃申（Eyschen）告知，德国军事部门要求他离开卢森堡。自8月2日起，德军就已临时占领了卢森堡大公国。

莫拉尔只好服从，被撵送出境。

驻巴伐利亚大使阿力泽，在离开时也遭到粗暴对待。同样的情况也发生在大多数驻德意志联邦国的领事身上，法国驻斯图加特领事阿尔梅（Armez）的遭遇尤为典型。

英国代表们的遭遇如下：当媒体报道了英国与德国互相处于战争状态后，极度激动、混乱的人群嘈杂地聚集在英国大使馆前。警察忙不过来。大使馆人员只好关上门。人们向窗内投掷石头，落在了大使的厅内。大使不得不打电话通知雅戈。后者马上下达命令，然后亲自登门，连声道歉。他说："对同胞们的举止感到非常羞愧，不知用什么词语来表达歉意。"事实上，闹事人群觉得得到了政府的默许与支持。

8月5日，皇帝的一位副官拜访大使，负责传达以下口信："皇帝委托我向阁下表达，他对昨晚发生的事感到抱歉。不过从这件事中，您可以看到，他的臣民对大不列颠与其他国家联手对付其滑铁卢战役的老盟友所持的看法。皇帝陛下也请您转告国王，他曾为能拥有大不列颠大元帅的头衔感到自豪，但鉴于所发生的事，他认为现在必须马上放弃这个头衔。"

大使在报告中写道："我想补充一点，副官说话的方式，使口信未丢失一丁点儿原本的酸度。"

大使蒙受辛辣冒犯的消息，很快被人得知。从这时起，德国权力机关和民众感到满意。不堪忍受雅戈侮辱的大使，终于能从荷兰直接返回英国："我们未经受任何粗暴对待，也未经历法国和俄国大使所遭受的待遇。"

俄国大使与大使馆人员所遭受的待遇，最具侮辱性。在他们出发之时，一大群人聚集在大使馆门前和周围。尽管有骑警在场，人们依旧唾骂大使，差点儿就要动手了。一列汽车形成了一个护送队，人群挤在周围，好不容易才开出一条道。人群中有不少知识分子代表，他们围住俄国人，大声辱骂，对男人、女人和小孩，都一律朝他们脸上吐唾沫，用手杖和雨伞击打。俄国驻柏林大使馆前一等秘书克拉波维茨基（Chrapovitzki）内侍，被狠狠地打中了头部，鲜血直流；美裔贝洛塞尔卡（Belosselka）公主和利特克（Litke）女伯爵托特列边（Totleben）夫人，都遭到了打骂。他们不得不将孩子们藏在汽车深处，才能使其免受伤害。

俄国皇太后从英国出发，经过德国返回俄国。根据德国权力机关的命令，她被禁止继续行程。德国给出两个选择：要么去哥本哈根，要么返回伦敦。她只好让步，通过哥本哈根返回俄国。

8月4日的帝国议会会议

帝国议会的盛大会议，于1914年8月4日召开。首先进行的是特别会议，接着开始常规会议。皇帝慷慨陈词：

> 我召集德国人民的代表与会，这是决定命运的一刻……我向全世界证明，即使近年来，我们遇到了各方面的重大难题，但依旧能持续跻身一流国家，运用影响力避免欧洲人民经受一场大国间的战争。巴尔干纷争所带来的严重危害，似乎得以解除。但就在此时，我的朋友弗朗茨·斐迪南大公被刺杀，危险的深渊由此裂开。

> 我崇高的盟友，奥地利皇帝兼匈牙利国王弗朗茨·约瑟夫，被迫使用武力，以保障王国安全不受邻国危险阴谋的侵犯。可是，俄罗斯帝国阻碍了我们的盟友对自身最根本利益进行诉求。

> 作为奥匈帝国的盟友，我们有义务帮助它。而且，我们也肩负维护两国一致的文化和捍卫自己的国际地位不受敌对势力攻击的伟大任务。因此，我必须针对曾在多个战场上并肩战斗的邻国（俄国），动员我国兵力。对此，我感到痛心。

> 俄罗斯帝国政府出于民族主义的内在冲动，选择支持了一个煽动罪恶袭击、将为此次战争负责的国家。

> 法国与我们为敌，这一点儿都不令人感到意外。我们为了亲近法兰西共和国所做出的努力，因他们记恨过去的历史而屡次三番地受阻。

> 从你们收到的文件中，可以清楚地看到，我的政府尤其是我

的首相，直到最后一刻，都坚持努力避免发生极端的结果。我们被迫进行合理防卫，拔剑出鞘，亮出纯洁的良心和双手。

我号召德意志帝国各族人民，团结起来，与我们的盟友并肩作战，共同捍卫我们在工作与和平中缔造的成果。

我们的父辈坚定又忠诚，庄严而又有骑士风度，在上帝面前谦卑，在敌人面前骁勇。我们要以他们为榜样，虔诚地祈求上帝保佑我们成功！

先生们，如今，所有受其国王和领导人统治的德国人民，都把希望寄托在你们身上。

请下定决心，尽快达成一致。这就是我所热切希望的。

在演讲过程中，不时爆发热烈的掌声。皇帝接着补充道：

先生们，你们知道我在城堡阳台上对臣民所说的话。在此，我重申：我再也不区分党派，所有德国人都要一条心。为了向我证明，无论不幸或死亡，不分党派、阶级或宗教，你们全都决心支持我越过一切障碍，请各党派领导人走上前来，举手向我庄严宣誓。

会场内再次爆发掌声。除了没有参加典礼的社会民主党人，各党派领导人纷纷走向皇帝，后者依次与他们握手。

在首相宣布会议开始后，与会人员齐唱帝国国歌《万岁！胜利者的桂冠》。

俄军大元帅
尼古拉大公

唱完国歌后，皇帝离开会场，身后掌声雷动。

如我们看到的那样，皇帝运用了史诗的基调，像旧时城堡指挥官一样演讲。提及德意志和普鲁士的历史，多次谈到了上帝。他终于在自己的角色中，游刃有余。

在德意志最高领导人——皇帝，唱完战歌后，由贝特曼·霍尔维格首相负责陈述事实，为战斗事业辩护。

以下是他的讲话中最重要的片段，其中涉及含糊不清的引证、故意留下的漏洞和似是而非的论据。在这篇致辞中，首相精准描绘了他和德国人的灵魂。根本无须试图掩盖他所捍卫的政策的道德缺陷，因为他已将其显露无遗。这篇辩护词就是一份供词。

先生们，我们已将在这些急速发展的事件中所收集到的一系列文件，交与你们。让我来指出那些将对我们有所启发的事实。从奥匈帝国和塞尔维亚爆发冲突起，通过声明和行动，我们从未停止努力将争端局限在这两国之间。各国政府，尤其英国政府，都希望如此。只有俄国表示，它必须对冲突的解决办法进行干预。如此一来，冲突扩大化，引发了欧洲纠纷。

我们一收到俄国开始军事准备的消息，就立即以友好而坚定的方式告知圣彼得堡，我们会站在盟友奥匈帝国身边，反对一切针对它的军事准备工作。若俄国把矛头指向我们，那我们也将采取相同措施，进行动员。在动员与战争之间，只有一步之遥。俄国以最郑重的方式向我们表示，它想要和平，这些军事准备完全不是针对我们。

在此期间，英国尝试在维也纳和圣彼得堡之间进行斡旋，我们向它给予支持。

7月28日，皇帝向沙皇发电报，请他考虑奥匈帝国有权保护自身的安全不受塞尔维亚阴谋的威胁。

同时，皇帝提醒沙皇，针对萨拉热窝刺杀案，各国君主应维护共同的利益，希望后者能帮助他解决俄国和奥匈帝国之间的纠纷。

在收到皇帝的电报前，几乎在同一时间，沙皇也向他发来电报，恳求他的帮助，希望他能建议维也纳保持节制。皇帝同意担任中间人。但是，当他刚开始斡旋时，俄国就针对奥匈帝国动员了所有兵力。而奥匈帝国仅针对塞尔维亚动员，且只在北部远离俄国边境的地区动员了两个军。沙皇向皇帝求助前，就已决定进行总动员。鉴于以上因素，皇帝向沙皇表示，作为中间人，很难，甚至完全无法发挥作用。

尽管如此，我们继续在维也纳为俄国说情，但为了维护与奥匈帝国之间的盟友契约，我们只能以无法暴露的形式进行斡旋。

在此期间，俄国再次主动保证，它的军事准备工作完全不是针对我们。

7月31日，我们在维也纳的斡旋工作已经有了结果：在我们的恳求下，奥地利再次与俄国在维也纳进行直接谈判。决定权在维也纳手中。

但在维也纳表态前，我们得知，俄国也针对我们进行了总动员。

经过我们的多番提醒，俄国政府确切知道针对我们动员的后果，但它依然没有通知我们，也未提供任何合乎情理的解释。

只是在下午，沙皇发来电报，保证其军队不会对我们采取任何侵略态度。

然而，7月30日—31日的夜里，俄国已在我国边境上展开总动员。

因此，当我们接受俄国政府的恳求，在维也纳为其说情时，俄国的兵力却在我们的整个边境上动员；法国虽然还未动员，但据我们所知，它已积极开展了军事准备工作。

迄今为止，我们并未有意征召任何一个热爱欧洲和平的预备役军人。我们是否还应该保持耐心，等到那些包围我们的敌人发动突袭为止呢？

将德国置于这样的危险中，是罪过。因此，7月31日，我们勒令俄国取消动员，因为这是唯一能挽救欧洲和平的方法。此外，我国驻圣彼得堡大使奉命向俄国政府声明，若拒绝我们的提议，我们将与其进入战争状态。我国大使完成了这项任务。俄国如何回复的？直到今日，我们还不知道它的答案。

除了那封关于一些非常次要的消息的电报，我们未收到任何从圣彼得堡发来的有关此事的电报。

由于已超过规定时限很久，我们却仍未收到回复，因此，8月1日傍晚5点，皇帝认为有必要进行动员。

与此同时，我们需要知道法国的态度。我们问道，若俄国与德国开战，它是否会保持中立。它答道，这由它的利益决定。

这要么是搪塞的答复，要么是否定的答案。

尽管如此，皇帝依然下令，在任何情况下，都要尊重法国边境。这项命令以最严格的方式得到执行，除了一个特殊情况。与我们同时动员的法国表示，不会在边境10千米的范围内动员。

可是，实际上发生了什么？法军飞行员投掷了炸弹，一些骑兵巡逻队和步兵连队踏上了我国领土。法国在未宣战前，就已打破和平，真正进攻我们。

关于刚才说到的特殊情况，我刚收到了参谋长传达的这条消息：

"在关于法国政府抱怨我军侵犯了其领土，列举的众多事件中，只要记下一件事。尽管皇帝下达了命令，但本月2日，第14军的一支巡逻队，很可能在一位军官的带领下，闯入了法国边境。这支巡逻队也许遭到了歼灭，只有一人逃了回来。"

但是，在这一侵略领土事件发生以前，法国飞行员早就向我国铁路投掷了炸弹，法军早在施吕克特（Schlucht）山口向我军发起进攻。我军遵守军令，只限于进行防守。

这就是真相。

我们迫于无奈，而情出无奈，罪可赦免。因此，我国军队占领了卢森堡，也许已经踏上了比利时的领土。

这侵犯了以上两国的权利。其实，帝国政府确实向布鲁塞尔声明，若其对手遵守比利时的中立原则，那么它也会予以遵守。然而，我们知道法国打算进攻我国。法国可以等，我们不能等。若法国在我方侧翼下莱茵省（Bas-Rhin）发动进攻，这对我们而言将是致命的一击。因此，我们被迫无视卢森堡和比利时政府的抗议。一旦达到军事目的，我们将赔偿它们的损失。

在受到如此威胁的情况下，我们为最神圣的事业而战。只能考虑一件事，那就是不惜一切代价都要成功。

奥匈帝国与我们携手并进。

至于英国的态度，昨天爱德华·格雷爵士在下议院所做的声明，已阐述了英国政府的观点。我们向他保证，只要英国保持中立，我国海军将不会进攻法国北方海岸，也会尊重比利时的领土完整与政治独立。

此刻，我向全世界公开重申这项声明，并补充一点，只要英国保持中立，在互惠的情况下，我们将不对法国商船采取任何敌对行动。

我重申皇帝的一句话："德国是怀着纯洁的良心去战斗。"他的论点可概括为：

一方面，对于奥匈帝国和塞尔维亚的纷争，奥匈帝国只需考虑自己的利益，而德国只需顾及前者的想法，那么欧洲只需服从这两大帝国的决定即可。

另一方面，俄国想要战争。在德国能作用于奥地利前，俄国就已针对这两国进行动员。德国勒令俄国取消动员，"因为这是唯一能拯救欧洲和平的方法"，但是后者并未遵从，因此，前者被迫向后者宣战。

至于法国，过程就更简单了：法国闯入德国边境，虽然后者承认侵犯了前者边境，但依然声称受到前者进攻，并因此向其宣战。

那段关于破坏卢森堡和比利时中立原则的自白，将永远被人记住："我们迫于无奈，而情出无奈，罪可赦免。因此，我国军队占领了卢森堡，也许已经踏上了比利时的领土。这侵犯了以上两国的权利……在受到如此威胁的情况下，我们为最神圣的事业而战。只能考虑一件事，那就是不惜一切代价都要成功。"

关于英国，德国则假装不知其真实想法和谈判所带来的影响。它知道英国与比利时、法国同坐一条船，却不想承认这一事实。

在首相演讲时，议员们极度兴奋，会场内掌声不断，不时伴有热情的高呼声。他们为这个果断向全世界展示放肆、蛮横和恬不知耻的德国灵魂的人喝彩。

当狂热消散后，首相从容不迫地拒绝在历史面前低头。他的讲话和"持续了好几分钟雷鸣般的掌声"，是切实有官方记录的。沉浸在会议无可置疑的兴奋中的主犯和共犯，将永远受到谴责。

会议程序安排谨慎，确保除首相和肯普夫（Kaempf）主席外，无人发言。不过，还是保留了社会党的一位代表发言的机会。无论发生什么，会议都按此计划有序进行。

肯普夫主席以议会和国家的名义，进行了简短的演讲，赞同政府的论点，表达爱国的热情："我们被迫进行的这场战争，是防御战……帝国议会准备直面战争，投票通过有关法令，以确保战事安排及维护经济生活……民众从未像如今这样团结一心。甚至，曾经猛烈抨击战争的人，都赶来参军……"

这是向社会党示好。而且，这一切都是在幕后安排的。这场争霸战，需要民众自愿为其流血牺牲。

在8月3日星期一上午召开的会议上，社会党就已表态："对官方声称德国遭受侵略一事，议员们心中有数，知道政府在撒谎。穆勒汇报了他在布鲁塞尔和巴黎的工作，向议员们阐明事实。大家展开了激烈的辩论，各方强烈地捍卫自己的观点。最终，大多数人赞成来自美茵兹（Mayence）学者大卫（David）的提议，认为国家处于战争状态，不应再有党派之分，社会党必须毫无保留地与政府保持行动一致。"

哈泽属于社会党内少数派，曾支持在国防预算案的投票中弃权，但在考茨基（Kautsky）的坚决要求下，同意在议会会议上代表党派发言。此外，哈泽与首相有直接联系。他负责秘密筹划社会党的真正行动纲领，即遵循马克思主义传统，赞同发动征服战，支持向俄国和法国开战；让资本主义党派承担责任，无论有望取胜或面临失败，都会帮助它；但若它彻底失败，必须进行清算的话，则推翻它，并取而代之。

在哈泽的声明中，以上内容都有所体现。与首相的讲话相比，他的演讲没那么夸张，却更精明、稳重。历史会逐渐看到，社会党政治策略的成长与发展。

以下是社会党人声明的全文：

以我党的名义，我做出如下声明：

我们处于关键时刻。帝国主义政策导致各国不断进行军备竞赛，各国人民之间的冲突激化，为整个欧洲带来一场风暴。这项政策的决定者应为其负责，我们拒绝担责。

社会民主党倾尽全力，防止这个令人担忧的事态恶化。直到最后一刻，我们还在各国努力奔走，尤其与在法国的同志紧密达成一致，以确保和平的维系。但我们并未取得成效。现在，我们面临一个无情的现实——战争，且受到敌人侵略暴行的威胁。无须表示支持或反对战争，而应为必要的国防措施表态，还应为那些被牵扯到这场战斗中的成千上万的人民子弟兵考虑，因为他们将经受战争所带来的最大苦痛。

俄国的专制主义被其最优秀臣民的鲜血污染，我们的人民非常担心它取胜。

这场战争，旨在战胜俄国，捍卫我国的文明与独立。

因此，如我们常说的那样，在危急时刻，我们决不会抛下祖国。国际社会历来反对征服战，承认所有人在任何时候都有权捍卫自身的政治独立。

我们要求，一旦国家安全得到保障，敌人打算和解，就立即缔结条约，终止战争，使我们有可能与邻国人民交好。这不仅是出于我们一直捍卫的国际团结的名义,也是为德国人民的利益提出的要求。

我们希望,战争的残忍能令上百万人觉醒,从而使其追求社会主义理想,加入我们。

根据以上方针,我们同意通过国防预算案。

国防预算案在无法形容的热情氛围中,得到全票通过。很多社会党议员要求军队立即动身。其中一个议员,已让他的四个儿子和三个女婿,全部入伍。另外,会议已带上了一丝军事色彩。很多议员身穿军服,准备当天出发,与他们的部队会合。

这就是"全副武装的德国"。

奥匈帝国的公众舆论

蒂萨伯爵

尽管欧洲大战是由奥匈帝国直接引起的,但准确来说,它并非主导者。它只是点燃了战火,然后退回幕后。

然而,它仍然要为第一滴血负责。1914年7月23日,它与塞尔维亚断交。7月24日,在匈牙利议会上,部长会议主席蒂萨伯爵阐述了政府的想法。单凭这点,就可理解此次重大冲突主要涉及匈牙利,是帝国内外的斯拉夫人和马扎尔人之间的纠纷。蒂萨伯爵是主要责任人。

他在阐释奥匈帝国与塞尔维亚的断交事件时，表示"无须对奥匈政府所提出的要求说明理由，不过有必要解释为何到现在才决定与塞尔维亚断交。我可以说，我们的忍耐已到达极限。我们坚信匈牙利的根本利益决定了这项措施的执行，因此愿意承受一切后果"。

在他说完这些话时，会场爆发热烈掌声。安德雷西（Andrassy）伯爵以反对党的名义，保留批评的权利，

彼得夏宫

同时表示反对党将履行自己的一切职责，所有匈牙利人也将如此。

在维也纳，媒体热切支持战争，尽全力促使它无法避免地爆发。甚至社会党的《工人报》（*Arbeiter Zeitung*）都指出，各党派一致同意开战。此外，一期报纸因表达了一丝保留意见，遭到了查封。

在维也纳和布达佩斯，公众舆论的表现可概括为全城欢呼：在冲动的第一阶段，无人迟疑，无人思考，所有人都随大溜。当奥匈帝国与塞尔维亚断交的确切消息传来时，两千人聚集在电报总局前，高喊着"好哇！""打倒塞尔维亚！"在波希米亚和布拉格，可以感到公众有些许犹疑，却几乎不敢表现出来。报刊虽公布了官方文件，却仅限于补充，无法做出任何评论。

初步军事措施已得到落实：派兵守卫桥梁和铁路，严格审查电话和电报往来。

7月25日和26日，狂热的好战氛围蔓延至帝国各地。塞尔维亚大使约瓦诺维奇（Yovanovitch）收到了自己的护照。军队向波斯尼亚和黑塞哥维那前进，以进攻塞尔维亚。第3军占领了斯拉沃尼亚（Slavonie）。在贝尔格莱德对面的塞姆林（Semlin）城中，布满了奥匈士兵。在诺维萨德（Neusatz）有12艘炮艇下水。弗朗茨·约瑟夫临时留在伊舍。他收到一封来自教宗庇护十世的电报，恳求他"不要让衰老的双手沾满血迹"。

当《新自由新闻报》（*Nouvelle Presse Libre*）看到两大日耳曼帝国建立紧密联盟时，指出了这场危机的实质："如今，两大日耳曼帝国将各自的想法和信仰糅合在一起，两国上百万人患难与共，如同手足。他们将竭尽全力共同作战。"

德奥两国想在俄国与其他国家介入冲突前，就一锤定音。7月28日，奥匈帝国正式向塞尔维亚宣战：

> 1914年7月23日，奥匈帝国驻贝尔格莱德大使向塞尔维亚政府递交了一份函件，后者并未给出一个满意的答复。因此，奥匈帝国政府为捍卫自身权利与利益，必须诉诸武力。从此刻开始，奥匈帝国与塞尔维亚进入战争状态。
>
> 奥匈帝国外交部部长
贝希托尔德伯爵

7月28日，蒂萨伯爵再次在议会上发言，确认各族人民忠于皇帝兼国王，团结一致，并宣读了君主写的关于推迟匈牙利议会的亲笔信。议员们热烈支持外长所做的宣战声明。议长站起来，祈求上帝赐福于君主与祖国。

皇帝终于不再沉默。一个月前，他似乎倾向于和平；现在，这位悲惨的老人选择了战争。

我的臣民们：

在上帝赐予我的时光里，我很高兴能为和平事业做出贡献……但是，上帝决定给我们指明另一条路……塞尔维亚王国忘恩负义（这位"薄情的"君主只谈论他人的寡情，我们将在针对意大利的宣战声明中，看到相同的论调），从它独立开始，直到最近，都受到我的先辈和我所给予的保护与恩惠。但在几年前，它就已走上一条与奥匈帝国敌对的路……对我以及我王朝的恨意，越来越强烈、暴力（这是影射弗朗茨·斐迪南大公之死）。我的政府尝试最后一次用和平方式，使塞尔维亚改变政策，但徒劳无功……我必须通过武力，建立必要的保障，确保消除内忧外患……

在这庄严的时刻，我承担起上帝赋予的一切责任。通过对整体局势的研究，我将履行神圣职责，坚定地走上一条我认为正确的道路。我信任我的臣民和勇敢忠诚的奥匈军队，相信全能的上帝会将胜利赐予我的军队。

伊舍

7月28日

弗朗茨·约瑟夫并未听取基督神父的建议。同威廉皇帝一样，他也利用上帝，为自己所用。然而，上帝即将显灵！

7月29日上午，在贝尔格莱德打响了第一炮。塞尔维亚人炸毁了连接首都和塞姆林的大桥。在多瑙河两岸，奥塞两军进行了一场短暂的战斗，血流成河。

住在奥匈帝国的塞尔维亚人，不断遭受攻击。他们的店铺被洗劫一

一个塞尔维亚兵团出发

空；数千人被关入大牢；逃跑的人被手持带刺刀的枪的士兵押送，有时被链子拴着，沿街而行。

在贝尔格莱德，针对塞尔维亚人的仇恨也开始了。城市失去防护，遭到轰炸。在一封非正式函件中，奥地利人首次运用了一个借口："我们是朝那些躲在房子后面的战士发射炮弹。"此后，他们常用这个借口，包庇那些摧毁无防卫能力的城市的军事行动。

7月31日，在布达佩斯贴满了奥匈帝国占领贝尔格莱德的告示。7月30日，弗朗茨·约瑟夫皇帝回到维也纳，对前来迎接的市长说："我本以为在我这个年纪，不会再经历战争了！"皇帝得到全城民众的热烈欢迎。他们为三国同盟欢呼，奏响包括意大利在内的三国国歌。

奥匈军队在塞尔维亚的敌对行动，并未取得显著成效，占领贝尔格莱德的谎言被揭穿。奥匈军队似乎开始感到对手并不好对付。

另外，其他事件转移了人们的注意力。德国向俄国宣战，因此，这再也不是一场"局部"战争，而是欧洲大战。此时，奥地利似乎有过一丝迟疑与让步。它是否看到了裂开一半的危险深渊？

在此，我要引用一个了解局势的人的观点："也许，奥匈政府并未估计自身行为所带来的后果。从《黄皮书》中可以看出，在与塞尔维亚突然断交后，贝希托尔德伯爵甚至依然认为应该，至少表现出有这个打算，延长与俄国的谈判为俄奥两国和解保留最后机会。这时，德国为了消除一切和解的可能性，向圣彼得堡和巴黎分别发出勒令，即加速断交，而其盟友仍希望避免断交。

"奥地利依然犹疑不定，担心断交；依旧将其大使留在法国，同时将法国大使留在维也纳，并多次表明，未用任何一支奥匈部队去攻击法军。但是，它已与德国存在同谋关系，这样做只是徒劳。

"德国按照自己的意愿，引导了奥匈帝国。它发现，后者被自身对塞尔维亚的仇恨蒙蔽，只想在巴尔干危机中，找到羞辱、打压甚至消灭这个讨厌邻国的办法。"

我们很难清楚了解，在官方活动的喧嚣背后，各族人民的真实想法。不过，官方采取了各种措施，以防在民众中出现亲斯拉夫或亲意大利的想法。

一位熟知奥匈帝国的专家写道："至于北部的斯拉夫人，遭受围困，治安恐怖，大批人遭到逮捕，财产充公。这阻碍了奥匈政府及其敌对政府预计的断交进程。"[①]

奥匈政府在布拉格采取了最严酷的军事措施。在向俄国宣战前，就征召了后备部队。俄国动员的消息传来后，在布拉格街上举行了一场盛

---

① 见1914年8月6日的《时报》。

大的亲俄游行。政府将报纸暂时停刊，着手在所有前激进党代表和记者家中进行搜查。民族社会党领袖科洛发（Klofa）因被控叛国遭到逮捕、监禁；综合科技学校校长的夫人，因说出"但愿俄国人已经抵达布拉格"而遭到逮捕。

经过这样的前期准备，捷克的动员取得了出乎意料的成果：动员比例从曾经的60%上升至80%。但是，仍有许多捷克士兵内心怀着斯拉夫人的情感；在行军过程中，不止一个兵团预感到会有大批人潜逃，低声唱着颂歌《嘿！斯拉夫尼》（*Hei Slavani*），插入如下歌词："俄罗斯人与我们同在。谁与我们为敌，法国人会将他们一网打尽。"[1]

塞尔维亚的公众舆论

人们不太了解，在那段塞尔维亚独自抵抗奥匈帝国的短暂时间里，贝尔格莱德的情况。7月24日和25日，局势十分严重。勇敢的老百姓，拿自己的生命冒险。对当时的贝尔格莱德，一位目击者有如下感受：

在亲王向尼古拉皇帝求助后，贝尔格莱德正在等待俄国的答复。7月25日下午3点，在被奥匈帝国炮弹威胁的首都街头，有传闻说："俄国抛弃了我们。我们失败了！"人们绝望了！他们呐喊、抱怨、抗议。接着，一个最荒谬的故事传播开来："有人在王宫内造反。国王死了，亲王被打。"亲王出来了，手臂用绷带吊着。发生了什么？他与两位军官热烈交谈着，后者似乎不赞同他的观点。他回到王宫。可以预感到，军事党派与和平党派之间，将爆发一场激烈争执。刚过下午3

---

[1] 见1914年12月6日/8日的《日内瓦报》（*Jounal de Genève*）。

点，就贴出了动员令的布告。但谁又能知道呢？还剩3小时，还没有最后定论。

信使们向一个又一个公使团报信。人群聚集起来，从法国公使馆走到俄国公使馆。意大利深孚众望。人们喊着"将是意大利来拯救我们"！王室安排重兵守卫王宫。从俄国传来上千封电报给王室、部长和知名的政治家，主旨为："坚持下去！我们会支持你们，直到最后一个人倒下！"人们重新拥有了勇气。工作人员不再传递电报，而是将它们贴在城墙上。民众高喊着："打倒奥地利！让懦夫遭受不幸！"人们控诉亲王在奥匈帝国面前退却，这是对他说的。

反对党的领导人被召集开会。有人说，帕希奇收到一封来自圣彼得堡的电报："无论如何，你们都要动员！"他倒在扶手椅上，擦去额前的汗水。在奥地利人和德国人眼中，他都不属于军事党派。在几天前积极支持战争的亲王，现在似乎也想要和解。在这种心境下，帕希奇向圣彼得堡发送了一封电报，表达想与奥匈帝国和解的意愿。

傍晚5点30分，人们得知塞尔维亚对奥匈帝国的最后通牒提出异议。傍晚6点，贝尔格莱德的混乱程度到达顶峰。只有在通往塞姆林的路上，一片死寂。所有人都冲向火车站，大约有八分之一的居民离开贝尔格莱德。其他人留下来，面对敌人的轰炸和入侵。傍晚6点30分，在城中看不到一个军人。①

这并未阻碍奥地利和德国的非官方媒体表明，城门大开的贝尔格莱德遭到轰炸，以便驱散躲在那里的塞尔维亚军队。

星期六傍晚5点，塞尔维亚储君签署了动员法令，接管了政权。7月27日，国民议会在尼施召开。

---

① 见7月28日的《慕尼黑—奥格斯堡晚报》（*München-Augsburger Abendzeitung*）通讯栏。

从7月28日开始，贝尔格莱德遭到敌人炮火攻击。老塞尔维亚的总动员于28日结束；新塞尔维亚的总动员即将开始；亲王返回于斯屈布（Uskub）。

国民议会开幕，储君庄严致辞。在全场热情的氛围中，他声明塞尔维亚履行了自己的义务，指望得到俄国的支援。《科隆报》（*Gazette de Cologne*）和所有德国报刊，开启了谣言攻势。在一场奥塞两军的火炮战结束后，于7月30日宣布奥军占领了贝尔格莱德。"市长让城中居民离开，贝尔格莱德空无一人。"实际上，奥军仅限于在多瑙河和德维纳河（Dvina）上作战。一切登陆塞尔维亚领土的尝试都失败了。

黑山忠于与塞尔维亚的盟约。7月31日，黑山王国进行战争动员，在初步战斗中占据优势，夺取了群山之间的狭道。

贝尔格莱德的形势对留下来的民众来说非常恶劣。所有健壮男性都去参军了，剩下的是穷人、女人、老人和小孩。他们没有粮食、资源和通信，暴露在奥地利军队的炮击下。后者多次尝试过河，但并未成功。德国向俄国宣战的消息，终于为贝尔格莱德的民众带来希望。全面战争爆发，是塞尔维亚唯一得救的机会。

经过八天的战斗和多番尝试，没有一个奥地利士兵能踏上塞尔维亚的领土。从贝尔格莱德朝河对面望去，人们看到奥军离开阵地，很可能是被派往俄国边境。城市的电报和电话通信得以恢复。共有150名平民伤亡，但人们不必再担心受到侵袭。

黑山向奥匈帝国宣战。黑山和塞尔维亚这两个小国，坚定携手，准备并肩作战。

俄国的公众舆论

在俄国,战前准备阶段为1914年7月24日—8月8日,也是国家杜马的召开日期。

当奥匈帝国向塞尔维亚发出最后通牒的消息传到圣彼得堡时,公众舆论明白了形势的严峻程度。当天,普恩加莱和维维亚尼离开俄国。法俄两国进行了深入交流,巩固了两国的同盟关系。这是俄国媒体表达的首个看法。《新时代报》写道:"在关于普恩加莱访俄和奥匈—塞尔维亚冲突的官方公告中,俄国已做出回应。我们想要和平,却被迫卷入战争。面对任何威胁,俄国都不会偏离历史为它指明的道路。"

俄国穆斯林对着《古兰经》宣誓

《圣彼得堡邮报》补充道:"面对威胁,俄国唯一与自身相称的回应,就是在奥地利边境上进行战争动员。"

7月25日,奥匈帝国开启了针对塞尔维亚的战争状态;德国向俄国发出最后通牒,引发了欧洲大战。俄国外长在一封发给驻外代表的电报中,如此阐释8月2日的俄国局势:

> 从现在起,德国力求将断交的责任推到我们身上,这是一

个非常明显的事实。如果当奥地利拖延谈判、轰炸贝尔格莱德和着手总动员时，我们未采取所有防御措施，那么我们就要承担巨大责任。

皇帝陛下向德国皇帝口头承诺，只要与奥地利的谈判得以延续，将不会采取任何侵略行动。在俄国许下如此承诺，并证明了爱好和平的态度后，德国不能也无权怀疑我们所做的声明，即我们将愉快接受一切尊重塞尔维亚的尊严与独立的和平结局。而另一个与我国尊严完全不相容的结局，即德国称霸，肯定会动摇欧洲的平衡。冲突将覆盖欧洲，甚至全世界。这个问题，远比用来挑起冲突的借口严重得多。当各国在继续进行谈判时，德国却决定向我们宣战，它要承担重大责任。

萨扎诺夫

7月27日，俄国陷入惊慌，同时下定决心。沙皇主持召开了一场似乎是决定性的部长会议。有人肯定他最后会说道："对这种局势，我们忍受了7年半，已经受够了。"

从夜里直到第二天凌晨5点，战争部长都在皇宫里度过。沙皇决定提拔所有军事学校的学生。在红村剧院，当皇帝出现时，主要由身穿制服的军官组成的人群，大声欢呼并唱起国歌。一个重要的事实是，群众分享着激动的爱国之情。罢工神奇地结束了，工厂里的工人们毫无例外地重新开始工作。

报刊打出了令人不安的标题，如"战争前夕！""战争无法避免！"《新时代报》概括道：

只要德国皇帝开口，奥地利就会收回最后通牒……如果德国不是坚决要现在向法国和俄国开战，那么还有可能和平解决争端……因此，德国要承担一切责任。

在圣彼得堡的一家医院，沙皇与护士们合影

在奥地利边境上，限于12个军的局部动员已结束。它涵盖4个军事地区：敖德萨，由尼基金（Nikitine）将军领导的第7和第8军；莫斯科，由普勒韦（Plehve）将军领导的第5、13、17和25军以及一支精锐部队；基夫，由伊万诺夫（Ivanof）将军领导的第9、10、11、12和21军；喀山，由萨尔扎（Salza）将军领导的第16和24军。

在和平时期，这14支部队兵力为40万，加上30万预备役军人，总兵力为70万。一份半官方函件声明："这14支部队的动员，应被视作对奥地利向塞尔维亚宣战的回应，不多也不少。"

在德国旅居的俄国人，被召回俄国；存在德国银行的金子，被紧急转移至俄国银行。除了克索尼萨斯（Chersonèse）的灯塔，各港口、波罗的海海岸、黑海和塞瓦斯托波尔的灯塔和灯船都已熄灭。夜间，禁止船只进入任一港口。

斯拉夫运动逐渐壮大：在圣彼得堡和莫斯科，举行了盛大的爱国游行。不过，官方函件依旧保持和平论调，俄国政府在等德国说出那句决定性的话（7月29日）。

但德国没有说出那句话。贝尔格莱德遭到轰炸。德国进入战争状态；《本地新闻报》发布了总动员的消息。在这种情况下，俄国认为必须进行总动员。

沙皇政府的敕令征召：①23个辖区、71个区域和14个其他辖区的预备役军人；②9个区域和4个辖区的另一部分预备役军人；③12个俄国辖区和1个芬兰辖区的64个区域的海军预备役军人；④顿河（Don）、特雷克河（Térek）、阿斯特拉罕（Astrakan）、奥伦堡（Orenbourg）和乌拉尔（Oural）领地的哥萨克人；⑤对应数量的预备役军官、医生、兽医等。征用了马匹、车辆和套车。庞大的俄国已奋起。

7月31日，德国发出最后通牒，勒令俄国裁减军备，8月1日到期。战争开始了。7月31日，俄国非常沉着地完成了动员。

民众一直非常支持为神圣俄国和斯拉夫事业作战。在帝国各个城市进行的公共游行中，他们都能把控自己。这与焦急涌向储蓄银行的德国民众，形成了鲜明对比。在屈巴（Cubat）饭馆吃饭时，我与军官们闲聊。所有人都对他们进行的动员，表示赞赏。没有任何一人，掩饰对即将开始的战争的喜悦之情。他们可以感到日耳曼人克制住的恨意，但这股恨意马上就要喷涌而出。他们非常信任、喜爱、颂扬自己手上的士兵，为其感到骄傲！……而且，他们不断重复说："您知道，这次，我们卫兵一定是打头阵的。"①

---

① 见1914年9月10日的《邮报》中，一位匿名被动员入伍之人的日记：《俄国的公共意识》（*L'Esprit Public en Russie*）。

哥萨克士兵上火车

聚在柏林储蓄银行前的人群

军官们一致认为，与日俄战争时期相比，局势截然不同。

一位军官说："要么是德国吞并俄国，要么反之。长期以来，尤其是最近三年，我们越发感受到了这点……当然，胜者必定是俄国……有人对法国的准备工作表示担忧。那位与担忧者谈话的法国人回应道：'不用担心法国人。我们只希望，你们不会让我们独自作战太久。'俄国人答道：'您也不必担心。一旦条件允许，我们就将投入战斗。并且，只有当一切都尘埃落定时，才会结束作战。结尾至关重要。'"

这个庞大的帝国只能通过人间的圣像——沙皇来认识自己。民众的情感，需要通过一位帝国位高权重的人士来表达。他们在不认识这位人士的情况下，就对其推崇备至。

一位目击者描绘了以下场景：

下午4点。在冬宫，皇帝、皇后、大公爵夫人和所有皇室成员，被侍臣簇拥着，接受将军、军官、高级官员、大使以及所有来自贵族、资产阶级和平民的代表们的致意。在广场上，聚集了大量民众。他们中的许多人，从未见过皇帝。为了见他一眼，他们从四面八方赶来。从中午开始，就在烈日下脱帽等待。他们唱歌、祷告。广场上没有军队守卫，只有三四个卫兵站在宫殿门前，同往常一样。一位国家杜马的议员，身穿波雅尔骑兵制服，不时向众人发表讲话，人群以欢呼回应。

我坐在广场最靠里的地方，商务部的一扇窗户边，这是一位朋友特意为我预留的位置。宽阔的广场上，只见人头攒动、旗帜飞扬，成千上万的欢呼声，此起彼伏，令人震撼。广场深处的宫门一直关着。

下午4点30分。宫殿大门之上，三面通向大阳台的落地窗徐徐

俄国沙皇及其皇子的照片

大公爵夫人奥尔加、皇后、大公爵夫人塔蒂亚娜、俄国皇后
及其两个女儿身穿红十字会护士服

打开。在等待的时间里，我几乎可以切身感到众人长吁了一口气。

几分钟过去了，皇帝携皇后出现在左边的窗户前。

人们如暴风雨中的电闪雷鸣般，尽情欢呼、呐喊，却又立即停了下来，因为他们同时想到，也许皇帝即将致辞了吧？

他确实发表了演讲。他说了什么呢？我离他太远，听不到。但从他的手势和人群突然跪下的样子，我明白他正在以上帝的名义，降福于他的臣民。

不久，他转身离开。听到人群爆发出震耳欲聋的欢呼声，又回到窗前，非常平淡地向群众致意。由于人群的欢呼有着超出常人的狂热，和蔼可亲的大公爵夫人奥尔加也出现在阳台上。她身穿洁白的服饰，挥着手帕，一次又一次地向群众致意……人们极度兴奋。

最后，窗户关上了。人群逐渐散去。我遇到的人，眼中都闪着光。我听到他们郑重地说：

"我见到他了。""我就在他面前，他看着我。""你知道吗，他亲自给我们赐福！""那位身穿白衣的美丽女士，是他女儿……是的，我见到了他女儿……"

啊！沙皇可以要求所有民众为国牺牲了。他们见到了梦寐以求的皇帝，已得到恩赐。

这就是真实的俄国民众。

8月2日星期日

在喀山大教堂，不断进行着为沙皇和神圣俄国举办的祷告仪式，民众在广场上脱帽叩拜。人们组成了宗教仪式队伍，井然有序地走向各国大使馆。他们一同喊道："去法国大使馆！"这完美体现了法俄两国的紧

伊兹沃尔斯基（外交部部长）、弗里德里克兹男爵（皇室大臣）和沙皇在"标准"号皇家游艇上

密同盟关系。

不难想象这些事件所带来的影响：军事动员推动整个社会完全自发地在各个方面进行动员。广大民众认识到，必须互帮互助。这是一场民族之战，将持续很长时间。若想取胜，必须同心协力，付出一切。

俄国民众非常有组织纪律性；他们有传统组织，在某些地区，仍然存在村社组织（Mir）或父权社区；公社大会（Skhod）、乡（Volost）、地方自治机关（Zemstvos）和市，级别依次递进。规模最大的组织是"地方自治机关联盟"和"城市联盟"。此外，还有3.2万个互助组织，通常实行自治，与民众有直接联系。从宣战那刻开始，所有组织都为"共同利益"进行动员。

他们自发地一致决定：被征召入伍的男性未能完成的农活，由村社组织接手；由男人为贫困家庭和住在枞木屋的女人分发柴火；通过特别的募集方式，从公社其他成员手中收集小麦，免费发给最困难的家庭。

在地方自治机关大会上，选举出一个中央委员会，总体负责组织伤员和民众的救助工作。俄国宣战后，"城市联盟"大会也立即成立了中央委员会，与前者合作。

两者共同的观点："在战场上，为了从自负的普鲁士容克的铁拳下，拯救我国和欧洲的自由，战士们将英勇作战。在这里，我们也会努力抗争，防止劳动者的财产受损。全国各地，昔日分散的人们，开始明白自己的命运与邻居、村庄、省份、俄国、欧洲及全人类的命运，紧密联系在一起。"

那句使民众激情澎湃、勇于参军的口号，是"自由""解放者"，勇敢抵抗普鲁士容克的压迫。如何阐释这千万人内心深处的想法呢？

"在埃里温（Erivan）的一所高加索军队医院内，一位俄国士官卧病在床，他身边关押着来自巴格达的阿拉伯人……他写下了几行诗，格

高加索的哥萨克人在跳民族舞

式奇怪，立意平淡：

> 这就是阿勒山（Ararat）。它似乎在沉思：
>
> 可以认为，它在等待解救。

"是啊，一位来自俄国平原的士官，感到需要解救这座高1.6万英尺[1]、可怜的阿勒山。我将士官的梦想告诉了医院的一位医生，他评价道：'对啊，在我们士兵之中，解放的思想广为流传。'[2]

"高加索军队的一个士兵，认为有必要戒酒，说明取消售卖伏特加的理由：'一个醉汉，无法解放任何人！'"

取消售卖伏特加是最惊人的现象之一。这表明了在俄罗斯大家庭中，沙皇与臣民、父辈与子辈之间的凝聚力，以及他们为"抗击邪恶"所做的努力。这是在喜爱和领导他们的人的鼓励下，所做的忏悔。一位俄国政论家说："这场运动具有一丝神秘的、宗派的性质。"[3]

1914年1月31日，政府公布了一条沙皇敕令，命令地方行政部门主管官员，"重视国家关闭伏特加零售店的意愿……"1914年2月—7月，十分之一的国营伏特加零售店关闭。在宣战后，政府加速推动了关店进程。

一个月后，9月28日，俄罗斯守小斋的基督徒协会召开会议，协会主席宣读了一封沙皇的电报："我已决定，国家机关永远不能在俄国销售伏特加。"[4]

可以感到，俄国的物质、精神及政治构成，发生了些许变化。在战

---

[1] 1英尺=0.3048米。——编者注
[2] 罗斯科伊·斯洛沃（Rousskoïé Slovo），1915年1月。引自格雷戈里·亚力克星斯基（Grégoire Alexinsky）的《俄国与战争》（*La Russie et la Guerre*），第283页。
[3] 见《罗斯齐亚·札皮斯奇杂志》（*Revue Rousskiya Zapiski*），1914年11月刊，博里索夫（Borissow）的《冲突与内忧》（*Les Affaires et la Question Intérieure*）。
[4] 见格雷戈里·亚力克星斯基的《俄国与战争》，第152页。

争的压力下，某些原子产生位移。老旧的形式和过时的效力，力求跟上这种变化的节奏，推陈出新。

8月2日，官方公布了一份关于俄德战争的声明：

承蒙上帝恩赐，本人尼古拉二世，全俄罗斯帝国皇帝、波兰沙皇、芬兰大公，向所有忠心耿耿的臣民声明：

俄国遵循历史传统，凭借宗教信条和骨肉情义，与斯拉夫人民合二为一。我们长期以来，都非常重视他们的命运。最近，当奥匈帝国向塞尔维亚发出最后通牒时，俄罗斯人民重新燃起了对斯拉夫人民的手足之情。

奥地利轻视塞尔维亚政府所做的有和解意向的回应，并拒绝俄国善意的调解提议，急于采取武装进攻，轰炸毫无防卫能力的贝尔格莱德。

在这种情况下，我们被迫采取必要的防御措施，下令动员陆军和海军。同时，重视臣民的性命与福祉，竭尽全力落实和平谈判。

在谈判过程中，尽管我们希望与德国维持良好的友邻关系，也承诺所展开的军事准备工作并非针对它，但它作为奥地利的盟友，依旧无视我们的保证，要求我们取消动员。并在遭到我方拒绝后，立即向俄国宣战。

现在，这不仅涉及支持一个遭受无理冒犯的姊妹国，还关系到捍卫俄国的尊严、荣誉、领土完整及国际地位。我们坚信，为了保卫俄国领土，所有忠心的臣民都必须勇于牺牲，奋起反抗。

此时，严峻的考验来临，但愿我们能忘却内部纷争，沙皇与臣民的联系能越发紧密，全体俄罗斯人能团结一致，击退敌

圣彼得堡冬宫

人的无礼进攻!

我们相信全能的上帝,对美好的事业充满信心,祈祷上帝保佑神圣的俄国和我们骁勇的军队。

公元1914年7月20日(俄历),在我即位二十周年之际,发表于圣彼得堡。

尼古拉

国家杜马会议

8月8日,国家杜马和帝国议会召开了一次特殊会议。

上午,会议在宫殿内庄严开幕。10点30分,冬宫的尼古拉厅内已密密麻麻地挤满了人。在等待沙皇出场时，两个议会的成员热烈交谈，涉及帝国上下所有问题。五颜六色的宫廷侍臣服装、燕尾服、西服上装、农民的宽袖长外套和东正教神父的长袍，五花八门的着装，组成了一道别致的风景。在面朝涅瓦河的大阳台上，站满了人。远远望去，河畔上也人山人海。在喧闹声中，杜马主席身穿内侍制服，在厅内走了一圈，向各个议员致意。

上午10点50分，所有人都进入大厅。国家杜马代表站在左侧，帝国议会议员立于右侧，构成马蹄铁的形状。

站在议员前面的是帝国议会副主席戈鲁别夫（Goloubiev），他接任生了重病的主席阿基莫夫（Akimov）的职务。国家杜马主席罗江科（Rodzianko）则站在代表们的前面，两位助理普罗托波波夫（Protopopov）和瓦伦-瑟克雷（Varoun-Secret）站在他身侧两旁。

上午11点整，人群中传来一阵骚动，所有人都不说话了。门缓缓打开，朝臣弗里德里克兹男爵走在最前面，全俄罗斯皇帝身穿战袍，由随从陪同，从内宅走出来，所有人都向他鞠躬致敬。他也鞠躬回礼，然后向前走了几步，发表了以下讲话：

在全俄罗斯度过的这些难忘的、混乱的日子里，我向你们致敬。全国上下都表现出爱国和牺牲精神，这是伟大俄国将在这场战争中取胜的保证。

在这股爱国和牺牲的精神中，我得到无穷力量来支持我的军队，并沉着英勇地判断未来形势。我们不仅是为了捍卫我国的尊严和荣誉，而且是为拥有共同信仰的斯拉夫兄弟战斗。此时此刻，我很高兴看到斯拉夫兄弟与全体俄罗斯人民紧密团结在一起。

我肯定你们所有人，在各自的岗位上，都会帮助我经受这场考验。从我开始，我们将坚持履行自己的责任，直到最后一刻。

俄罗斯的上帝是伟大的！

帝国议会副主席戈鲁别夫和国家杜马主席罗江科，热烈响应了沙皇的号召。

国家杜马主席的讲话如下：

现在，政界响应陛下的号召，团结一致。国家杜马集合了俄国全体党派的力量，遵循一个指导思想。陛下，国家杜马委托我告诉您，您的臣民已做好准备，为祖国的荣誉和光荣而战。

所有与会人员齐唱国歌《天佑沙皇》（*Dieu protège le tzar*）。皇帝表达了感激之情，喊道："我发自内心真挚祝愿所有人都能成功！上帝与我们同在！"随后在胸前虔诚地画十字，其他人也随之照做。人们的情绪高涨至顶点。皇帝走近，与两位主席——握手，进行亲切交谈，然后离开。接着，众人高唱圣歌。

各党派自发地联合在一起，昔日的对手握手言和，所有人都保证忘却纷争，共同拯救祖国。这是将沙皇声明中那句"但愿我们能忘却内部纷争"的倡议付诸实践。

国家杜马会议定于下午3点开始。

下午3点整，在卡特琳娜厅，奏响了一首庄严的《感恩赞》（*Te Deum*）。阿纳托尔（Anatole）主教在神职人员代表的簇拥下，举行祭礼。当他宣读祷告词时，所有人都恭敬地跪着。礼毕，公众与代表们一起唱起了国歌。

主席按响电铃，很快将代表们召集至白厅。这个厅有不寻常的一面。公共旁听席上坐满了人。帝国议会的隔间坐不下这么多议员，只能让最重要的议员出席。外交部的隔间也没有空位，第一排坐着两个盟友国——英国和法国的大使,以及比利时大使;他们身后坐着塞尔维亚大使斯巴拉伊科维奇(Spalaïkovitch)和日本大使馆的代表们。以戈列梅金(Goremykine)为首的内阁成员坐在部长隔间,那里也快坐满了。

下午3点35分,罗江科及其两位助理走上主席台。会场顿时安静下来。所有人都站了起来,罗江科宣读了有关召开议会特殊会议的沙皇敕令。读毕,主席大声喊道:"皇帝万岁!"

尼古拉二世与伊兹沃尔斯基
在皇家游艇上

人群中爆发出排山倒海般的欢呼声,久久不息。主席的首位助理瓦伦-瑟克雷,宣读了皇帝针对德国宣战所发表的声明。人们全程站着听完。会议庄严有序地展开,在一定程度上体现了俄国无限复杂的一致性。

罗江科宣布会议开始,发表致辞:

国家杜马的各位成员!

在我们祖国经历的这个艰难时刻,皇帝想以俄罗斯沙皇与忠诚臣民联合的名义,召开国家杜马会议。国家杜马在今天的典礼上,响应了皇帝的号召。

我们沉着冷静地向侵略者表明:放下手!胆敢侵犯我们神

圣的俄国！虽然我们的人民善良，爱好和平，但当他们被迫拿起武器自卫时，会变得非常强大。你们看到了吗？你们曾以为不和与仇恨会引起国家分裂，但如今，当祖国面临灾难时，各族人民都凝聚在一起，成为亲兄弟。

俄罗斯英雄不会悲哀地认输，无论要经历什么考验，都将迎难而上。一旦击退敌人，无法分裂的祖国将在和平与幸福中，重新绽放它不可触犯的伟大光芒。

罗江科在致辞时，整个会场不时爆发热烈的掌声。自国家杜马成立以来，从未在塔夫利宫（Palais de Tauride）的白厅内，出现过如此团结一致、充满爱国情怀的狂热场景。当罗江科谈到俄罗斯军队时，全场人情绪高涨，高呼"军队万岁！"不少人激动落泪。

致辞结束，罗江科主席在台上指挥，代表们唱起了国歌。

各盟友国代表，反响热烈：首先是塞尔维亚、黑山的代表，接着是法国、英国、日本和比利时的代表。整个厅内，代表们、记者们和公众激动地鼓掌，掌声响彻云霄。

人们恢复平静后，部长会议主席戈列梅金，以政府的名义，宣读了一份声明。以下是声明的主要片段：

国家杜马的各位成员！

俄国并不想开战。政府尽职尽责地寻找和平解决冲突的办法，抱着一线希望，期待阻止一场腥风血雨的战争。即使我们爱好和平，但深刻意识到肩上重大责任的帝国政府，决不能在挑战面前退却。否则，将犯下一个致命错误，使我们在由他人引发的一系列事件中受辱。

战争已经打响。我们只需重申这句引起所有人共鸣的话：

"无论如何，我们都会将战争进行到底！"

这场战争的重要性，只有俄国历史上1812年的卫国战争能与之相比。

先生们，一个重要的任务落到了你们身上，那就是为民众表达看法、抒发情感。政府履行了自己的责任，并将坚持到底；现在，轮到你们了。在这庄严的、历史性的一刻，我以政府的名义，请所有人撇开党派之分，深刻落实皇帝的号召："但愿我们能忘却内部纷争！"也请大家携手，共同拥护伟大的"皇帝和俄国"！

在部长会议主席演讲的过程中，社会党和工党代表依次进入会场，坐在最左边的席位上。

部长会议主席结束致辞后，外交部部长萨扎诺夫走上主席台。所有杜马成员都站了起来，向他致以最热烈的欢呼。

随后萨扎诺夫针对外交事务，做了一个报告。主要片段如下：

……针对奥匈帝国的最后通牒，我们坚决主张，剔除一切损害塞尔维亚主权的条款，与奥地利达成双方都能接受的和解契约。

自始至终，我们并未隐瞒对德国的看法。若柏林内阁有心，它原本可以如它在巴尔干危机中所做的那样，强行制止其盟友——奥匈帝国。（人们喊着："说得对！说得对！"）

直到最近，德国都不断口头确认想劝说奥地利，但事实上，它驳回了一个又一个提议，拒绝我们提出的有力保证。

时间流逝，谈判却毫无进展。与此同时，奥地利激烈轰炸了贝尔格莱德。它的目的不言而喻，即拖延谈判，以便侮辱和消灭塞尔维亚。

在这种情况下，我们迫不得已采取防御措施。此外，奥地利已动员了一半兵力。而在我国皇帝下达动员令时，他向德国皇帝保证，只要有希望达成和解，俄国就不会诉诸武力。

德国并未理睬我们的保证，接连向我国以及我国盟友宣战。它完全失去自控，无视曾亲自签署保障比利时和卢森堡中立原则的条约，践踏这两国的权利。（所有人高喊："无耻！无耻！"）

……8月1日，德国向我们宣战。五天后，奥地利以我们干涉了奥匈—塞尔维亚冲突及开启了与德国的战争状态为由，下定决心，向我们宣战。

面对敌人的入侵，我们为祖国的荣誉和大国地位而战。（众人纷纷喊道："好样的！"）决不接受德国及其盟友的压迫。（响起排山倒海般的叫好声、掌声，所有人都情绪激动）我们的盟友也出于同样的动机，奋起反抗。我们并非追求虚无的荣耀，深知在抗争之路上，会遭遇严峻的考验。但是，当俄国处于历史上最悲惨的时刻，上帝并未抛弃它。现在，君主和臣民同仇敌忾，众志成城，上帝更加不会弃它于不顾。（掌声雷动，众人喊道："说得对！"）政府谦恭地相信上帝会保佑俄国，无比信任各位民选代表，坚信从你们身上，会映射出一个使敌人不得不肃然起敬的大国形象。

萨扎诺夫的演说结束，众人疯狂鼓掌，表示强烈赞同。欢呼声也感染了公众、记者和外国代表们，所有人纷纷起立，为外交部部长的精彩发言喝彩。

随后，财政部部长巴克（Bark）走上主席台，公布了一项提交给国家杜马的法案，允许国家银行不受金银储备制约，印发总共15亿卢布。其中，即刻可以满足战争之需的现金储备为5亿卢布。

国家杜马不仅需要投票通过货币流转方案，也需要表决通过额外财源预算。

伏特加价格上涨，间接降低了消费需求。

此外，政府提议对啤酒征税，每年将带来2亿卢布的财政收入。

而且，巴克就国家银行为支持建立信用，推动执行7月21日（俄历）所颁布的延期偿付法令所采取的措施，以及政府在奥地利向塞尔维亚发出最后通牒后所实施的处理办法，进行了汇报。

7月11日（俄历）上午，消息传到圣彼得堡（那时还不叫彼得格勒）。当晚，财政部官员赶去柏林，赎回了价值2000多万的证券。同时，政府下令将国库和国家银行存在柏林的款项，转移至俄国、英国和法国。（会场上爆发出叫好声和掌声）只留下当前付款所需的金额。

如此，当德国向我们宣战时，俄国不会有一分钱留在柏林。（叫好声和掌声此起彼伏）我们在柏林的存款大约1亿卢布，幸好所有证券和现金都已转移。

最后，巴克表达了对俄国资金实力的信心，宣布了政府为援助入伍士兵家属而采取的措施。众人的掌声久久不息。

下午4点30分，会议暂停。

下午5点35分，会议继续。罗江科宣读了皇帝针对奥地利宣战所发表的声明。与会人员站着听完。

众人欢呼、鼓掌，然后齐唱国歌。

接下来，上演了具有重大历史意义的一幕，它引导俄国各党派、各民族首次举办公共、官方游行。俄国人民首次在国家危机中发声。这一天所带来的结果，出乎世人预料：这是一个展现在光明中的世界。让我们一起来看，这些堪比古代戏剧"圣诗"的诗句。

克伦斯基（Kerenski）以"工党"名义发言：

> 我们坚信，团结了全国一切力量、伟大民主的俄国，将坚决抵抗敌人的入侵。我们相信，所有俄国民众将在战场上，在苦难中，体现博爱之心。一股团结的意志，将使俄国摆脱可怕的羁绊……所有想要俄国繁荣富强的农民和工人，面对严峻考验，勇敢锻炼你们的灵魂吧！拼尽全力，完成保卫祖国的使命。

豪斯托夫（Khaoustov）以社会党人的名义发言，充满德国人的理论色彩：

> 无产阶级是人民自由与利益的永恒保卫者，将一直捍卫人民的文明宝藏不受侵袭……不要依赖于外交官的斡旋，而是依靠人民自身的力量，促使敌人接受媾和条件。同时，我们深信这场战争，将使欧洲大众看清自身所经受的暴力与压迫的真正源头，也坚信今后不会再爆发野蛮的战争。

以下言论体现了社会党人"波罗的海德国人"的一面："我们不会满足于单纯靠投票通过提交上来的军事项目，而是以先辈为榜样，准备为俄国的统一和伟大牺牲自己的性命与福祉。"

谈到波兰人时，他说：

> 即使波兰人在领土上，与我们分离，但从血统上看，与我们合为一体，同属斯拉夫人。（所有杜马代表热烈鼓掌）但愿斯拉夫人能如波兰人和立陶宛人在5世纪前的格伦瓦尔德

圣彼得堡的冬宫广场和亚历山大纪念柱

部长会议主席，内政部部长
斯托雷平先生

（Grünwalden）战役中一样，重创条顿人。在这场自相残杀的战争暴行中，愿我们付出的鲜血，能将分散的三部分波兰人民，重新凝聚在一起。（反对党和十月党的代表们热烈鼓掌）

（尼古拉大公对波兰人发表的声明，还未公布）

有时，拉脱维亚人（Lettons）和爱沙尼亚人（Esthoniens）被指责亲德。其代表戈德曼（Godman）发表如下言论："在这历史性的一刻，我以拉脱维亚和爱沙尼亚代表的名义声明，我们会与俄罗斯人民携手，将这场神圣、正义的斗争进行到底。我们会顽强抵抗敌人的进攻；他们也许会夺去我们的性命，但自身也将死伤惨重。我们不会求饶，只会呐喊：'俄罗斯万岁！'"

立陶宛人说："我们曾摧毁条顿十字军团……对待这场战争，立陶宛人民将如同在圣战中一样，浴血奋战。"

犹太人说："过去和现在，我们的生活都非常艰难。不过，我们一直都自认为是俄国的后代。在这个面临考验的时刻，为响应君主的号召，我们俄罗斯犹太人，将置身于俄罗斯的旗帜下，团结一致，奋勇作战。犹太人民将一直履行自己的义务！"（所有杜马成员、坐在会场右侧的代表们和民族主义者热烈鼓掌）

自由党人（制宪顾问，民主主义者）说："无论我们如何看待政府内政，我们的首要职责是维护国家统一。所以，让我们将内部纷争放在一边……但愿我们的捍卫者不会后退，而是勇敢前进，走向胜利和更好的未来。"

"入了俄籍的德意志人"背弃了德国。民族主义者和坐在会场中间的代表们喊道："让我们共同发誓，牢牢记住自己的重大使命，拼尽全力战斗，直到消灭威胁真理、正义与和平的日耳曼好战势力为止。"

来自喀山的穆斯林说："请允许我代表喀山的鞑靼人（Tatar）、绰瓦克人（Tchowaque）和切列米斯人（Tchérémisse），声明所有穆斯林都将同俄罗斯人一样，反抗敌人的入侵。"

普罗托波波夫代表十月党人发言："此刻，所有俄国人无种族、地位之分，共同捍卫俄国领土，为这一神圣使命而战。全世界都看到我们同心同德，拧成一股绳。在上帝的保佑下，团结的我们必将取得胜利！"

代表尼古拉·马尔可夫（Nikolaï Markov）最后发言，提及整个俄国:"只有俄罗斯人民代表的发言,我们还未听到,这并不奇怪。当俄国处在战争中,无须向人民细数缘由。我刚才同你们说,在库尔斯克(Koursak),当军队出发去前线时,民众相随。没有人问:'为何要作战?'所有人都只是不断重复祈祷:'上帝啊,保佑我们胜利吧!'"

国家杜马主席罗江科进一步肯定了大会的意见,确定议程为:向军队致敬,以及鼓励全体俄国人民的爱国精神。所有人都起立,唱起俄国国歌。国家杜马未经辩论,一致投票通过政府提交的三项法律草案。

傍晚6点25分,会议宣告结束。

会后,代表们久未离去,进行了募捐、征募和私下交流。

官方的会议报告如下:"一些与会的高级官员,对所见所闻,并未掩饰其兴奋之情。会议上热情的欢呼、爱国与牺牲的宣言和国家杜马的团结,是他们津津乐道的话题。这天,很多误会得以消除。如今,有机会开启新生活。"

"有机会开启新生活",这是俄国谈到这场可怕的战争时,所抱有的希望。它的敌人是其扩张之路上的老对手,几个世纪以来,都竭力阻拦它通向欧洲的路。这是一场短兵相接的战斗,而且俄国并非唯一的参战国。

不过,它自身的缺陷会削弱其强大的战斗实力,因为敌人在其内部安插了可怕的寄生群体。自进入叶卡捷琳娜二世(Catherine Ⅱ)时期开始,俄国的历史就只是一部悠久的"战前史"。德国对斯拉夫势力穷追不舍。这将是一场规模巨大的战斗。两股力量互相对抗,一个为征服,一个为解放。

谁能想象,"解放"一词对俄国大众意味着什么。各省份、各阶层、各宗教和每个人,都有各自的理解。当然,对所有人而言,首要任务是挣脱德意志的桎梏。

多年以前，一个可靠的波兰人迪莫夫斯基（Dmovski）就表达了斯拉夫人民的看法与担忧："如今，对德国而言，整个欧洲，中部和东部，都是它筹划未来、发挥有力政治作用的区域。在这片土地上，德国飞速扩大了影响力，持续推动和平征服的进程……它的优势在于，德意志精神只引导民众追求物质享受，使他们不管到哪儿都心系故乡。一个旅居海外的德国人，并未与伟大的祖国断绝联系，毫不怀疑祖国将在未来占据统治地位。而且，德国人也肯定旅居海外的德裔是祖国的公民。"

在波兰和俄国，这种危险迅速扩大，以至于不止一个民族下定决心与德意志对抗。

我们看到，在杜马会议上，俄罗斯帝国各派别领导人依次起立，许下相同的誓言。只有依然被社会民主党和平主义者的幻想支配的极左派，还在与自身做斗争，其领导人在柏林，没有参与军事预算案的投票。社会党人犯下的这个错误，将会使人对它的行为产生非议，也许是导致两大党派犯错的首要原因。"解放啊解放"，人们要以你的名义犯下多少罪恶啊！

因为，为了击退最危险的敌人，挣脱德意志的束缚，需要团结统一和有组织纪律性的军队。沙皇同凯撒（César）一样，成为战争领导人。

不幸的是，皇帝的意志并未得以直接运用。在他与民众之间，横亘着官

里加大教堂

僚。官吏们固执地运用过时的方法和可疑的惯例，以至于树敌众多。需要担忧的是，内部纷争和行政机制的缺陷，会阻碍团结在领导人周围的斯拉夫家族发挥应有的作用。

他们是否意识到这场战争规模庞大？是否提前为已经动员的军队，准备好所需资源？是否了解俄国本土以及盟友国的兵力及财力？

人不是万能的，还需要有弹药和资金。也许这都由时间说了算，必须懂得如何留出时间。

德国富有经验，知道自己在做什么。在重型炮兵部队建成前，在俄国军工行业实现全面发展前，在波兰用刚从法国借来的资金建成战略铁路前，德国就已加快推动事件发展。

总之，柏林内阁并未忽略这些不利因素。1914年7月28日，比利时驻德国大使拜延男爵向自己的政府写道："德意志帝国政府和专门的军事供应商，都认为俄国没能力面对一场欧洲战争。他们之中最有权威的克虏伯·冯·伯伦（Krupp von Bohlen），向我的一位同事肯定：'俄国大炮的性能远未达到良好、完整的水平，而德军大炮则达到有史以来的最优水平。'他还说，若俄国在这种情况下向德国宣战，那简直是疯了。"[1]

经验丰富的德国政府抓住有利时机，对斯拉夫人发动决定性的进攻。

收到消息的俄国，虽已下定决心，但它准备好了吗？

英国的公众舆论

战前，英国的外交手段同往常一样，只表达观点，并未做实事。

---

[1] 见《灰皮书》，第2卷，第12篇。

一开始，英国从未认为自身会卷入"塞尔维亚纷争"。伦敦的这些重要人士是多么漠视那个远方的冲突啊！此处涉及的并非普通老百姓，他们甚至对此毫不知情。长期以来，英国公众被内忧扰得焦头烂额，无心关注国际纠纷。如果对一个英国人说起塞尔维亚，他必然谈到爱尔兰。

在贸易方面，英国与德国之间存在长期竞争关系，罗伯兹勋爵也发表了较为激动的声明……这是报纸杂志和老兵们经常谈论的话题。

激进派的外交手段避开了一切风险，懂得如何维系欧洲两大联盟体之间的平衡。

在发生严重危机的情况下，与两个联盟体的关系并不会使英国受到任何约束。爱德华·格雷爵士不断向保罗·康邦重申，而且8月3日，他仍在下议院上表明："三国协约并不代表建立同盟，它只是一个外交团体……除了外交层面的支持，我们从未在其他层面许下任何承诺。面对当前危机，直到昨天为止，我们仅承诺予以外交支持。"

法国确实友善，在发生阿加迪尔危机时，英国支持了它。但是俄国则完全不得人心，其主要党派——激进党，在冲突中，并未妥善处理公众和官方的反应。

至于德国，则固执地继续进行亲近英国的计划。1912年年初，由霍尔丹大人着手进行的谈判，差点儿促使英德两国达成协议，动摇三国协约。两国就辅助保险条约进行辩论。德国提议："若契约签订一方与一国或多国开战，那么另一方至少要采取善意的中立态度，并竭尽全力使冲突局部化。"

通过这段话，德国要求能够自由进攻法国和俄国，同时确保英国采取善意的中立态度。

爱德华·格雷爵士没有同意德国的要求。但是，为了使后者不对英国的意图产生怀疑，他声明："大不列颠不会无端进攻德国，也不会实施任何挑衅德国的政策。当前大不列颠参与的任一组合，都没有将袭击德国作为目标。而且，大不列颠也不会缔结任何一个旨在侵略德国的协约。"

有了这项声明，德国确保英国不会对它发起进攻，甚至可以保证三国协约的任何一方都不会对它采取侵略政策。

因此，德国高枕无忧，完全不用害怕秉持和平主义的英国。但它得寸进尺，想确保英国保持中立，以便在需要破坏比利时中立的情况下，牵制英国。

英国落入德国的陷阱。柏林内阁起草了另一项提议，概括为：

1.若德国被迫参战，英国至少要保持善意中立。

2.若上一条规定的中立义务，与契约签订方已签署的协议相悖，将不会予以实施。

3.若契约签订一方因另一方的挑衅而被迫宣战，那么双方要互相达成一致。

德国除提议英国保持中立外，也提出在一定时限内缔结同盟。英国并未取消谈判，而是提出一个新的反提案："鉴于两国都希望双方保持和平、友好关系，大不列颠声明，不会无端进攻德国或参与袭击德国的行动，同时避免采取任何挑衅德国的政策。"

德国表示，只有英国事先承诺"若德国被迫宣战，将保持善意中立"，才会同意基于英国的提议，进行讨论。它暴露了自身的侵略意图。因此，爱德华·格雷爵士放弃对话，谈判没有取得成功。此外，英国既然能与德国进行谈判，那说明它认为自身不受三国协约的约束。

激进党反对战争，尤其不支持与德国卷入战争。在各大报刊上，

沙皇与皇后参加完在克里姆林宫举行的宗教仪式

此观点得到确认。"莫利（Morley）、博尚（Beauchamp）、哈考特（Harcourt）、约翰·西姆森（John Simson）爵士、约翰·伯恩斯（John Burns）、查理·特里维廉（Charles Trevelyan）爵士和霍布豪斯（Hobhouse），下定决心，宁愿辞职，也不愿让步。只需阅读7月27日至8月3日上午的自由党与激进党的报刊，就能确认所有政府出版物，都一致反对向欧洲大陆派遣远征军。"

劳埃德·乔治（Lloyd George）、温斯顿·丘吉尔（Winston Churchill）和霍尔丹大人，并未公然宣称支持与德国亲近。他们在内阁中的地位，是爱好与捍卫和平人士的一个保障。

1912年11月末，了解巴尔干事务的斯蒂德（Steed），给英国一位具有影响力的人物写信，提醒他英国面临卷入一场欧洲冲突的危险。后者在回信中写道："大英帝国不能，也不应该仅仅为了捍卫自身的根本利益而战。如何让加拿大明白，我们不得不为了一个昔日不知其存在的、阿尔巴尼亚肮脏的村庄，参与到一场战争中？"①

从此，加拿大明白了这点。但是，英国政府特别是英国公众还未明白。

这就更加可以解释，为何德国和奥匈帝国费尽心思都要确保英国保持中立。这两大帝国政府，有可靠的理由相信自己能达到目的。

得到英国上流社会颇高评价的德国显贵——驻英国大使利赫诺夫斯基亲王、对金融界施加影响的参赞冯·库尔曼（Von Kühlmann）以及报纸杂志和商人（大部分是德裔）都认为可以保证英国保持中立。

战争前夕，参赞库尔曼通过一份支持德国利益的报纸，厚颜无耻地提醒公众，唯一适合英国的政策是单纯保持中立。8月2日，威廉皇帝通过他朋友巴兰（Ballin）的斡旋，将一份声明用电报发送给《泰晤士报》（Times）。在声明中，他申明自己爱好和平，有虔诚的宗教信仰，并将战争的一切责任都推给俄国。《泰晤士报》并未发表这份声明。不过其实，直至此日，这份声明符合当时英德双方的心态。

爱德华·格雷爵士的手段，在于与德国保持友好、密切的关系。他小心地审视自己，害怕走错路。

因此，为自身事业感到自豪的德国，可以确信英国会心照不宣地采取善意的中立态度。

报纸杂志、公众舆论和内阁都抱有这个幻想。不过，还是有一些人保持清醒。

《泰晤士报》是英语世界的权威报纸，尤其在外交事务上具有很大影响力。它逐渐表明对德国的积极态度。

---

① 参见斯蒂德发表在1915年6月1日的《巴黎期刊》（*Revue de Paris*）上的文章，和1914年8月25日《通信报》上的一篇匿名文章。

在兰斯多恩（Landsdowne）大人执政时期，保守党使英国倾向于亲近法国，并向内阁表示，它不完全赞成自由党人针对和平所持的乐观态度。然而在这方面，保守党本应马上表明看法，却依旧持保留意见。7月26日，《标准报》（Standard）提及奥地利发出的函件："塞尔维亚鼓动泛斯拉夫势力在奥匈帝国进行宣传，这不仅对后者产生威胁，还会导致冲突扩大化。英国对遭受塞尔维亚的斯拉夫执念威胁的国家，抱有同情。"

英国海军大臣
温斯顿·丘吉尔先生

在这一方面，有些人从一开始并未随大溜，而是像一位在病床前欠着身，仔细判断病人的病情后才表态的医生，持谨慎观望的态度。他们的功绩是多么伟大啊！

总理阿斯奎斯、外交部部长爱德华·格雷爵士、劳埃德·乔治和温斯顿·丘吉尔，运用敏锐的洞察力，厘清事件错综复杂的脉络。得益于英国外交部所呈交的清晰报告，他们一刻都未忽视全局，也未轻信德国所谓的冲突"局部化"。确实，他们在一步一步地往前走；同时保持谨慎，以防切断后路，一直都朝正确、必要、不可避免的方向前进。

通过外交文书，我们看到一开始的平衡策略是如何向行动政策过渡的。现在可以回顾一下，阿斯奎斯和爱德华·格雷爵士是如何通过灵活有力的干预来制造和引导舆论，又是如何在比利时中立原则受到破坏而引发的争端，使英国民众不安时，令舆论自主掉转风向。

整个过程可概括为：一开始，英国不表态不行动。很快，因德国对

朴次茅斯港

法国的态度,它产生不安的情绪。但是,若比利时的中立原则未遭到破坏,它也许会继续置身事外。在最后一刻,当德国暴露了侵略计划后,英国上下终于都下定了决心。

7月27日,爱德华·格雷爵士向下议院阐释局势的严重性,以及他对各国提出的和解提议:"时间过于仓促,我只好承担所有责任,提出这项提议,并未了解它是否会被顺利接受。"

7月28日,由于德国对一切旨在和解的外交行动,都提出异议,所以英国在海军方面采取了军事措施。目前,前线舰队可供海军司令部调遣;29艘装甲舰、4艘装甲巡洋舰和其他9艘巡洋舰,停靠在波特兰(Portland)港加煤。潜水艇舰队驶离朴次茅斯(Portsmouth)。新闻界承诺,不会就用于作战的舰队在北海的行动,发布任何消息。那日以后,支持英国进行干预的人就出名了。《帕尔默尔报》(*Pall Mall Gazette*)写道:"无论英国要付出什么代价,我们都决心与法国朋友携手同行。若法国进行战争动员,那么大不列颠将会同时着手动员。"

事态发展迅速。奥地利向塞尔维亚宣战。欧洲进入战争动员时期。

在英国内阁内部发生了什么?当然,它处于危机状态:7月29日,爱德华·格雷爵士未在下议院上出席;阿斯奎斯只是说"大不列颠政府在继续竭尽全力限制冲突范围",而且,由莫利大人负责公布政府的观点,这意味深长。当天,莫利大人表述了和平主义观点,包含些许幻想。

7月30日,英国内阁得知,德国向俄国发出最后通牒。由此,斡旋阶段结束,局部冲突扩大化,变成欧洲问题。

英国必须表态了。之前,冲突已经在一个特别敏感的方面,对英国民众和证券交易所产生影响。7月24日,奥匈帝国最后通牒的公布,在英国引起首轮恐慌。到了月末,情况变得更加严重。

欧洲任何风吹草动,都会影响到英国。后者本以为能藏在灌木丛里,躲避风暴,可未能如愿。

这是第一个警报。爱德华·格雷爵士仍未下定决心,他说的一句话流传开来:"和平与战争互相平衡……"

最终,公众突然发现自己正在思忖,英国是否应该立即介入远方的纷争。雷平顿(Repington)上校指出介入冲突的后果,写道:"如今,回看昔日的身份,我们也许会感到遗憾、懊恼。我们曾是独立的仲裁人;当小国遭到袭击时,我们能自主决定,对其施以援手。可惜时过境迁,我们失去了这样的身份。因为,我们自私地拒绝与其他'武装国家'一样行事,以至于卷入似乎不会带来任何益处却关系到我国安全的冲突中。而我国安全取决于大国之间的平衡。"

被视作代表执政党意见的《每日新闻》(*Daily News*),更有力地表达了对三国协约的敌意。7月31日,它写道:"若英国干预冲突,就是

为保护大不列颠和法国海岸而动员的军舰一览

犯罪。"

《泰晤士报》回应道:"德军穿过比利时,去攻打法国北部,很可能占领安特卫普、弗利辛恩(Flessingue),甚至敦刻尔克和加来。这些城市,有可能成为德国日后攻打英国的海军据点……即使假设德国海军不采取行动,德军占领比利时和法国北部后,也将对英国安全带来可怕的威胁。"

爱德华·格雷爵士注意到了这些舆论风向,尤其担心他人介入英国政治。他不敢表态,这影响了德国的决定,致使柏林内阁依然相信英国不会插手。"7月28日,从柏林发来的电报写道,最近报纸上刊登的文章,反映出人们极其确信英国会保持中立。毫无疑问,帝国政府指望英国中立,但它将必须转变原有的盘算。如同1911年所发生的那样,柏林内阁的希望,再次因收到错误情报的官员而落空。"[1]

---

[1] 见《第二本比利时灰皮书》(*2e Livre gris belge*),第14篇。

斯蒂德描述了此时此刻英国民众和政党的状态："长期以来，议会已不再对重大国际问题感兴趣……自由党人组成了内阁中最大的一股势力，外交部部长担心，若执行迎合自己党派的政策，会招致自由党人的反对……保守党害怕被指控为'战争党派'，有好战意图。"[①]

直到7月31日，一位年轻的保守党代表才去乡下找到其党派领导人，把他们带回伦敦。回到首都后，他们召开了一场会议，决定寄出那封具有历史性意义的信件。在信中，兰斯多恩大人和博纳·洛（Bonar Law）向政府领导人承诺，全力支持忠于法国和俄国的政策。以下是这封对舆论产生重大影响的信件的内容：

敬爱的阿斯奎斯：

兰斯多恩大人与我，认为有义务告知您，我们和全体同僚的观点是，在当前形势下，若继续犹豫是否支援法国和俄国，将对大英帝国的荣誉和安全带来致命后果。我们全力支持政府为捍卫英国的荣誉和安全而采取必要措施。

此致

敬礼！

安德鲁·博纳·洛

1914年8月2日

人们不顾这些警告，依旧漠不关心，经受着政界的党派纷争所引发的骚动。大街上，要么听到人们照搬报纸上的话："德国舰队对我们的霸权地位构成威胁……德意志军国主义真是可鄙！"要么看到伦敦某条街上某个公民尽情抒发情感："当花园里娇艳欲滴的玫瑰盛开时，我们又怎能想到，要为家园而战，遭受战争的暴行？""政府到底将我们带向了

---

① 见《巴黎期刊》，1915年版，第461页。

何方？它欺骗了我们……若战争突然来袭，国家和人民都没有准备好卷入其中……"

但在弗利特街（Fleet Street），气氛异常热闹。不知从何处来的昔日战争的幸存者和追求冒险的男人，眼中迸发着火焰，渴望参与一场举世无双的战争悲剧，亲自见证真正的"暴行"。当他们嗅到火药和血腥味时，资产阶级还在悠然自得，老调重弹："爱德华·格雷爵士会在一场国际会议上，搞定一切……德国在虚张声势……英国只需置身事外就行……不过，我们还是捍卫自己的荣誉，履行与法国许下的诺言……"整个城市陷入巨大的困惑中。①

随后三天，英国民众迷失了方向，怀疑自己，因危机来临而战栗。上至帝国领导人，下至搬运夫，都处于不安之中。他低声说："当时，我站在多佛尔港口的桥上，眺望身后的英国……也许战争就在今晚爆发吧……一个水手靠近：'上帝啊！'我低声问道：'您认为今晚会爆发战争吗？''极有可能。德国舰队不会等到宣战后才发动进攻。他们会像在亚瑟港（Port Arthur）那样，趁我们熟睡时偷袭。但他们不会成功。'"密密麻麻的军舰在昏暗的水面上形成倒影。"我们有足够的兵力，全都整装待发。同时召集了后备部队……民众还不明白，形势已迫在眉睫……很奇怪，不是吗？他们安然地睡着，当明早太阳升起时，也许就要身陷地狱。我完全知道战争意味着什么……"

此刻，德国正在运用一切手段，甚至不惜散布大量虚假消息，援助奥匈帝国在圣彼得堡最后背信弃义的行动，力求对"小英国人"的和平主义产生影响。塞尔维亚不得人心。激进的新闻界正如火如荼地进行一场极端运动，不断重申，英国为保护"凶手"、为俄国在欧洲建立霸权

---

① 见菲利普·吉布斯（Philip Gibbs）的《战争之魂》（*The Soul of the War*），第一章。

而开战，是完全令人无法接受的行为。

内阁不断召开会议，但所有人都知道其内部产生分歧。支持英国中立的人，胜过那些依然犹豫不决、倾向于采取强有力措施的部长。

8月1日星期六，当整个欧洲都处于动员状态时，阿斯奎斯总理在下议院说："鉴于当前形势，在星期一前，本人不回答任何问题。"此时，英国国王正在给法兰西共和国总统回信。英国人依旧想着"谨慎对待舆论"。

法国已遭到进攻，比利时也遭受威胁和入侵。而伦敦内阁仍在磋商，迟迟未做决定。

星期日和星期一，内阁在白金汉宫开会，国王出席了会议。阿斯奎斯和爱德华·格雷爵士熬夜工作。政府发布的唯一一份公文，使公众更加焦虑了："陛下的政府还未决定是否进行干预，也未确定何时介入刚刚爆发的欧洲大战。它依旧保留决定在三国协约中，所要承担职责的权利。"

伦敦内阁依然希望能够将行动限于保护北海和加来海峡的法国海岸。

同时，两大日耳曼帝国还未放弃希望，想要与英国达成协议，使其保持中立，从而获得一定保障。8月2日，比利时驻维也纳大使写道："在这里，公众舆论非常指望英国保持完全中立，报纸也不断刊登旨在强化这一观点的文章。我认为他们在这点上，抱有过多幻想。"

这样的精神状态，可以解释为何德国判断失误，并随之产生不可理解的仇恨情绪。伦敦内阁的犹疑，使全世界的命运悬而未定。

8月3日，英国的天平倾斜。德国破坏中立原则，入侵卢森堡，勒令比利时让德军通行。英国被德国直击心脏，终于醒悟。

英国舰队收到命令，在北海海口集结。民众在伦敦西区（West-End）举行了盛大游行，高唱《马赛曲》；在白金汉宫前为国王与王后热烈欢呼，后者在阳台上现身。民众唱着歌，欢送收到征召的法国预备役军人出征。舆论表明态度：英国必须忠于与法国的契约。查理·贝里斯福德（Charles Beresford）大人在《每日快报》上写道："大英帝国的荣誉和安全，取决于国会明天做出的决定。若我们打破挚诚协定，在这个艰难时刻抛弃法国，如此背信弃义，就是背叛那些满怀信任地接受我们道德契约的人们，放弃声誉，处于在危急关头背弃朋友的可耻之境，将被永远扣上'懦夫'的帽子，将为大英帝国招致前所未有的灾难。"

这些道德上的因素，深深触动着英国人的灵魂。一切其他理由都是次要的。这个新的安排，在帝国广袤的领土上引起无限反响。加拿大和新西兰的政府传来消息，表明自治领决心毫无保留地为宗主国提供协助。

下议院会议

那么英国政府是何态度呢？星期日和星期一的长久磋商结束后，内阁终于做出了决定。

8月3日星期一，爱德华·格雷爵士在下议院发表演说。他所做的这份声明具有重大的历史和国际意义，有必要在此引用全文：

……我可以绝对肯定地说，法国及其政府是全世界最不愿意卷入奥匈—塞尔维亚战争之中的国家及政府。它们之所以卷入其中，是因为需要履行法俄同盟所规定的义务。

但这一义务并不适用于我们。

我们并未加入法俄同盟，甚至不知其具体条款。

因此，在义务问题上，局势非常明了。在这种情况下，我们的立场如何？

长久以来，我们都与法国维持着友好关系。

犹记当年，上届政府与法国达成挚诚协定，解决了过去无休止的纠纷，使两国握手言和，我由衷感到欣慰。（会场响起掌声）

但这份友谊意味着英国要履行何种义务呢？这得交由议会决定。

当前，法国有一支舰队驻守地中海，但在北部和西部海岸却根本毫无防御能力。单凭在地中海的舰队，与往日所处形势不可同日而语。

爱德华·格雷爵士在下议院发表演说
（1914年8月3日）

对法国而言，与我国建立的紧密友好关系，使其有安全感，无须再忌惮我们。

我个人的看法是，若某国无故对法国开战，派舰队进入英吉利海峡，轰炸无防御能力的法国海岸，那么我们决不能坐视不理。（掌声雷动，经久不息）

面对将在我们眼皮底下发生的事，不能袖手旁观。我认为举国上下都是这么认为的。（掌声继续）

但我想要考虑有关英国利益的问题。我将从英国利益的角度出发，阐释我接下来的发言。

若此时我们不表态，那么只在地中海有兵力、在北部和西部海岸无防御能力的法国，该如何应对进入英吉利海峡的德国舰队？

不要忘了，我们所面临的是一场生死攸关的战争。

法国有权立即知晓（会场爆发热烈掌声）我们的态度……

我已向法国大使做出如下声明："我被授权向法国保证，若德国舰队进入英吉利海峡或穿过北海，袭击法国海岸或商船，英国舰队将毫无保留地为法国提供保护。"（掌声如潮）

当然，这个保证需要经过国会同意，而且不能迫使政府在上述情况发生前，就采取行动。

我的声明并不代表宣战，也不意味着我国要发起进攻，而是表明在必要的情况下，我国会采取措施。

在会议开始前几分钟，我才得知，若我们向德国政府承诺采取中立态度，那么它会同意不派遣舰队攻打法国北部海岸。但这个条件太过苛刻，需要认真审视。

此外，每时每刻，我们都有更加重要的事情需要斟酌。

接下来，我想谈谈比利时的中立原则问题。（响起掌声）关于比利时，我们处于何种局面，这由《1839公约》——这一主要因素决定。（随后，爱德华·格雷爵士阐述，在过去的一周内，政府都在忧心比利时的中立原则问题。他谈到，德国向比利时发出了最后通牒）

在我抵达议院前不久，我得知乔治国王收到了比利时国王发来的如下电报："犹记陛下和您的先辈们与比利时建立的友情、英国在1870年表达的善意，以及现在仍然对我们怀有的好感，我请求陛下的政府，进行外交干预，以捍卫比利时的中立地位。"（在他宣读电报时，不断响起掌声）

但在上周，我们已经进行了外交干预。现在，干预能起到什么作用？比利时的独立，对我们而言至关重要。若它不再独立，那么荷兰将随即沦陷。议院应该考虑，若在此危机下，我们不理不睬，那么英国的哪些利益将遭受威胁？（掌声响起）

你们无法想象，若一个大国面对这样的战争，仍然置身事外，在战后它将如何维护自身的利益。

如果关于比利时的消息得到证实，那么英国政府有义务竭尽全力，防止发生严重后果。

卷入战争或置身事外，所要遭受的损失都相差无几。无论有没有参战，外贸都会中止……若不参战，我根本不认为我们可以利用财力，避开或摆脱战争的苦果，或阻止整个西欧陷入某国的统治之下。不过我确信，我们的精神状况将更加糟糕。

我认为必须向议院声明，在派遣远征军这点上，我们未许

下任何承诺。海军动员已结束,陆军动员仍在继续。(反对党人士不断鼓掌)

此外,我们未许下任何承诺,是因为意识到在印度和帝国其他领地,我们承担着重大责任。在做出决定前,必须知晓我们的方向。

现在,我已告知议院当前形势。还剩下一个办法,可使我们远离冲突,即声明保持完全中立。但我们并不想这么做。(人们疯狂鼓掌)

刚才说到,我们需要考虑比利时的中立地位、地中海的局势,以及我们的不作为将给自身和法国带来的后果。若我们声明以上因素都不重要,不采取我所指出的行动方针,那么我们将失去荣誉和名声,也将无法避免最严重的经济损失。

也许我已经解释清楚,为何我们应该做好准备了……(掌声不断)我们准备好了……(重新响起掌声,持续了一分钟)我们已准备好面对自己所采取的态度将带来的一切后果,也准备好履行自己的职责。

爱德华·格雷爵士发言结束,会场掌声雷动。

晚上7点,会议暂停。会议重新开始后,爱德华·格雷爵士发表如下声明:

比利时驻伦敦公使团在议会延期后,向我传递了以下消息。下午发言时,我还未收到这些消息。

昨晚7点,德国向比利时发出一个照会,提议后者在其领土上保持友好中立原则,承诺后者在战后可以维持独立,并威胁若后者拒绝提议,将与之为敌。(人们喊着:"噢!噢!")德国勒令比利时在12小时内给出回复。

比利时回复道，危害其中立地位，是公然侵犯其权利的行为。若接受德国的提议，将牺牲国家荣誉。（响起掌声）比利时决心竭尽全力，反抗侵略。（掌声再次响起）

陛下的政府非常重视这个刚刚收到的消息。目前，我只能说这么多。

8月4日，阿斯奎斯在议院阐述了关于比利时中立原则的形势：……比利时已严词拒绝对其权利的公然侵犯行为。

英国政府不得不向德国抗议，要求它正式取消对比利时政府所发出的最后通牒，并承诺尊重比利时的中立原则。

我们要求德国立即回复。今早，我国驻布鲁塞尔公使团收到了德国对比利时拒绝接受其提议所做出的答复。德国决定运用武力，强行穿过比利时。同时，比利时外交部部长向我们发来一封电报，表示比利时领土遭到侵犯。随后传来的消息表明，德军继续在比利时领土上前行。

今早，德国大使也发来一封官方照会，保证即使与比利时发生武装冲突，德国也无意兼并后者。（会场响起嘲讽的笑声）

德国的声明应该是真诚的，因为它也向荷兰郑重承诺，不会吞并后者领土。

德国在照会中还向我们肯定，法军穿过比利时袭击德军，对德国而言，这是生死攸关的问题。

英国总理
阿斯奎斯先生

现在，我必须以大不列颠政府的名义，声明我们不满意德国的答复。（响起掌声）上周，我们再次要求德国政府在比利时中立问题上，如法国和比利时一样，做出相同的保证。

我们要求德国在午夜前，给出令人满意的答复。（响起热烈的掌声）

伦敦时间午夜，柏林时间晚上11点，爱德华·戈申爵士受其政府之命，来到威廉大街（Wihelmstrasse），要求收回他的护照，并声明英德两国进入战争状态。这一事实已正式向新闻界通报。第二天，《伦敦报》（London Gazette）公布了两件事：一是英国陆军收到了动员令；二是约翰·杰利科爵士（Sir John Jellicoe）被任命为海军舰队指挥官。

总理呈交了《蓝皮书》，此书首次陈述了英国的外交行动，谴责了德国为保证英国中立，向后者提出的阴险提议：

阿斯奎斯说，除有关法国和荷兰的问题以外，这是在比利时不知情的情况下，轻视我们应对比利时承担的义务，与帝国政府进行不正当交易。如果接受了德国的这些卑鄙提议，那么时至今日，面对比利时为恳求我们保障其中立地位而做出的感人呼吁，我们又该如何回应呢？那些可以不带情绪起伏地读完比利时国王对其臣民的发言的人，我为他们感到愧惜。

先生们，比利时人民正在浴血奋战。而如果我们听从了德国的提议，背叛朋友，背弃义务，那么现在将处于何种境地？以失去名誉为代价，我们可能会获得德国的承诺，但它是一个打破自己许下的承诺，并要求我们与其同流合污的国家。首先为了履行我们的国际义务，其次为了保卫弱小国家，我们不惜一战。

　　国家会明白，我们进行的是正义的事业。我请求议院投票通过1亿英镑的预算案，并同意为军队增加50万的兵力。

议院立即通过了预算案和增加兵力计划。这不仅是宣战，战争已经不可避免地开始了。

有必要让比利时大使，这个最有兴趣谨慎观察伦敦局势的人来阐释英国突转风向的缘由和条件：

　　公众终于感到不安，舆论风向以迅雷不及掩耳之势发生转变。人们意识到，在欧洲，一个弱小民族破釜沉舟，树立了光荣和正直的榜样。不顾一切代价都要拥护和平的人，遭受了打击。随后人们得知，敌人已越过边境，比利时人奋起抵抗德国的侵略。他们阅读了我们国王的演说稿，终于理解了局势的严重性。

宣读英国陆军和海军的动员令

所有英国人，乃至最极端的和平主义者，都扪心自问："一个光明磊落的民族树立了如此榜样，我们能抛弃他们吗？"他们还诉说了德国的暴行和我们在列日英勇的防御行为。这是决定性的。整个英国都想开战，不再满足于只进行海军支援，要求内阁派遣远征军。其实，政府预料到民众会提出这个要求，于是服从了。两位部长持不同意见，继而提出辞职，政府立即应允。基奇纳（Kitchener）大人被任命为战争部部长，政府发布了动员令。

如今，英国极度钦佩比利时。在军事俱乐部，人们为骁勇的比利时人碰杯，各个报刊大力颂扬我们国家。大量祝贺的信件、电报源源不断地涌来。若国王到访，人们会在伦敦的大街小巷热烈欢迎他……

拉兰伯爵（S. Comte de Lalaing）

如比利时大使信中所说，阻碍内阁行动的那场危机，因两位主要成员辞职而得以解除。枢密院主席莫利大人和地方政府委员会主席约翰·伯恩斯递交了辞呈，博尚大人和朗西曼（Runciman）大人分别接替了两人的职务。内阁改组后，基奇纳大人以战争部部长的身份，进入内阁。

广大民众欣喜若狂地接受了宣战的消息，拥向街道。所有人都意识到事件重大。在伦敦西区的贵族街区，举行了爱国游行；男男女女举着横幅，头顶旗帜，唱着爱国歌曲，走遍大街小巷。

整个民族与其政府站在一起。

在这个决定性的一周，英国行事缓慢、谨慎。甚至8月3日，爱德华·格雷爵士在声明中，依旧未将那句最重要的话说出口。他将这份谨慎解释为，英国要为印度和整个帝国领地承担重大责任。

英国有众多理由，保持"完全中立"。但还有更重要的因素，促使

英国海军预备役军人出发

英国战舰

政府和民众进行干预。而他们的主要不足之处在于，没有未雨绸缪。

进行干预，是藏在他们的踌躇之中的最高事业。

长久以来，他人不断对英国说，签署协定不代表建立联盟，（在欧洲事务上）联盟包含军队。英国充耳不闻。当它模糊地感到德国的军事准备行动主要是针对自己时，仍在商讨协定的意义。

针对德国所说"我们的未来在海上"，它并不想停留在对这句话的思考上。如今，它明白海上霸权取决于陆上实力，以及德国舰队将从安特卫普和加来对其舰队发动袭击。爱德华·格雷爵士以为能通过不断说"我们是自由的"，来照顾国会和国家的情绪。但是同时，他也不得不阐释这份自由的实质："我们需要考虑比利时的中立地位、地中海的局势，以及我们的不作为将给自身和法国带来的后果。若我们声明以上因素都不重要，不采取我所指出的行动方针，那么我们将失去荣誉和名声，也将无法避免最严重的经济损失……"

确实，政府的手段可分为两部分：防患未然和下定决心。

英国及时重整旗鼓。幸好，在领导层中，有些人遵循了这一伟大国家的古老英雄传统，足够正直、崇高。当英国将因在错误的道路上执迷不悟而永远受损、失去名誉时，他们不再犹豫，果断履行那个压得英国喘不过气来的、至高无上的义务。

德国通过威胁法国和比利时，挑战英国。阿斯奎斯及其同僚予以回击。对此，他们感到自豪、解脱和前所未有的光荣。德国还在最后一刻，试图令英国保持中立，损害其利益及名誉，而英国政府挫败了这个可耻的阴谋。

第七章
面对战争的法国

战争前夜；公众舆论与战争；饶勒斯被暗杀；
全面动员；8月4日的会议；全民一致

在这场涉及生命和利益的危机中，每个民族都会显露出各自的脾气秉性、为人处世的方法和思维方式：德国既鲁莽又狡猾，不顾一切扫除障碍；俄国出于神秘、顺从的天性，接受命运；英国重新致力于推动每位公民自主意识的发展，一旦下定决心，他们的信念就不可动摇；而法国则表现出自我治理的独特才干，实行中央集权制，习惯于国民合作。如果有需要，它可以罢免领导人，自主制定等级和章程。

从这个角度看，危机发生之初，的确具有象征性意义。法国被置于史上最严重的危机中，巴黎基本处于无政府状态。议会成员在度假；共和国总统与部长会议主席正在海上航行，于前夜从喀琅施塔得出发去往瑞

法兰西共和国总统
雷蒙·普恩加莱

战争部部长
梅西米先生

典,继而前往挪威和丹麦;内阁临时领导人由代理外交部部长比恩维纽·马丁担任。

德国大使和奥匈帝国大使相继拜访了比恩维纽·马丁。随即,后者召集同僚,于7月25日傍晚6点30分在奥赛堤岸召开内阁会议。与会部长:马尔维、努朗、梅西米、勒内·雷努(René Renoult)和卡斯顿·汤姆森(Gaston Thomson);副部长:阿贝尔·费里(Abel Ferry)、洛雷恩(Lauraine)和达利米耶(Dalimier)。未能联系上莫里斯·雷诺(Maurice Raynaud)、费尔南·大卫(Fernand David)、库伊巴(Couyba)和雅基耶(Jacquier)。

会议结束后,战争部部长梅西米继而与军队长官们召开了会议。政府向各省长和高级官员下令,命其坚守岗位。

身在斯德哥尔摩的共和国总统与部长会议主席,通过电报收到了关于这一动人心弦的日子的报告。维维亚尼表示,他将缩减行程,以尽早重拾他在奥赛堤岸的领导工作。

公众不再停留在新闻界和官方为其打造的和平主义幻想之上，立即明确意识到肩负民族责任，不再耽搁时间讨论危机起源问题，只需知晓塞尔维亚冲突引发欧洲问题即可。广大人民在精神上已形成统一，想法不谋而合，准备好承担重大责任。四十五年来，德国一直想恶化法国的生活环境，如今，它想将这种不幸强加到全世界人民身上。不过，这些年来法国人民的沉默并非毫无意义。

德国只在巴黎实施了威胁手段，这令人吃惊。它欲将法国"挟持为人质"，但法国不会令它如愿。在谈判结果还未出来前，一部分报纸杂志就已毫不犹豫地表态。

《巴黎回声报》（*L'Écho de Paris*）通过《德国的威胁》（*La Menace Allemande*）一文，陈述了舍恩大使的解释。他来到奥赛堤岸，申明德国的诚意和善良的意图。但看问题极为简单的法国公众，要的是事实，而非花言巧语。

法国人只下了一个决心：若需要向前，那就行动。他们也只担忧一件事：英国会怎么做？若英国不干预，那么面对德国舰队的进攻，北海海岸将毫无防御能力。虽然亨伯特（Humbert）的警告使人们对军备形势产生些许怀疑，但总的来说，人们还是有信心的。

7月28日上午，一份公函宣布：共和国总统中断了访问，决定立即返回法国。29日星期三，他与维维亚尼将从敦刻尔克上岸。总统因未能拜访丹麦和挪威的两位国王而向其致歉："我国形势非常严峻，迫使我直接回国。表达公众舆论的部长会议也非常需要我。未能到访，我对此深感抱歉……"

在敦刻尔克，人们为欢迎总统回国，准备了盛大的宴会，但未能举行。

7月29日上午，一场部长会议在比恩维纽·马丁的主持下召开，普恩

聚在巴黎储蓄银行前的人群

加莱于下午1点30分才抵达会场。会后,比恩维纽·马丁接见了俄国大使伊兹沃尔斯基。

7月30日的《巴黎回声报》公布了一份公函,表示政府于当日做出了重大决策:

> 我得知,29日上午的部长会议结束后,政府成员、部长和副部长,在政府面对当前危机的态度,尤其是在"法国会忠于它所缔结的联盟和所建立的友谊"上,完全赞同普恩加莱和维维亚尼的决策。而这两位当时还未抵达法国的领导人,针对比恩维纽·马丁以代理名义领导的政府所主动采取的一切措施,也给予了充分肯定。

战争部不断召开军事会议。在土伦(Toulon),布艾·德·拉佩雷尔(Boué de Lapeyrère)元帅在"库尔贝"号(Courbet)战舰上主持召开上将之间的会议（很可能是为了准备将阿尔及利亚第19军调回本国）。

从南锡（Nancy）传来消息称，因演习而四处分散的第20军，已重新集结扎营；正在休假的军官们被召回；车站和铁路，已做好动员部署。政府下达通函，号召年轻士兵和预备役军人整装待发，呼吁每个法国人武装起来。

在巴黎和外省，人们都冲向储蓄银行。自7月24日起，受第一股恐慌之风影响而产生动荡的股市，一直萎靡不振。虽然优惠不断，却无买家入手。人们开始意识到，局势因一个蓄谋已久的阴谋而逐渐恶化。一个叫罗森贝赫（O.A. Rosenberg）的男爵，在多年以来的不同情况下，都代表着巴黎股市的典型德国投机分子。他遭到人们的嘲骂和嘘声，在警察的保护下才得以离开。

晚上，《工团战斗报》（*Bataille Syndicaliste*）组织了一场反战游行。同时，在柏林也进行着一场反战运动。大约有3000人参加巴黎的这场游行，他们高喊着："打倒战争！饶勒斯万岁！"从体育馆直到德鲁奥（Drouot）十字路口，不断发生小型斗殴事件。直到午夜，警察才控制住局势，但是同时，在歌剧院广场（Place de l'Opéra）聚集了一群支持开战的人，高喊："军队万岁！"

7月29日星期三，共和国总统和维维亚尼抵达敦刻尔克，勒内·雷努和阿贝尔·费里前去迎接。

下午1点30分，总统专列抵达巴黎。莫里斯·巴雷斯在一篇发表于《巴黎回声报》上的文章中，邀请巴黎民众一起来迎接总统。共和国总统与部长会议主席站在敞篷车里向街道两旁的民众致意，全体巴黎人饱含热泪，一齐呐喊着："普恩加莱万岁！法国万岁！军队万岁！"

即使时值假期，议会依旧分组召开了会议。饶勒斯、森巴特

（Sembat）、瓦扬（Vaillant）和儒勒·盖德（Jules Guesde）前往布鲁塞尔，参加社会党国际局举办的会议。全体社会党人发表了一篇由百位议员联合签署的声明："四十年来，法国都为了维护和平的最高利益，把收回阿尔萨斯—洛林地区的要求摆在次要地位。如今，它不能让自身卷入一场事关塞尔维亚的冲突中……否则，就会遭到'最具攻击性的帝国日耳曼主义'的威胁……法国可以独立掌控自身的命运……"

作为内阁中多数派的激进党和激进社会党团体，意识到自己肩负的责任，在梅坦（Métin）的主持下召开会议。丹尼尔·樊尚（Daniel Vincent）、塞彦（Simyan）、布方多（Bouffandeau）、蒂西耶（Tissier）和德赛（Deshayes）出席了会议。一支由以上人员，以及勒内·贝纳尔（René Besnard）、莫内斯蒂耶（Monestier）、达尔比耶（Dalbiez）、约瑟夫·肖米耶（Joseph Chaumié）、安德烈·埃斯（André Hess）、波特万（Pottevin）和贝多亚（Pedoya）将军组成的议员代表团，负责向部长会议主席汇报团体投票通过的议事日程："激进党和激进社会党团体，认同共和国政府的威严与睿智。面对当前的外部环境，我们会秉持爱国精神，信任政府，与其紧密团结在一起。"

亨伯特发言完毕后，负责调查战争装备情况，并在科舍里（Cochery）的主持下多次召开会议的参议院委员会宣布休会，并表示："各部门领导所提供的信息，尤其是有关炮兵部队的战备情况以及粮食和鞋履供应的信息，无法为近期所关注的问题提供合理解释。"

爱国者联盟（La Ligue des Patriotes）通过莫里斯·巴雷斯，表明伦敦—圣彼得堡—巴黎阵营不可瓦解……还表示："我们应该不再考虑各党派的利益，而应首要考虑法国的利益……我们是一支庞大、庄严和坚定的军队，所有人都并肩战斗……"

在《小日报》（*Le Petit Journal*）上，皮雄（S. Pichon）提及了问题的重要性。他写道："谁能知晓德国和奥匈帝国，未将此刻视为发动一场历史上最大战争灾难的绝佳时刻呢？"

身为一个已终结的时代的幸存者，德斯图内勒·德康斯坦（d'Estournelles de Constant）向阿贝尔·费里发电报："我谨代表有评判权的议员团体，提醒您，当两个缔约国之间爆发尖锐冲突时，根据1907年的协议第四十八条，中立国应明确进行友好干预。这不是一项权利，而是和平的最高利益所规定的必须履行的义务。"

但是，在摩洛哥还是发生了血腥斗争。在一次与里亚塔斯族（Riattas）分裂分子的对战中，古罗（Gouraud）将军战败，死50人，伤88人。克洛代尔（Claudel）特遣队中的一支扎彦人（Zaïans）分遣队，一度处于险境。

7月29日晚，《时报》经理阿德里安·埃布拉尔（Adrien Hébrard）去世。在尘世喧嚣中，这位象征着一个时代的舆论操控者、"来自南方的巴黎人"的逝世，几乎无人过问。他曾在议会上发表了一场精彩演说。人们请他再次演讲，他拒绝道："我不去！不想让他们把我任命为部长！"

7月29日，共和国总统刚回国，就主持召开一系列部长会议，几乎没有停歇。在奥赛堤岸，维维亚尼接见了各国大使和一众著名的议员。会谈在一种不确定的氛围中缓慢进行。

奥地利炮兵轰炸了贝尔格莱德；俄国已表态；英国犹豫不决。在这种情况下，奥匈帝国明显转变外交政策，有什么含义？大家观点一致，深感焦虑。

外省的民众极其不安。里昂（Lyon）市长赫里欧（Herriot），"呼吁公民保持冷静，配合维护公共秩序的稳定"。人群一窝蜂地冲向储蓄银行，局面开始变得无法控制；巴黎广场（Place de Paris）的形势险些失控，月末清算可能引发市场崩溃。

总之，在7月30日，公众确定会发生欧洲大战。他们下定决心，严肃而勇敢地面对。

对此，《费加罗报》概括如下：

> 可以说，无论发生什么，法国都无须为当前的战争借口承担任何直接或间接的责任；它并未挑衅、攻击任何人；它心灵纯净，清白廉洁……法国人紧密团结在领导人周围，忠于朋友和盟友。虽然法国想要和平，但是如果他人迫使它参战，它将理智、勇敢、顽强、坚定地迎战……法国决心与其朋友和盟友一起，维护世界人民的自由。几世纪以来，它一直拥护这项事业。既然它已下定决心，准备好作战，那么这难道不是一个热切维护和平至最后一刻的绝佳形势吗？（加百利·阿诺托）

克列孟梭（Clemenceau）在《自由人报》（L'Homme Libre）中写道："知晓人们为祖国的存亡而战，是种实力。我们就处于这种情况。曾经，当我国军队被摧毁，而我们又缺乏任何作战手段时，那些战胜我们的人，将领略我们在只有胜利才能拯救祖国的情况下，所能迸发出来的真正实力。"

7月30日星期四，官方否认有关主管部门采取了全面动员措施的消息。

储蓄银行取消了即期退款。储户只能通过书面申请，每半个月最多只能取出50法郎。

议会突然非常热闹，各党派聚集起来，坐立不安，喊着："德国动员了，法国也要动员！"

饶勒斯从布鲁塞尔回来。他持乐观态度："事情依旧有可能顺利解决。"人们想要相信他。

驻足在动员海报前的人群

"左派共和党人"投票通过了一项日程，表达了对政府的信任。社会党人决定表示支持和平。巴黎各报刊的经理被召集至内政部，向马尔维承诺，必将在深思熟虑后，才发布有关国防的新闻。《巴黎午报》（*Paris-Midi*）因发表了针对四届预备役军人的号召令而遭到起诉。古斯塔夫·艾维（Gustave Hervé）发表了一篇引人注目的文章，被视作对同僚穆勒所采取措施的回应，名为《革命性的爱国精神》（*Le Patriotisme Révolutionnaire*）："一场仅在法国进行的单方面总罢工运动，可能会给德军参谋部提供可乘之机，入侵我国。因此，社会党人和全体劳工联合会（C.G.T.）保持沉默，放弃罢工计划……今时如同1792年……我们革命性的爱国精神将是处于险境的祖国，所拥有的最高保障和最大原动力……"

红十字会旗下的三家协会，已做好在整个国土上的人员和装备的动员部署。

若对英国将做出的决定没有疑虑,那么人们将同意参战,并接受可怕的风险。所有人都重复说,若没有英国,那么参战就是疯狂的。换言之,若必须作战,人们不会退缩。

随着各报发行了"特刊",报亭前门庭若市。行人冷静地交谈,互相认可相同的观点。无人失礼喊叫,无人游行。所有人都默默决定履行义务。从那时起,巴黎"不再不安",而是表现出决心与从容!

战争前夜

1914年7月31日星期五,和平的最后一丝希望消散。

政府决定向全国人民倾诉自身的焦虑和决心。哈瓦斯通讯社(L'Agence Havas)与《时报》,发表了一份体现德国政府意图的德军准备工作清单。

7月31日,召开了两场部长会议:"政府在等待外交谈判结果的同时,继续采取一切必要措施,以保障边境的国防。"

在东站,张贴了如下通

饶勒斯在一场露天集会中演讲

告："通往德国的车次受到限制：途经阿夫里库尔（Avricourt）开往吕内维尔（Lunéville）的列车，以及途经米卢斯（Mulhouse）开往贝尔福（Belfort）的列车。阿尔萨斯—洛林地区，停止通车。"

有传闻称，被怀疑从事间谍工作的德国人遭到逮捕和驱逐。大批德国人和奥地利人赶往火车站。人们得知，万塞讷（Vincennes）和凡尔赛的驻军已行动；夜里，步兵团和骑兵团悄悄穿过城市。

人们一直在等待关于英国态度的具体消息。总的来说，人们信任英国，但仍想要英国做出积极声明，因为阿斯奎斯的那份冷淡声明，像一盆冷水浇在了大家头上。

近晚上11点，在狂热的城中，饶勒斯遭到暗杀的消息传播开来。他在蒙马特（Montmartre）街上的克罗瓦松（Croissant）咖啡馆，与几位友人一起用餐。他坐在一张背靠墙壁的长椅上，完全背对着半开的窗户，正在看一位宾客递给他的一张童年照。一个手持左轮手枪的男人，

索姆河战役

站在人行道上，把手伸进窗户，开了3枪。饶勒斯的头部被近距离击中两枪，应声倒地。人们急忙查看他的伤势，但无力回天。几分钟后，他气绝身亡。

凶手被立即逮捕。一开始，他拒绝交代姓名。近午夜，他回答了警官的问题，称自己名叫拉乌尔·维兰（Raoul Villain），1885年生于兰斯（Reims），是民事法院书记官的儿子，就读于卢浮宫考古学院（Ecole d'Archéologie du Louvre）。法官问他："您为什么杀他？"他答道："因为饶勒斯是三年法令的敌人，危害国家。我想伸张正义。"

他表示没有同伙，不属于任何政治党派。

饶勒斯被暗杀的消息一出，政府就采取了措施，维护公共秩序。部长会议主席维维亚尼向巴黎民众发布了一份声明：

> 我亲自去饶勒斯的墓前悼念了他。这位过早离开我们的社会民主党人，为崇高事业而奋斗；在这些艰难的日子里，支持政府的爱国行动，维护和平的利益。
>
> 祖国形势严峻，政府指望工人阶级和全体人民的爱国精神，能使公众保持理智、冷静，维持首都的公共秩序。

所有报纸都附和了维维亚尼的观点，分享了公众的哀伤。《法兰西行动报》（*Action Française*）表示，与传闻相左的是，拉乌尔·维兰并非国王的报贩。

民众响应了维维亚尼的号召。自星期五晚上起，饶勒斯被暗杀的消息传开，民众虽非常激动，但无人扰乱秩序。人们举行了一场简短的游行，喊着："国际主义万岁！饶勒斯万岁！"结束后，人群自行散去。

不应凭借一个人的坟墓来评判他的一生。让·饶勒斯出身中产家庭，是巴黎高等师范学院（Ecole Normale Supérieure）的优等生、哲学家、教授、伟大的演说家、强大的辩证学家、会随机应变又能不屈不挠的议员，更是一位道德高尚、心胸宽阔和思想灵活的政治家。在不同境遇下，他试图使一个较模糊的社会主义纲领，适应于1875年宪法确立的选举和议会制度。他的出身与经历，令他囿于一个过窄的框架里，他宽厚的肩膀还不够有力以打破束缚。

他没有欲望分享激进派和社会激进派资产阶级的杰出同龄人的政治成就，这对他而言，毫无愉悦感。他曾对某个小组领导说出这句著名的话："不是这样的，您别插手！"他一生都在思索一个不知道如何明确或实现的章程。

通过惊人的言语力量，他成为最能表现其时代的象征。在他留下的极其丰富、富于影响力的政治遗言中，那些注定要被遗忘的纷杂里，我们能预见未来的模样。

他想要和平，却根本无意令国家裁减军备。他的杰作《新的军队》

克罗瓦松咖啡馆，饶勒斯在此遭到暗杀

（*l'Armée Nouvelle*）就足以证明。但在这个方面和其他方面上，他的理想都与现实脱节。

他相信能找到一种适中的和平形式。也许他有点过于相信莱茵河彼岸（Outre-Rhin）的社会党同僚的忠诚和威信了。

饶勒斯并不反对与俄国结盟。他认为与俄国的同盟关系，能保障法国抵御德国的突袭，也承认法国"向俄国国旗致意，并不会降低自己国旗的地位"。但他希望与俄国构建纯粹防御性的同盟关系，并指出几世纪以来，俄国在东部的政治形势复杂，可能将我们突然卷入冲突之中。"在他去世前几小时，为了保卫法国在法俄同盟关系中的最高自主权，他进行了最后一次干预。人们将这个具有历史意义的事件，视作饶勒斯思想的延续"①。

如果饶勒斯还活着，他可能会在这最后时刻，一如既往地满怀激情，推动自己观念的发展。若他参与执政，可能成为政权的一大动力；若使他远离政权，他可能成为一大阻力；若他与政府合作后，又脱离了政府，他可能成为引起纠纷的重要因素。

饶勒斯的遗体要被运送至塔尔纳省（Tarn），葬礼于8月4日举行。千万民众为他送行，整个城市肃穆安静。他的遗体被工人和政治家代表团簇拥着，伴随政府提供的丧葬服务（他生前应该没有预料到这点），被送至奥赛堤岸的火车站。他的突然离世，开启了战争的悲剧。尽管人们因战争的严重性感到痛苦，但同时对饶勒斯的离世也深表哀痛。

部长会议主席维维亚尼，向这位演说家和友人致敬："星期五晚，我接见了他。在演讲时，他声音洪亮；在会谈中，他声音具有说服力、温和、近乎温柔，恳求在保障公平、荣誉的前提下维护和平。他向我称赞

---

① 见查理·拉波波尔特（Charles Rappoport）的《让·饶勒斯》，第83—84页。

政府所采取的态度，使我确信政府会得到所有人的支持。我不会忘记，他那热情有力的握手……"

全体劳工联合会总书记茹奥（Jouhaux）的感人话语值得注意，被解读为工人阶级积极承担保家卫国责任的保证："我们将通过纪念他，获得履行义务所需的力量。以工会组织以及所有已与其部队会合和将在明天动身去部队（包括我在内）的工人的名义，我声明，对帝国主义的仇恨促使我们赶赴战场，意在击退侵略者。"

全面动员

1914年8月1日星期六，是"全面动员的日子"。

上午召开的部长会议，对动员令进行了商议（在后文关于法军动员的章节中，可以找到动员令的原文）。傍晚5点，各邮局统一张贴了动员令。

对此，法国各地肃穆接受。所有人都明白这一措施的深层意义：这还不能代表宣战，而是基本确定战争会到来。无人不知这份动员令所包含的风险与痛苦，在这一刻，人们都愿为国牺牲。这是崇高的时刻！事情进展顺利。

也许，我们能从当天的记录中找到某些有用的信息：

"我得知，法国政府将下达全面动员令，并在各地张贴通告。我回到家，和我的家人立即启程，赶往位于埃纳省（Aisne）的乡间别墅，我们曾在那儿度过了夏天。由于地处边境附近，要为返回巴黎筹划应急方案。

一个炎热、明媚的下午，我们在动员令被公布前离开了巴黎。随即，各地通过电报收到了动员令。从莫城（Meaux）开始，妇人们眼中饱含的热泪引起了我们的注意。人们聚集在邮局前，安静读着张贴出来的三色动员令海报。

途中，经常有全速前进的汽车，从我们的车旁呼啸而去，这些车上载着肩负动员令的宪兵们；在沿途经过的村庄里，人们敲着钟，打着鼓。我们见证了正在奋起中的法国：男人们放下了作坊和农场的工作；农民们催赶马匹回家，或直接把割草机留在田里；女人们急忙赶回家，赶快进行出发前的准备工作；而孩子们震惊之余，虽不明所以，却不吵不闹。可以说，随着动员令的发布，整个国家进入了战争状态，同时，也激起了民众的战斗之魂。这是闻所未闻、朴实又伟大的景象！由于人不会变，所以我猜测，这是韦辛格托里克斯（Vercingétorix）（战士们伟大的王）点燃的火焰，对高卢人所产生的影响。

夜幕降临时，我们抵达了自己的小村庄。因为没有鼓，于是乡间卫兵摇着唱诗班孩童的铃铛，在被当作广场的十字路口，结结巴巴地宣读动员令公告。

夜里，我们为紧急出发进行准备工作。我无法表达，当快到早上7点时，我们得知被动员入伍人员已经出发后，有多么震惊。他们已领取了枪支、臂章和军帽，穿着各自的罩衫、工作服或外套，作为士兵离开村庄。这让人难以置信。他们的部队沿路行进。遇见认识的人，就远远地打招呼。

一切准备就绪后，我们向响应征召的园丁和邻居告别，把房子托付给一位妇人照管。下午2点，我们开车原路返回巴黎。

当天是星期日。法国处于完全寂静的状态。从菲姆（Fismes）到巴黎，都没有出现一个醉鬼。路上有成千上万的人，背着布包，踩着脚踏车，遇到认识的人，会停下来握手、问好。女人们要么独自坐在门边，要么聚集在广场上，虽然眼中含泪，却冷静，没有怨言。

各个集结点都守卫森严，井然有序。东线有少量火车运行，其车厢是为第二天的战斗准备工作而预留的。

巴黎的居民同样冷静、有秩序，却更加忙碌。男人们采购皮鞋，女人们进行储备。

林荫大道上更加热闹，人们热烈谈论着新闻。所有人的态度都一样：动员是好事，我们会前进。在火车站和地铁上，人山人海，但所有人都井井有条。全体国民已自发制定了一套纪律。

晚上，情况有了更进一步的发展：人们进行游行，高唱《马赛曲》和《出征曲》（*Le Chant du Départ*）。人们已经准备好了，明天就出征。

临近午夜时，发生了更加严肃的事件。一些似乎是有组织的团伙，试图打劫被标注为德国人或奥匈人的商店；一些可疑的男人，拿着一罐糨糊，在各个打烊的商店门外张贴布告。马吉（Maggi）家族的商店被洗劫。警察一度忙不过来，但很快恢复平静。

8月3日星期一，政府颁布戒严令。议会将在第二天召开会议。人们得知，德国已闯入法国边境，然而，舍恩还未离开法国，一直在大使酒店。

8月3日是宣战的日子。当天下午，舍恩奉其政府之命，向维维亚尼递交照会，声明自此之后，德国与法国进入战争状态。一架德国飞机向吕内维尔投掷了3颗炸弹。当晚10点，德国大使离开巴黎。

白天，政府进行了一次重组：奥加尼厄（Augagneur）取代了戈蒂埃（Gauthier），成为海军部部长；卡斯顿·杜梅格重新成为外交部部长；萨罗（Sarraut）担任国家教育部部长一职。

政府、各城市、各省份开始为战时的安排采取措施。禁止人群聚集，也禁止在咖啡馆的平台前停车；制造混乱、扰乱秩序的人将被提交至战争委员会受到起诉。国家完全控制了局面。

通过一条在星期日上午颁布的法令，银行和信贷机构有权延期支付所有高于250法郎的取款。红十字会在全国各地热火朝天地组织了各种培训，培养了第一批护士。

"昨天开始执行戒严令。人们无法想象，雨中的街道是多么凄凉，近乎悲惨。商店、饭店、咖啡馆都关门了，到处写着'出于动员的缘故'。车行道上，一些汽车全速驶向火车站。人行道上，寥寥无几的行人撑着伞，行色匆匆。可怜的巴黎，什么时候才会重新绽放光彩？"（《费加罗报》）

8月4日星期三，共和国政府在法国遭到进攻的情况下，遵循自身的权利和义务，采取措施。

议会召开会议。共和国总统向两院致辞：

议员先生们：

法国遭到侵略。这场侵略是有预谋的突袭，是对人权的无礼蔑视。德国在向我们宣战前，甚至在其大使要求收回自己的护照前，就已侵犯我国领土。直到昨晚，德意志帝国才正式宣战。

四十多年来，法国人都真诚爱好和平，强压内心那股向德国索要合理赔偿的欲望。

在世人面前，他们树立了一个伟大民族的榜样。这个民族，凭借意志、耐心和努力，从失败中重新站起来，只将焕然一新的实力用于造福人类，以及推动自身进步。

自从奥地利向塞尔维亚发出的最后通牒，开启了一场威胁整个欧洲的危机以来，法国一直致力于遵循一个谨慎、睿智和适度的政策，并向各国推广这项政策。

它的言行举止，都旨在维护和平和调解纷争，无可非议。

在首战之时，法国有权庄严地为自己伸张正义。在战争爆发前的最后一刻，它都在尽最大努力避免战争。对于这场战争，德国要在历史面前承担决定性的责任。（全体与会人员一齐鼓掌且掌声不断）

我国盟友与我们都曾公开表明，希望继续在伦敦内阁的支持下，进行和平谈判。但是在我们发出声明的第二天，德国突然向俄国宣战，入侵卢森堡，公然侮辱我们的邻国和朋友——比利时，（整个会场响起热烈掌声）还试图在外交谈判中阴险地愚弄我们。（再次响起连续不断的掌声）

共和国总统，作为国家统一的代言人，向我们的陆军和海军部队表达了所有法国人对他们的敬意与信任。（掌声雷动）

全国人民齐心协力，紧密团结在一起，会继续保持冷静，坚持不懈地经受住日常考验。法国会一如既往地将最大的冲劲、最热情的活力与自控力融合在一起。这种自控力是长期保持干劲的标志，也是取得胜利的最好保障。（响起掌声）

在战争中，法国的正义是使民众认识到精神的永恒力量。（所有人都热烈鼓掌）

法国的全体子孙后代，一致对侵略者的行为感到愤慨，怀着一颗爱国心，友好团结，紧密统一在一起，无懈可击。所有人都将英勇地保卫法国。（掌声此起彼伏，大家喊着："法国万岁！"）

法国得到忠实盟友——俄国的协助（所有人一齐鼓掌），

也得到忠实朋友——英国的支持。（所有人再次一齐鼓掌）

世界上各个文明的国家与地区，已向它表达了善意与祝福。因为如今，在世界面前，它再次代表着自由、正义和理性。（不断响起热烈掌声）

让我们勇敢向前！法国万岁！（响起掌声）

总统咨文宣读结束后，会场掌声雷动，经久不息。

莫里斯·巴雷斯对众议院会议

巴黎的长官
米歇尔将军

的叙述如下："昨天下午3点……政府向议院阐释了德国的野蛮侵略行为，以及我们的应对方法。德夏内尔（Deschanel）议长站起来说：'在严峻的形势下……'开始向让·饶勒斯致悼词。所有人都起立，致敬逝者。德夏内尔呼喊着：'斯人已逝，但他的统一思想永存，希望之光永远不会熄灭！……'接着，全体人员为饶勒斯默哀。随后，部长会议主席进入会场。昔日的维维亚尼是党徒，因此饱受攻击……如今，我们不想追究其他事情，只愿他领导的法国政府可以服众。会上，他以自己的名义，向全国及全世界人民，阐释了战争的起因及法国参战的理由。对此进行说明，是非常有必要的……"另一位作家简短描绘了主席台上维维亚尼的形象："这个年轻男人，肩负着政权的重任。他看上去并未被压垮。他的额头结实，眼神冷静，下颌微突。这张棱角分明的脸，表现出符合人们期望的一股毅力……"巴雷斯也谈到了国民议会的会议情况：

8月4日，众议院召开会议

"国民议会凭借着睿智、热情、令人钦佩的自发性，取得圆满成功。它向俄国、英国、意大利、塞尔维亚致敬，并向我们阿尔萨斯—洛林地区的同僚致以最高的敬意。我能够用文字记录下这场会议的情况，但会上感染众人的爱国之情，却无法简单用文字描述……当战争在我国掀起腥风血雨前，我们已经从中感受到一股力量，置之死地而后生。"

穆恩（Mun）伯爵提及一段往事："当我心情激动、饱含热泪地见证着民族的大事记中一个独一无二的场景时，往事浮现在我眼前……1870年7月15日，我在奥赛堤岸的小庭院里等候结束会议、准备离开的骑兵部队中尉。警卫队队长赶来，挥舞着军帽，激动地喊道：'宣战了！'军官们大声叫嚷起来。片刻之后，议员们走出会场，眉头紧锁，对自己的工作产生怀疑。军队为战争欢呼，而他们却要忍受、屈从，并且不能确定国家是否站在自己这边。

"这是多么强烈的对比啊！昔日，整个国家都充满激情地相信自己的事业。那些以国家名义说着豪言壮语的人，的确是民族之魂的代言人。"

第七章　面对战争的法国

319

古代的历史学家撰写了一些流传至今的经典。孩子们仍背诵着这些经典，演说家们也对此信手拈来。在1914年8月4日，那场难忘的会议上，部长会议主席维维亚尼也引经据典，简短、有力地对事实和证据进行了阐述。

维维亚尼对奥匈帝国向塞尔维亚发出最后通牒后，对所举行的外交谈判做出陈述后，阐述了法国所处的具体形势：

……自7月24日起，德国政府完全没有积极配合三国协约，促进和解。31日晚，它以俄国已下令全面动员为借口，向后者发出最后通牒，并要求其在12小时内，取消动员。

就在德国发出最后通牒的几个小时之前，尼古拉二世主动从信任的角度出发，请德国皇帝出面调停奥匈—塞尔维亚纠纷；就在最后通牒发出之时，俄国政府在英国的要求下，并在德国知情的前提下，同意通过暂停军事行动和准备工作，以期友好解决奥匈—塞尔维亚冲突和奥匈—俄罗斯纷争。在这样的情况下，德国还提出如此冒犯、无礼的要求，着实非常伤人、令人愤慨。

当天，德国对法国也采取了明显敌对的措施：阻断道路、铁路交通，切断电报、电话联系，扣押抵达边境的法国机车，在已被阻断的铁路线上设置机枪，在边境集结军队。

从这时起，我们无法再相信德国代表所不断发表的和平声明的真诚度……（人们情绪激动）

我们知晓，德国在宣战前就已进行动员。

德军已征召6届预备役军人，并为部队的集结运送人员、物资和装备，连驻扎在远离边境的部队也不例外。

随着事态发展，我国政府小心谨慎，逐日逐时都在采取保障措施，最终下令全面动员陆军和海军。

当晚7点30分，德国无视我先前所提到的圣彼得堡内阁已接受英国的提议这一事实，向俄国宣战。

第二天，即8月2日星期日，德军无视法国极其节制的态度，藐视国际法条例，与德国大使在巴黎所做的和平声明相悖，从3个不同地点，越过我国边境。

同时，德军打破普鲁士曾签署的、保障卢森堡中立地位的1867年的《伦敦条约》，入侵卢森堡大公国，由此引起卢森堡政府的强烈抗议。

而且，比利时的中立地位也遭到威胁。8月2日晚，德国驻比利时大使向比利时政府提交最后通牒，以比利时中立地位遭到法国威胁这一谎言作为借口，要求比利时政府为德军攻打法国提供便利。比利时政府拒绝了这一要求，表明下定决心，大力捍卫自己的中立地位；表示其中立地位得到法国的尊重，并应得到普鲁士国王曾签署过的几个条约的保障。（全体与会人员一齐鼓掌，掌声不断）

先生们，从那时起，德军不断加强侵略我国的活动：从超过15个地点闯入我国边境；开枪射击我国士兵和海关职员，造成伤亡。昨天，一架德国飞机向吕内维尔投掷了3颗炸弹。

我们向各大国以及德国大使揭露了德军的侵略行为。德国大使既未否认其真实性，也未表达歉意。不过昨晚，他来向我索要自己的护照，通知我们德国与法国进入战争状态，并声称法国飞行员在德国埃菲尔地区，以及从卡尔斯鲁厄至纽伦堡的铁路路段上，采取了敌对行为。这完全有悖于事实。这是他交给我的那封信：

主席先生：

德国军事及权力机关确认，法军飞行员在德国领空采取了敌对行为。大量法军飞行员飞越比利时领空，公然破坏比利时的中立原则。有一个尝试摧毁韦塞尔附近的建筑，有一些出现在埃菲尔地区，还有一个在卡尔斯鲁厄和纽伦堡附近的铁路投下炸弹。

我很荣幸奉命告知阁下，面对法国的这些侵略行为，德意志帝国自认为与法国处于战争状态。

同时，我也很荣幸通知阁下，德国权力机关将扣留停在德国港口的法国商船。若法国保证在48小时内与德国完成商船的互换，那么法国商船将得到释放。

我的外交任务就此结束，请阁下交还我的护照，并采取必要措施，确保我与使馆工作人员，以及巴伐利亚公使团和德国驻巴黎总领事馆的工作人员顺利返回德国。

主席先生，请接受我最崇高的敬意。

舍恩

先生们，我还需要强调，德国人把这些借口当作宣战理由，是多么荒谬吗？没有任何一个法国飞行员进入过比利时领空，也从未在巴伐利亚或德国其他地区采取过任何敌对行为。德国可耻地凭空捏造事实。对此，欧洲舆论已为我们伸张了正义。（掌声雷动）

德国违反公平和正义，向我们发起进攻。从现在起，我们要采取一切必要措施，并严格、冷静地加以实施。

同时，俄国陆军以极大的精力和热情，继续进行动员。（全体议员起立鼓掌，掌声经久不息）

比利时陆军已动员25万人，有能力以满腔热忱捍卫国家的中立地位与主权。（再次响起热烈掌声）

英国已动员整个海军，并下令动员陆军。（全体议员起立鼓掌）

先生们，以上就是当前形势。我认为，这些事件足够为共和国政府的行为提供合理解释。不过，我还是想从中得出结论，指出法国所遭受的侵略行为的真实含义。

你们知道，1870年普法战争的胜利者，多次有意加倍打击我们。1875年，在俄国和大不列颠的干预下，才阻止了一场旨在了结法国的战争。（响起掌声）之后，我们与俄国和英国缔结了同盟和友谊。（全体议员起立鼓掌）

从那以后，法兰西共和国通过恢复民族实力、缔结外交协议，成功摆脱普鲁士的束缚，也恢复了欧洲的平衡，重新保障每个人的自由和尊严。

先生们，我不知道是否正确，但我认为，现在，德意志帝国想通过武力，肆意摧毁这项法国与爱德华七世及大英帝国政府，在1904年和1907年，共同巩固的修复和平、实现解放、建立尊严的事业。

德国没有什么可指责我们的。

为了和平，我们做出了前所未有的巨大牺牲：半个世纪以来，都忍受着割让阿尔萨斯—洛林所带来的伤痛。（响起热烈

掌声）

自1904年起，德意志帝国外交界总是在摩洛哥或其他地方挑衅我们。在1905年、1906年、1908年及1911年，也多次挑衅。我们都做出了牺牲和让步。

在1908年的波斯尼亚危机以及当前危机中，俄国也表现出了极大的节制和控制。

1912年，在巴尔干危机中，奥地利和德国为抑制塞尔维亚和希腊，向其提出要求。俄国依然采取节制态度，三国协约也尝试采取同样的态度。

这些牺牲和努力都是徒劳的，因为如今，正当我们和盟友们致力于调停时，却遭到突然袭击。（掌声经久不息）

没有人会相信我们是侵略者。宣战国想扰乱我们民族以及个人的、正义和自由的神圣原则，却白费了心机。因为，意大利出于拉丁民族特有的、清晰的觉悟，告诉我们它打算保持中立。（全体议员起立鼓掌）

意大利的这个决定，使所有法国人感到由衷的喜悦。我代表法国，向意大利代办表示，看到两个同根同源、拥有共同理想和同样光辉历史的拉丁民族姐妹，没有互相对立，我感到非常高兴。（掌声再次响起）

先生们，我们要大声说出，宣战国所攻击的是三国协约服务于和平，在平衡中重新赢得的独立、尊严和安全。

它攻击的是欧洲的自由。而法国与其盟友和朋友，为成为欧洲自由的捍卫者而自豪。（响起热烈掌声）

我们捍卫的是欧洲的自由。它才是问题的关键，其他一切理由都是借口。

受到不公平挑衅的法国，并不想要战争，已竭尽全力避免战争。但鉴于他国迫使它参战，它将奋起抵抗德国，以及所有还未表态并将在法德冲突中支持后者的国家。（全体议员起立鼓掌）

几天来，我们有条不紊地备战，将自豪地向世人展示：一个拥护着百年理想，为祖国存亡统一起来的自由、强大的民族；一个懂得利用军事实力，并在去年不惧加大砝码以便与邻国军备抗衡的民主政体；一个为自身存亡和欧洲独立而战的武装国家。（全体议员起立鼓掌，掌声久久不息）在一些不太有利的形势下，法国经常得以证明，在为自由与正义而战时，目前情况正是如此，自己是最令人生畏的对手。（响起掌声）

先生们，通过将我们的行为交由各位评判，肩负责任重担的我们，得以心安，并确保完成了自己的任务。（全体议员起立鼓掌，掌声经久不息。部长会议主席回到政府的席位上后，受到议员们的赞扬）

众议院的议员们结束对部长会议主席的爱国欢呼后，未经辩论，就投票通过了由各部长为战时的国家筹备工作提交的25个法案。

随后，会议暂停，等待参议院对法案进行投票。

在参议院，司法部部长比恩维纽·马丁宣读了共和国总统的咨文。随后，维维亚尼宣读了那份他先在众议院所作的报告。

年老的和年轻的参议员们，为同样的事情一齐欢呼。不过，前者更加沉稳、庄严。在他们之中，有多少人见证了1870年，在回忆和希望中，度过长久的一生？能使这些人感到欣慰的那一刻来临了。参议院议长安托南·杜博斯特（Antonin Dubost），集众多高尚传统于一身，表

预备役军人从东站出发

示完全赞同这四十多年来的等待和耐心:"参议院听取了政府的报告后，衡量了报告的重要性，坚决表示赞同。近四十年来，你们所进行的投票表决，都是竭尽全力使法国及其军队，有能力击退侵略者，确保领土的完整。你们履行了自己的义务。军队，或者说武装起来的国家，将履行它的义务；它将与自己忠于的盟友，为最神圣的使命：为受到侵犯的中立原则、遭到入侵的边境和国家独立，而并肩作战。法兰西万岁！共和国万岁！"

在参议院对法案进行投票时，维维亚尼回到众议院。他对议会表示了感谢，向"当今出于爱国之心而团结在一起的法国和各党派"，以及"昂首迈向前线的勇敢年轻人"致敬。

随后，保罗·德夏内尔致辞。这是响应政府号召的、刚强有力的国家之声：

在国民代表之中，有很多人将赶赴战场，击退敌人残暴的侵略……（响起热烈掌声）我们与政府合作，为因最正义的使命而奋起、武装起来的法国（掌声热烈），献上钦佩之情、耿耿忠心、难以抑制的勇气和极大的信任。愿我们的陆军和海军，能为了向文明和正义致敬而坚定不移！（响起热烈的欢呼声）我们的祖国母亲，法兰西万岁！共和国万岁！（与会人员一齐鼓掌，不断欢呼）法兰西万岁！共和国万岁！阿尔萨斯—洛林万岁！

全体法国人一致接受参战，以及战争带来的一切后果。通过部长会议主席的报告，以及之后发表的《黄皮书》，我们知道，法国在没有渴望过战争，没有挑衅过他国，也没有在冗长的外交谈判中确定任何保证或利益条款的情况下，不可避免地卷入战争。在快速交换意见的过程中，除法国的部长以外，其他国家的部长都发表了意见，提出了各自的条件：爱德华·格雷爵士、萨扎诺夫表达了各自的观点；奥地利、德国提出了要求，而法国保持沉默。有一次，有人问比恩维纽·马丁是否有什么意见要发表，他答道："没有任何意见。"法国只是默默履行自己的义务，因为这涉及捍卫国家主权与人民自由。

法国的历史，决定了这一刻的到来：在世界上，法国一直都是正义的首席代表，因为正义的维护需要国家实力的支撑。自从有了法国，所有恃强凌弱、控制弱者、推行霸权主义的国家，都遇到了来自法国的阻力。长久以来，法国在陆地上和海上，都在为此而战；在其领土上，将各方协调一致的实力、中央集权制和紧密的凝聚力汇集到一起，使其边境成为坚固的堡垒，维护了欧洲的平衡与秩序。

这次法国奋起而战，并不是为了扩张，甚至不是为了复兴统一，而是因为，它坚信若置身事外，事态将会失控。它再次尽到了自己长期坚持的本分，即带领人类找到准确的方向。

如果发生无理侵占的情况，法国会痛苦难耐，不禁实施干预。凭借满腔热血，这个民族重新成为历史上的那个骑士，重新拿起长枪，戴好头盔；再次踏上革命军以及美洲、希腊、意大利和巴尔干半岛的解放者们走过的那条路。自由、正义和理想需要有人来捍卫，而法国就是那位捍卫者！

法国士兵

在1914年，法国还是那个法国，就是这点造就了令人惊叹的、一致的法兰西精神。

法国不是出于外交、历史或政治原因而战，也不是为了夺回阿尔萨斯—洛林而战（我们难道不是已为此等待了四十五年吗），而是因为世界需要它，它自己也需要成为英雄，它已太长时间没有感受过英勇无比、无私无畏了。

图书在版编目（CIP）数据

一战全史. II /（法）加百利·阿诺托著；钟旻靖译. —长春：吉林出版集团股份有限公司，2025.1.
ISBN 978-7-5731-2977-2

Ⅰ. K143

中国国家版本馆CIP数据核字第202485DS97号

一战全史 II
YIZHAN QUANSHI II

著　　者	[法]加百利·阿诺托
译　　者	钟旻靖
出 品 人	于　强
总 策 划	韩志国
策划编辑	齐　琳
责任编辑	赵利娟
责任校对	李适存
封面设计	王秋萍
开　　本	710mm×1000mm　1/16
字　　数	246千
印　　张	21
版　　次	2025年1月第1版
印　　次	2025年1月第1次印刷

出　　版	吉林出版集团股份有限公司
发　　行	北京吉版图书有限责任公司
地　　址	北京市西城区椿树园15-18号底商A222
	邮编：100052
电　　话	总编办：010-63109269
	发行部：010-63106240
印　　刷	三河市腾飞印务有限公司

ISBN 978-7-5731-2977-2

版权所有　侵权必究